GUOJIA ZHILI WENTI YANJIU

国家治理问题研究

张明澍　田改伟　陈海莹　编

中国社会科学出版社

图书在版编目(CIP)数据

国家治理问题研究/张明澍，田改伟，陈海莹编．—北京：中国社会科学出版社，2015.9

ISBN 978-7-5161-6691-8

Ⅰ.①国… Ⅱ.①张…②田…③陈… Ⅲ.①国家—行政管理—研究—中国
Ⅳ.①D630.1

中国版本图书馆 CIP 数据核字(2015)第 225621 号

出 版 人 赵剑英
责任编辑 王 琪
责任校对 刘 娟
责任印制 王 超

出 版 中国社会科学出版社
社 址 北京鼓楼西大街甲 158 号
邮 编 100720
网 址 http://www.csspw.cn
发 行 部 010-84083685
门 市 部 010-84029450
经 销 新华书店及其他书店

印 刷 北京君升印刷有限公司
装 订 廊坊市广阳区广增装订厂
版 次 2015 年 9 月第 1 版
印 次 2015 年 9 月第 1 次印刷

开 本 710×1000 1/16
印 张 17.5
插 页 2
字 数 296 千字
定 价 66.00 元

序：一年开一次会，出一本书

2013 年 11 月，党的十八届三中全会在《中共中央关于全面深化改革若干重大问题的决定》（以下简称《决定》）中引人注目地提出了“国家治理体系和治理能力现代化”的概念。在《决定》第一部分“全面深化改革的重大意义和指导思想”中，把“完善和发展中国特色社会主义制度，推进国家治理体系和治理能力现代化”置于全面深化改革总目标的高度。这反映出执政党对今后一个长时期内政治方面的思路。这样一个重大命题，理所当然地引起了理论界的关注和积极反应。所以，2014 年年初，中国社会科学院政治学研究所就成立了一个项目组，专门研究“国家治理与民主理论”问题。

把国家治理和民主理论并列起来研究，反映了一种理解，国家治理体系和治理能力的现代化，从政治方面看，跟我们一向说的建设中国特色社会主义民主，内容基本上是相同的。但是说国家治理体系和治理能力的现代化，使得研究可以在世界的层面上、在历史层面上来展开，也就是说，把中国当今的改革开放，建设社会主义民主放在更广阔的空间和更宏大的历史长河中来进行比较和研究，这当然是一个对研究者来说更加富有吸引力的课题，无论是就他的使命感还是就他的学术追求来说都是如此。

政治学研究所的这个项目组主要通过三种方式来推进它对国家治理和民主理论的研究。一是走出去，做大量的社会调查，西方政治学家称为田野工作（field work）；二是写作，包括撰写调研报告、学术著作和论文；三是参加学术会议，自己也组织召开学术会议。按照项目组的计划，一年至少要开一次关于国家治理的研讨会，出一本关于国家治理的书。

现在这本书，就是 2014 年 11 月项目组在北京香山召开的“国家治理理论与问题研讨会”的成果。这次会议当年 5 月份在《中国社会科学报》上发出征文启事，收到全国高校和研究机构学者的论文共计 100 余篇，入选前来出席会议的学者约40位。会后，项目组同志对会议的来稿、主要是在会上发言的论文中又进行了选择，最后挑出19篇，组成了《国家治理问题研究》这本论文集。

《国家治理问题研究》这本论文集覆盖了当前国家治理研究的主要热点领域，包括国家治理的概论性文章，以及从法治建设、体制改革、反腐败三个方面探讨国家治理问题，还有一组论文专门讨论国家治理的价值和文化方向问题。最后还收录一篇讲国家治理研究方法的论文，很少有研究者从这个角度着手研究国家治理问题。这些论文，都是在北京香山的“国家治理理论与问题研讨会”上的发言稿，没有在其他地方发表过，所以本书虽然是一本论文集，但每篇论文都是作者的原创，并且是首次发表。读者不难看出，许多作者都是在国家治理领域活跃的研究者。

我们要感谢所有向2014年北京香山“国家治理理论与问题研讨会”投稿的学者，感谢所有与会的学者，感谢本书论文的各位作者。只有大家积极加强交流，互相砥砺切磋，才能把国家治理理论的研究推向深入，对实现国家治理体系和国家治理能力现代化的目标有所贡献。从项目组来说，我们会尽自己所能，一年开一次会，出一本书，通过这种形式，推动国家治理理论的研究。

张明澍

中国社会科学院政治学研究所

国家治理与民主理论项目组首席研究员

2015年5月

目　录

国家治理概论

国家治理的价值取向和文化建设

国家治理与依法治国

国家治理与体制改革

国家治理与反腐败

国家治理的研究方法

国家治理概论

推进国家治理体系现代化

房　宁

党的十八届三中全会提出，全面深化改革的总目标是“完善和发展中国特色社会主义制度，推进国家治理体系和治理能力现代化”。国家治理体系和治理能力现代化的提出，是对我们党领导中国社会主义现代化事业的历史经验的总结与概括，进一步明确了未来继续推进现代化事业的目标和要求，具有重大的现实和理论意义。

十八届三中全会提出国家治理体系和治理能力的现代化引起了国内外广泛的关注，学术界也十分重视，这是十分积极的反应。但在广大干部、群众和学术界关注和深入学习、理解十八届三中全会精神的同时，在学术界也出现了一些值得关注和商榷的看法。一直以来学术界存在着一种风气，总是爱用西方的理论套中国现实，以西方的理论为天然正确。十八届三中全会提出国家治理体系和治理能力现代化后，马上就出现了一种声音，认为中央又接受了一个西方的概念，甚至进一步在理论上把所谓“统治”“管理”和“治理”说成是国家发展的三个阶段，把西方现代国家体制说成是“善治”体制。这类说法和舆论在理论上是站不住脚的，是对西方现实与理论的生吞活剥，这类说法和舆论的社会影响也是不好的，不利于引导人们正确地认识和理解中央的精神。

习近平总书记在《切实把思想统一到党的十八届三中全会精神上》的讲话中，对于十八届三中全会《中共中央关于全面深化改革若干重大问题的决定》中关于国家治理体系和治理能力现代化的说法做出了论述。习近平总书记指出：“国家治理体系和治理能力是一个国家制度和制度执行能力的集中体现。国家治理体系是在党领导下管理国家的制度体系，包括经济、政治、文化、社会、生态文明和党的建设等各领域体制机制、法律法规安排，也就是一整套紧密相连、相互协调的国家制度；国家治理能力则是运用国家制度管理社会各方面事务的能力，包括改革发展稳定、内政外交国防、治党治国治军等各个方面。”

习近平总书记的论述科学地阐释了我国国家治理体系和治理能力的概念，揭示了当代中国国家治理体系及治理能力的内涵和外延。我们要把对于国家治理体系和治理能力的理解统一到习近平总书记的论述上来，正确地理解、科学地推进国家治理体系和治理能力的现代化。

一 国家治理现代化的基本概念

自从国家出现就出现了国家治理问题。国家治理是对一个国家的统治和管理。国家治理是一个古已有之的问题。

国家治理的现代化是与工业化、城市化、现代化进程相伴生的问题。国家治理体系的现代化，意味着建立起适应现代化发展、适应现代社会的具有现代治理手段的国家治理体系。

二 国家治理现代化的产生

国家治理体系现代化问题的产生可以从国家和社会两个层面来加以认识。

（一）社会层面

从社会层面观察国家治理问题，随着现代化进程，第一，社会结构变化带来的分化以及新的社会结构的形成，带来新的大量的社会矛盾和问题，在我国被称为新时期人民内部矛盾。新的社会矛盾导致了大量的社会问题以及治理问题的出现，因此，需要新的治理体系与此相适应。

第二，现代社会是一个快速发展变化的社会，各种社会关系、社会问题处于快速发展变化之中，需要社会治理体系能够对快速变化的社会以及出现的各种新的社会做出快速的反应。

第三，现代社会面临更多的安全问题，由于工业化、城市化，社会安全方面出现的“要害普遍化”问题，各种现代化的生产、社会设施相互联系、错综复杂，关键节点增加，“牵一发而动全身”，一个节点出现问题往往会造成连锁反应和全面性问题。“要害普遍化”造成了现代社会特别是大城市的安全风险，对社会安全保障和治理提出了更高的要求。

（二）国家层面

改革开放30多年来，推动中国政治体制改革和民主政治建设的根本原因，并不在人们的思想意识里。当然，不可否认思想意识对政治发展有一定的影响，但真正影响政治体制的、真正推动政治发展的是现实中的因素，是来自政治体制维护自身存在发展的现实需要。具体来说，推动我国政治体制改革和民主政治发展的最重要的客观因素，莫过于在实行社会主义市场经济体制和人民权利意识普遍增长的背景下，政治权力自我约束与制衡、提高执政能力和保持政权廉洁的现实需要，这三大需要是当代中国政治体制改革和民主政治发展的真正动力，也是理解和预判中国政治体制改革和民主政治建设未来走势的基础。

三　当前国家治理领域存在的突出问题

概括起来说，当前以及今后一个时期，传统政治安全问题和非传统政治安全问题是国家治理领域存在的突出问题，对于传统政治安全问题和非传统政治安全问题的治理也就是当前国家治理体系和治理能力建设的突出的和主要的问题。

（一）传统政治安全问题

传统政治安全问题主要是指因工业化、现代化进程引发的社会结构变化而产生的新兴社会集团的政治参与导致的政治不稳定甚至社会运动。

工业化进程带来了广泛而深刻的社会流动、身份改变、财富增加和社会集团关系变化，其中最为重要和最具影响力的变化，是新的社会阶级、阶层和利益集团的出现，即社会学所说“巨型社会聚集体”的出现。我们称为“新兴社会集团”。从各国政治发展的一般规律看，新兴社会集团是政治体系的“陌生人”“后来者”，不具备特定的法律地位，缺乏政治权力，在利益分配中处于不利位置。由此产生新兴社会集团政治参与的意愿和动力。新兴社会集团是各国工业化阶段政治参与的活跃因素，新兴社会集团的政治参与一般会导致旨在取得政权和改变现行制度的社会运动，这也就是当代发展中国家中普遍发生的所谓“民主化”运动以及所谓

“颜色革命”的基础性社会原因与背景。

改革开放以来，随着工业化、城市化进程，我国社会结构出现了历史性的变化，原有“两阶级一阶层”结构逐步演化为新的六大社会集团的新结构，即党政干部公务员群体、国有企事业单位职工群体、务农农民群体、企业家群体、城市“白领”群体和农民工群体六大社会集团，其中企业家群体、城市“白领”群体和农民工群体是我国工业化阶段出现的三大新兴社会集团。

根据各国工业化阶段政治发展的一般规律和我国现实社会情况，三大新兴社会集团是现阶段我国政治诉求和政治参与最为活跃的群体。当前，相比较党政干部公务员群体、国有企事业单位职工群体、务农农民群体三大“老”群体，三大新兴群体社会诉求多、问题多、不满多，其社会行为的基本趋势是更为活跃地争取社会权利，其中企业家群体正在逐步趋向参与和分享政治权力。三大新兴社会群体也是当前大量群体性事件的主体。

目前，总体上三大新兴社会集团是拥护现行制度、拥护改革开放的，仍然是稳定的因素。但在未来一个时期，三大新兴集团与现有体制、政策间的矛盾将从整体上呈上升趋势，企业家群体将要求更多的政治权力和更高的社会地位；城市“白领”将主张更多的社会权利和社会自由，更关注各种社会问题，提出更多安全、民生、环境、福利方面的诉求；农民工群体将更积极主动地主张社会平等权利，要求城市居民待遇，提出更多劳动、社会保障方面的诉求。三大新兴社会集团的权利主张和诉求总体上会激发新兴社会集团与现有体制的矛盾，导致更多的社会问题，在一定条件下，如外部敌对势力的策动和我国重大政策失误或应对失误，都有可能导致社会冲突，甚至出现以新兴社会集团为主体的旨在争取社会权利和政治权利的社会运动。一旦出现这样的情况，我国政治安全将面临严峻挑战。

（二）非传统政治安全问题

当前，我国非传统政治安全问题是指因工业化、现代化进程引发的社会结构变化而带来的社会意识领域中的分化、多元化以及在此基础上产生的极端化社会意识导致的不稳定。

工业化、城市化进程带来了经济社会结构广泛而深刻的变化，进而在社会思想意识领域引发巨大变化，各个社会群体的权利意识迅速上升，社会思想领域呈现出多样性、多元化格局和发展趋势。部分社会成员和群体的权利意识在一定条件下，具有极端化发展的倾向，形成了极端主义思想和思潮，并进而引发社会对抗、社会冲突甚至暴力恐怖行动，威胁社会安全和稳定。极端社会思想与经济社会变迁具有一定联系，与特定社会群体具有一定联系，但具有相对独立性，与新兴社会集团争取社会权利和政治权利的政治参与和社会运动有所区别。因此，由此产生的社会不稳定因素和社会冲突不同于传统的政治安全问题。

我国思想意识领域已经出现了值得高度关注和防范的极端主义思想和思潮，已经对我国的社会秩序与稳定构成了影响和威胁。当前，我们面临的最主要的极端主义思想和思潮主要是民族分裂主义、宗教极端主义和民粹主义。

我国的民族分裂主义主要来自“藏独”和“疆独”两类民族分裂主义极端思想和政治运动。近年来，“疆独”势力呈现进一步整合态势，在国外敌对势力支持下，力量有所发展更趋活跃，成为影响我国西北地区政治稳定和经济社会发展的重要破坏因素。

宗教极端主义已经成为发展最为迅速和更具破坏力的不稳定因素。目前，我国宗教极端主义思想和思潮主要是伊斯兰极端主义思想，即“定叛萨拉菲”极端思想和主要流行于汉族群众中的多种邪教思想。近年来“定叛萨拉菲”思潮经过长期传播已经具有了相当的信众和影响力，并在国外伊斯兰极端主义势力的策动下迅速诉诸暴力恐怖活动，成为我国公众安全和社会稳定的首要威胁。

民粹主义思潮是主要流行于中国大陆，特别是在东南沿海经济发达地区及大城市的中下层“白领”以及部分农民工中的极端化的权利意识。当代中国的民粹主义思潮反映了具有绝对平均主义、极端民主化、无政府主义、反智主义等思想特征的社会情绪。民粹主义历来思想混杂，当代中国的民粹主义思潮总的政治倾向是否定改革开放、否定社会主义市场经济、否定共产党领导和中国特色社会主义制度，是一种极具空想性和破坏性的负面社会能量。互联网上的“吐槽”即当前中国社会中民粹主义思潮的集中的、突出的表现。民粹主义除去本身具有负能量，更有可能在传统政治安全因素的影响与国外敌对势力策动下，发展成为一种颠覆性破坏力量，成为新兴社会集团政治参与甚至社会运动的社会基础。

四 对加强国家治理体系和治理能力现代化建设的思考

从多国经验看，今后10—20年，我国传统政治安全领域总体上因仍处于工业化、城市化进程中，社会将保持较高的流动性和发展空间，社会结构仍将处于变动之中，新兴社会集团的群体意识、组织能力等尚处于建构与形成的初级阶段，因此，中国在传统政治安全问题领域面临的风险总体将处于较低的水平。在非传统政治安全领域由于可参照的历史与国际经验不多，尚无法做出较为准确的判断，也正因如此，对非传统政治安全问题应给予更高的重视、更加密切的关注和更为积极谨慎的应对。

（一）经济领域的治理现代化问题

（1）发展和完善混合经济体制。混合经济将是我国经济现代化的基本体制，混合经济兼有私有制经济和公有制经济的优点，是适合现阶段我国国情和实现经济长期以较快速度发展要求的经济体制。

（2）发展和完善经济监管体制，维持国民经济的良性运行。随着我国经济现代化，经济管理中的政府职能需要从组织、推进为主的体制向以监管为主的体制过渡。企业功能和政府职责界限清晰，企业以负面清单为经营边界，政府以正面清单为职责范围，政府的职能与工作主要转向制定科学合理的规则和标准，对于企业行为和市场秩序进行监管和维护。

（二）政治领域的治理现代化问题

政治治理的现代化是在中国特色社会主义政治制度框架内，即坚持“三统一”基本规律下，进行政治吸纳和利益整合，照顾新兴社会集团以及各种社会群体、利益集团的关切，平衡各方利益诉求，吸纳各方利益代表，建立制度化的利益实现和调节机制，化解各方消极因素，最大程度地将中国社会各阶级阶层、各种社会集团、利益群体凝聚到实现国家现代化和民族复兴的“中国梦”伟大目标之下。

从发达国家的现代治理经验看，以不同的理路和标准管理、教育官员和人民，以“底线”治民，用“高限”治官是一个普遍的成功的经验。

借鉴发达国家现代治理经验，可以考虑我国的现代治理也需要区别民众与精英的治理理路与做法。

（1）依法治国，对于民众实行“底线管理”。长期以来，社会主义国家的治国理论具有理想化的倾向，追求和强调“塑造新人”，进行榜样教育，用科学理论、高尚道德、美好情操教育引领群众。虽然取得一定成效，但总体效果不大。其表现就是对社会道德状况的持续忧虑。通过长期的实践探索和观察研究，现在社会科学界终于意识到，对于民众的要求和教育不应是理想化的，不能追求高限而要确保底线。社会的道德水平乃至社会风气不是社会榜样代表和引领的，而是负面行为、反面典型决定的。就多数群众来说，首先是不让他们做坏人，然后才是做好人。所以，大众管理和教育是设置底线，打击越线，以规范大众的社会行为。

（2）以德治官，善养严管，塑造德才兼备、品德高尚的干部队伍。对于先锋队和事业的骨干，要高标准、严要求。善养严管是关键，要在保障干部待遇的前提下，在合理有效的激励和保障机制的前提下，对干部进行理想信念教育，使之树立起正确的世界观、价值观、人生观和高尚情操与格调。

（三）社会领域的治理现代化问题

（1）建立覆盖全社会的国民个人信息系统。尽快建立全民个人信息系统是当前我国保障政治安全，实现社会管理的现代化的关键一招。公民个人信息系统是社会管理现代化的基础。我国应尽快利用现代的科学技术，特别是统计学、计算机和大数据信息技术，投入足够的精力和资源，迅速建立全面的个人信息大数据库，其中包括公民个人有关经济信息、社会关系和家庭信息、有关个人思想行为信息等，利用这些信息对全社会以及特定公民个人进行动态和全面的管理。全民个人信息管理是西方发达国家社会管理和政治安全保障的基础，离开对公民个人信息的掌握，管理社会和维护政治稳定缺乏科学可靠的基础，而只能是经验性的、零碎的、非现代化的管理。

（2）建立社会运动管理体系。从传统政治安全角度看，对国家政治安全威胁最大的新兴社会集团的政治参与以及由此引发的社会运动，即旨在改变政治制度和颠覆现政权的社会运动。共同意识、组织动员和资金支持是所有社会运动必备的三大要素，只有在拥有相同思想意识、具有组织动员活动和必要的资金支持三项条件同时具备的情况下，社会运动才能发生和持续。因此，在未来我国有可能出现危及制度、危及政权的社会运动的情况下，要建立对于主要新兴社会集团进行群体意识、组织动员网络和支持集团政治活动的资金进行管理的系统，管理和引导新兴社会集团的群体意识；管理新兴社会集团的自组织系统，解构其中非体制、反体制的组织系统；严密监控新兴社会集团的旨在建立群体意识、组织系统的资金来源，坚决切断旨在发动和维护反体制、反政权的各种社会运动的资金来源。这些方面的措施是确保社会稳定，防止“民主化运动”“颜色革命”的基本手段。

（3）管理社会情绪。现代社会需要社会情绪管理。思想政治工作和马克思主义意识形态教育是我国的政治优势，但社会心理、社会情绪以及个体化的人生观、价值观的管理和教育是一个薄弱环节。随着社会多元化发展，随着社会思想意识的变迁，个人权利意识、宗教意识等领域出现了大量新情况、新问题，其管控薄弱而其社会影响日益扩张。

必须把社会心理、社会情绪管理，纳入社会管理、思想政治工作的范畴，要探索建立具有中国特色的社会情绪管理体系，疏导、引领人民的思想情绪，倡导和鼓励积极正面、健康阳光的社会心态，建立和弘扬各种积极健康的生活方式、娱乐方式、休闲方式，以此抵制各种极端思想和邪教、邪说的形成和传播。

（作者单位：中国社会科学院政治学研究所）

国家治理现代化：理论认知、历史阐释及其实现路径

藏雷振

过去 30 多年中，治理已成为学术讨论和实践探索中关注的核心，这不仅源于学理层面对政府行为方式改革或改善的关切，对现有公共部门与私人部门关系的批评，以及研究者渴望对解决社会经济发展中相互依赖的目标和过程中诸问题提供智力资源支撑的良好意愿；在现实层面，治理也被视为个体福利、社会福祉的重要决定性因素。所以，治理这一概念被不同学科和研究背景的学者广泛使用，得到不同国家行政实践者的普遍认可。在研究领域，从英文 SSCI 文章来看，自 1990 年以来，以治理为主题的论文数量已增长了 30 倍。从 1980 年年初只有 30 篇文章，到 1990 年有 39 篇，再到 2003 年则有 1100 篇，其中，1990 年相关治理论文占 SSCI 全部文章的 0.03%，但 2003 年则上升为 0.75%。

急速增长的治理文献，形成这样一个言必称治理的年代，但人们对治理的认识却是模糊和不确定的。字典化的定义多将“治理”视为“政府”（Government）的同源词，意为“掌舵与引导”。但是，不同文献作者的不同解读则赋予了治理更多、更微妙的内涵，进一步增加了对其理解的难度。据笔者不完全统计，目前由主权国家、国际组织、学术团体等界定的治理定义高达 120 余种。从这类繁多的概念界定中，学者赫斯特（Hirst）总结了常用的治理概念，并把它们分为以下五种版本：发展经济学领域认为治理是现代经济增长的必要元素；国际组织和机构强调国际社会协调和跨国组织协调；公司治理；20 世纪 80 年代兴起的新公共管理所使用的概念；网络合作与协商论坛使用的概念。这五个版本的概念涵盖了治理在私人组织、商业组织、国际组织及国家等不同层面的使用。

漫长的“治理”概念清单可视为研究者为更好地把握真实世界多样

性而做出的努力，但不同层次的概念——从最高程度的抽象层次考虑，到具体现实层次的概括——在研究中的混合使用则导致了对“治理”认识的模糊。所以，在此背景下，类型学分析尝试对治理实现进一步细化归类以有助于对其理解，但进而衍生出来不同类型的治理模式又高达30余种却又增加了对“治理”的不确定性理解。如善治（Good Governance）、合作式治理（Collaboration Governance）、聚合式治理（Coalition Governance）、互动式治理（Interactive Governance）、多层次治理（Multi-level Governance）、发展型治理（Developmental Governance）、参与式治理（Participatory Governance）、多中心治理（Polycentric Governance）等。

由此可见，当前有关“治理”分类的研究简单地反映了不同学科的分析方向、研究方法或区域经验，但这些形似或神似、高度相关却易混淆使用，而又存在本质差异的不同治理类型概念的分离，并无助于厘清“治理”本原。为了研究需要，我们将这类“治理类型”概念统称为学术研究中的“竞争性概念”，这类概念在针对同一类似社会现象（如治理）进行解释时，一方面进行松散的组合，另一方面又构成相互激烈竞争的关系以占据话语权的主动（如国际组织强调善治对他国的推广输出等）。不难发现由“治理”衍生出的新的“竞争性概念”类型，在学术史或实践中大多昙花一现，因为只有那些具有较强专业性、稳定性、概括性、保真性和延展性的概念才能在当代激烈的学术竞争中被广泛传播和持续使用。显然，有关治理类型的“竞争性概念”中所蕴涵的无论是对自由主义意识形态的强调，还是对保守主义意识形态的推崇，都没有较好地实现学术研究的客观性、中立性、概括性和稳定性。例如，当强调一国需要加强“善治”的时候，其背后的潜台词即为该国过往治理实践的失败，或被称为治理匮乏（Bad Governance 或 Poor Governance），这种价值预设或判断显然阻击了“善治”概念的生命力。

除价值预设以外，诸多治理类型也仅仅体现不同研究者对不同区域发展实践的理论总结，如“多层次治理”或“互动式治理”是基于欧洲特定一体化实践的理论提炼，由于缺乏对不同国家进行比较时的概括性，尚不具有更大范围推广和比较研究的成熟度。

因此，在诸多通过在“治理”一词前加上各类修饰限制性词语构成纷繁复杂的治理类型中，不能回避和摆脱国家所扮演的角色。在诸多治理议题的探讨中，虽然不同国际组织、国家或学者都提出相应的话语，但来自中国的学理或实践的总结一直缺位。中国自改革开放以来，在经济、社会、政治等不同领域取得令人印象深刻的发展变化，而对此发展过程深入的理论探索和理论提炼自觉依然不足。近年来，基于中国发展实践的“国家治理”研究的兴起，则改变了传统治理研究的局限性和意识形态偏见，改变了对中国发展实践总结的政治学理论的匮乏。党的十八届三中全会将“推进国家治理体系和治理能力现代化”纳入“全面深化改革总目标”之中，既体现政治学理论对现实实践的重要推动作用，也展现中国政治学研究者对中国发展实践的理论洞见。

治理总是说易行难当前，如何理解国家治理，如何实现国家治理现代化成为当前学界探讨的热点。本文首先通过探析“国家治理”概念回归学术的背景，展现治理发生过程，进而为理解“国家治理”奠定理论基础；其次，从中国传统治理智慧的深入挖掘入手，展现治理的中国学理意蕴；最后，基于中国特色社会主义实践的经验借鉴和专项治理分析，建构国家治理现代化实现路径的完整框架。

一 国家治理现代化的实践发展离不开对其客观认知和准确理解

将治理理念纳入国家视野之中，如何去准确理解它呢？韦伯认为，“社会科学的历史是且一直是尝试借助概念厘清现实的持续过程”[①]，因为“对政治生活达到可靠了解的程度，有赖于我们称之为概念结构这种分析工具的发展”[②]。但比较政治学中的概念很容易令研究者和学习者产生混淆，原因之一是政治学的比较研究中使用了各种含义不严谨并可以交替使用的名词；原因之二是由于对研究对象现实的界定不清晰和不完善，会出现萨托利所言的“我们很容易被所选择的作为概念的词语所俘虏”[③]，谨慎对待任何试图成为学术概念的词语，有必要全面认识研究对象，在此，

① Max Weber, *The Methodology of the Social Sciences*, New York: Free Press, 1949, pp. 105 - 106.

② ［美］戴维·伊斯顿:《政治体系——政治学状况研究》，马清槐译，商务印书馆 1993 年版，第 298 页。

③ Giovanni Sartori, “Guidelines for Concept Analysis”, *Social Science Concepts: A Systematic Analysis*, Beverly Hills: Sage, 1984, p. 60.

深刻解读和理解作为学术概念的“国家治理”，可为其研究奠定基础。

“国家治理”并不是简单地如其他治理类型——在“治理”一词前加入修饰限定性词语——进而构成新的组合词组。在治理议程中，国家作用的本质被认为是通过颁布政策和提供自由市场有效运作机制，但在20世纪中期行为主义在西方政治学研究中占主导地位时，“国家”这一概念依然被政治学学者认为不合乎要求、含混不清而摒弃，所以，20世纪80年代前的历次政府机构改革方向是弱化国家的作用；同时，传统的“治理”讨论中常将市场、官僚层级与网络作为治理的主要构成要素，而“忽略国家作为中心的劝导能力（Persuasion）和国家信念也是治理战略的一部分”[①]，也忽略了存在于“国家”之中官僚制结构的吸纳作用及国家自主性、国家能力对其他社会结构和个体行为的影响。

但1985年埃文斯等主编的一本《带回国家》的论文集提出：社会科学比较研究中没有将国家作为一组织结构变量和潜在的具有自主性参与者加以分析，加之行为主义研究的固有缺陷，令后行为主义研究下的“政治科学中的一个旧式术语‘国家’再度成为研究的热点”，掏空国家的理念已经失去往日的光彩。之后，尽管认识有限，但人们根据事实存在的市场失灵现象，认为有必要建立能够为市场提供有力支持和制度监督的国家。

所以，在理论层面上，从20世纪90年代兴起的对国家研究的重视，既体现社会科学新一波研究对国家变量的关注，又体现20世纪80年代国家建构（State Building）研究在新时期的延续。彼时诸如学者曼等提出的现代国家专断性能力（Despotic Power，国家精英可以在不必与社会各集团进行例行化、制度化讨价还价的前提下自行行动的范围，也是国家自主性的体现）和基础性能力（国家渗透市民社会，在其统治的领域内有效贯彻其政治决策的能力）引起学者对此议题的热烈探讨，以及麦格达尔（J. S. Migdal）在曼的研究基础上又进一步将国家能力划分为国家的社会渗透能力、调节社会关系的能力、汲取资源以及按既定的方式拨款或使用资源的能力；埃文斯则指出国家的自主性是国家能力实现的重要条件，是政治博弈过程中所形成的“多重稳定均衡”。总体来看，这一阶段政治学

---

① Bell, S., Hindmoor, A., Mols, F., “Persuasion as Governance: A State-Centric Relational Perspective”, *Public Administration*, 2010, 88 (3), pp. 851–870.

者对国家作用的重新发现集中在以下三个方面：首先，国家是在一定空间区域内，通过垄断性控制的强制手段建立的内部政治秩序；其次，国家实体需要基本公共行政或有效的官僚体制存在；① 最后，国家权威合法化，权力的运行得到公民的认同。②

上述“国家治理”内涵解析，从理想概念的划分维度来看，至少具有如下优势：在认知度层面，国家治理正在从实践到新闻传播到理论研究等不同维度受到普遍性的熟知，特别是伴随中国的崛起和实践成效，中西方的实践者和研究者都对此予以极强的关注；在引起共鸣层面，一方面，基于前一普遍认知，“国家治理”中自下而上的结构性要素形成国家价值观的情感互动，另一方面，研究者对实践者的智力支持和实践者对研究者的效能反馈亦构成相应的理论探索共鸣，易于受到公众的接受和认同；在形式简约层面，“国家治理”排除了诸多具有情感色彩的修饰限定性词语，将不同层次和区域的治理类型归纳为以“国家”为单位的治理方略；就内在一致性而言，国家治理内部结构性要素变化前后一致，互相配合、互相影响；就区分度和深度而言，相比较其他“竞争性概念”，“国家治理”概念以客观中性的“国家”作为衡量水平时，实现社会科学追求的价值中性，不同于其他类似概念的区域经验和价值取向；就“国家治理”的理论效用而言，有助于研究者从本土视角进一步总结中国转型经验，为建立中国转型研究奠定“方法论”基础，亦有助于研究者和实践者对中国现实作出公正分析和客观认知；就专业效用而言，国家治理不仅提供学者研究的心理感知，也通过反映不同国家发展实践来体现较好的解释力和鉴别力，易于拓展社会科学专业的理论空间，实现社会科学的研究抱负。

当然，也有学者指出，美国企业精英和政府高层人员互相流动带来了国家自主性的日益削弱（Sklair，Leslie，2004 139 - 140），在治理决策和实践过程中国家角色逐渐淡化，而在国家能力增强时也容易导致倾向于视社会简单化和条理化，在现代国家发展建设与规划中忽视了发展的多样性和复杂性，忽视了地方的传统，将复杂的发展项目简单化，导致基于专家

---

① Linz, J. and Stepan, A., *Problems of Democratic Transition and Consolidation*, Baltimore M. D.: Johns Hopkins University Press, 1996, p. 11.

② Gilley, B., “The Meaning and Measure of State Legitimacy: Results for 72 Countries”, *European Journal of Political Research*, 2006, 45 (3), pp. 499 - 525.

学识和发达国家经验提供的“治理清单”难以起到预期作用。这种实践的失败转化到理论研究中则体现为学者忽略了“不同社会体系和发展道路的差异”。所以，当以国家作为比较的单位变量时，基于国家治理的研究视角需注重不同国家的差异化背景，而恰当的研究方法自觉将有助于避免将国家治理分析的片面模式化和单一化。

二 国家治理现代化的实践探索离不开对中国传统治理智慧的深入挖掘

此时，依然有学者会质疑，“国家治理”相比较其他不同治理类型，似乎也依然只是换一个修饰限定性词语而已，这又如何体现其来自中国的本土化创新呢?

首先，“国家治理”体现对中国传统政治思想和理念的汲取。治理作为一个概念在中国早已有之，治理在中文中最早可见于《荀子·君道》：“明分职，序事业，材技官能，莫不治理，则公道达而私门塞矣，公义明而私事息矣。”以及《汉书·赵广汉传》：“一切治理，威名远闻。”《孔子家语·贤君》：“吾欲使官府治理，为之奈何?”在此，治理均指管理统治之意。而在晋袁宏《后汉纪·献帝纪三》中：“上曰：‘玄在郡连年，若有治理，迨迁之，若无异効，当有召罚。何缘无故征乎?’”则变为理政的成绩之意。再到清王士禛《池北偶谈·谈异六·风异》：“帝王克勤天戒，凡有垂象，皆关治理。”以及清严有禧《漱华随笔·限田》：“蒋德璟出揭驳之：‘……由此思之，法非不善，而井田既湮，势固不能行也。’其言颇达治理。”其中所表达出的意思是“治理政务的道理”等。

之后，伴随西学东渐，各类针对中国实践的治理研究也逐渐兴起，如在20世纪30年代针对我国碱性土壤的治理措施实践,[①] 对我国农业生产的治理归纳,[②] 对现代工商管理治理组织[③]的初步探索都掀起了中国治理实践的新高潮。新中国成立之后，百废待兴，而我国作为传统的农业大国，水利设施的兴建和改建关系到农业生产的成败。因此，一系列关于河

① 高家骥:《碱土及其改良法》,《河南大学学报》1934年第3期。

② 刘恩兰:《我国之雨量变率》,《地理学报》1936年第3期。

③ 丁馨伯:《工商管理之组织》,《复旦学报》(社会科学版)1935年第1期。

流水利治理措施不断出台，特别是针对黄河等自然领域的治理举措等。[①]可见，以国家主导的治理一直都是中国政治实践历史的核心内容和重要特征。

其次，“国家治理”破除了“本土—西方”为主轴的单向思维的局限。如有学者言“并不能因为反对诸如欧洲中心论，就断言以欧洲为标准来进行比较不对，相反，我们应该扩大这种比较，为了进行更多层面的比较，我们特别应当以中国的标准来评价欧洲”[②]。而“国家治理”一方面符合国际比较的话语体系，另外也恰恰展现了中国政治实践中以国家为考量的标准和核心取向，当前，这种考量方式在其他发展中国家借鉴过程中和21世纪金融危机应对背景下逐步得到更多的认可。

政治和政治学研究总是要涉及国家的，从亚里士多德和柏拉图到马基雅维利以及当代的葛兰西都没有例外，[③]但这类“国家”在学术话语中的回归，并没有进一步形成比较政治学中“国家治理”的学术概念，前文指出：“国家治理”是基于中国政治传统实践的理论提炼，所以，从中国政治实践对其予以解读有助于更好地把握其真谛。马克思主义认为：资产阶级国家为捍卫资产阶级生产关系和维持政治稳定，**偏爱维护资产阶级的长期利益**。此时，国家是为资本控制的“工具”，被迫作为资产阶级的“代理人”而行动，而在社会主义实践中，国家则是为实现政策制定和执行，是为了回应客观的、非人格化的约束——经济和政策的结构性需求而存在。依据马克思认为社会主义中的国家是一种历史上特定结构的观点，那么在下述意义上它必然会影响政策：国家的组织结构差异必定会影响政策结果，即使政策的初始方案来自私人领域。在最小程度上，当国家的组织机构把这些方案转变为政策的时候，这些方案和政策即折射体现出国家意志；在最大程度上，国家则会创造性地进行转变，此时，国家作为行为的主体激发了“国家主导型改革”（State-initiated Reforms），中国政治实践就体现出这一特征，与东欧和苏联相比较，其显然取得了重要的成功。

苏黛瑞（D. Solinger）指出：“中国近年来的变迁不是型构或分化了

① 张光斗：《黄河流域开发规划纲要草案》，《新黄河》1951年第5期。

② 王国斌：《转变的中国：历史变迁与欧洲经验的局限》，江苏人民出版社2008年版，第1—3页。

③ ［美］R. H. 奇尔科特：《比较政治学理论：新范式的探索》，高铦、潘世强译，社会科学文献出版社1998年版，第165页。

国家—社会，而是混淆并模糊了这种分野，因此，研究中共的关注重点，需要重新回归国家主导的各类结构性要素的组合。"① 而在2012年出版的苏黛瑞等主编的《被征服的社会主义，被挑战的社会主义》论文集中，通过回顾和比较1989年社会主义危机之后东欧国家和中国的20年历史，试图从21世纪中国社会主义转型的庞大工程中所展现出的政治模式和经济形态中挖掘有价值的理论信息。但无论是比较"政治再制度化""国家—社会关系重塑""经济体制改革""经济行为变化"还是"社会制度变革"，这些不同话题中都难以忽略"国家"（State）这一问题，"被征服的社会主义"之所以发生在东欧，是由于"国家"功能的下降或瓦解，而"被挑战的社会主义"之所以出现在中国，则表明"国家"功能虽然曾经遭遇了严峻的挑战，但它却成功适应了新的变化。②

所以，在实践层面上，"国家治理"体现出20世纪90年代以来以中国为代表的经济社会政治发展方式和发展路径备受关注。特别是90年代末期及21世纪初期的两次经济危机，以及21世纪以来多次巨大自然灾害中，中国所展现出的国家应对主动性和国家治理能力协调性都令他国惊叹。一时间，有关"中国模式""中国道路""中国经验""北京共识""中国奇迹""中国优势"等各类论断吸引了诸多学者的关注和探索，但这种"结果式的论调"并不能完整再现中国发展的真谛，甚至由于表述不严谨、不周全进而引起诸多争议和质疑。而如果从当代中国发展过程来审视，则可见一个比"政府"内涵更宽广的"国家"概念贯彻于中国发展的始终，用一现代的概念诠释则为"国家治理"这一概念的运用和展现。下文即从中国特色社会主义实践经验出发，并以"专项治理"为例分析国家治理现代化离不开对当前经验的总结借鉴。

三 国家治理现代化的实现离不开对中国特色社会主义实践经验的反思

近二十年，中国府际合作实践积累了大量具有中国特色、反映中国现

① 张静：《国家与社会》，浙江人民出版社1998年版，第4页。

② Bandelj, N., & Solinger, D. J. eds., *Socialism Vanquished, Socialism Challenged: Eastern Europe and China, 1989-2009*, Oxford University Press, 2012.

实的政治术语，而多层级、多部门联合参与的“专项治理”即为此中一例，该术语的类似替换性说法有“专项行动”“专项检查”“专项整治”等。

在社会主义建设实践中，专项治理的实践反思将有助于对未来国家治理现代化的建构提供借鉴。梳理党的文件，从十三大文件中提出“认真开展专项治理”①，到十四大文件中的“搞好专项治理”②，到十五大文件强调“开展专项治理”③，到十六大文件中指出“组织专项治理”和“加大专项治理力度”④，再到十七大文件中强调“深入开展专项治理”⑤，有关专项治理的使用频次和强调力度逐渐增加，专项治理的相关内容也从着力于传统的整党整风“党的建设”范畴，走向作为政府政策实践和政策工具使用的范畴（见表1），这也深刻体现出中国共产党在国家建设和发展中的“引擎”作用，折射出其作为国家治理手段的发展过程及时代特征。

表1 **专项治理在党的文件中的出现频率**

来源	次数	内容（括号内为出现频次）
《十三大以来重要文献选编》	1	纠正部门和行业不正之风（1）
《十四大以来重要文献选编》	3	损害群众利益（2），行政收费（1）
《十五大以来重要文献选编》	5	减轻农民负担（4），行业部门不正之风（1）
《十六大以来党和国家重要文献选编》	14	党风政风行风建设（5），廉政建设（3），互联网治理（2），环境保护（2），社会法制与治安稳定（1），损害群众利益减轻农民负担（1）
《十七大以来重要文献选编》	6	纠正损害群众利益（3），廉政建设（1），商业贿赂（1），党风政风行风建设（1）

注：以上为笔者据《十三大以来重要文献选编》《十四大以来重要文献选编》《十五大以来重要文献选编》《十六大以来党和国家重要文献选编》和《十七大以来重要文献选编》等整理而得。

① 《十三大以来重要文献选编》下，人民出版社1993年版，第1934页。
② 《十四大以来重要文献选编》上，人民出版社1996年版，第688页。
③ 《十五大以来重要文献选编》中，人民出版社2001年版，第1595页。
④ 《十六大以来党和国家重要文献选编》上，人民出版社2005年版，第1149页。
⑤ 《十七大以来重要文献选编》上，中央文献出版社2009年版，第60页。

上述考察可见，专项治理在中国政治实践中呈现以下几层意蕴：理念上，专项治理继承了中国传统的政治管理文化；技术手段上，传承了党在革命战争时期的动员策略，包括对干部、群众等各方面动员；目标设置上，依然蕴涵国家建设初期“短平快”的追赶激进心态和时代发展特征。如果从政治学的角度来看，专项治理可看作政府特定时期用于达到特定目标的政策工具。当然，专项治理的“概念没有固定不变的意思”①，不同政治时期的语境变迁中，专项治理并非总是始终如一地涵盖上述意蕴的具体内容并充当政策工具的角色，本文仅从当代中国政治实践的整体视角给出较为宽泛的外延界定以利下文的进一步讨论，也因在此所给出的是描述性概念而非规范性概念所限。

（一）专项治理的特征和现实需求

专项治理作为我国长期采用的国家治理工具，内在的运行机制暗含其典型特征，这些特征在频繁实践过程中不断强化，并与运作机制紧密相关。基于上述案例剖析和理论分析，专项治理的特征主要集中在以下方面：

首先，在治理时机选择上，具有特定性。专项治理时间选择一般以重大政治经济社会变迁为契机，以大事件为切入点和机会窗口，针对一段时间内社会关注焦点实行有针对性的治理策略。如高铁开通和7·23温州高铁重大事故后的“高铁沿线存在的九类环境安全隐患专项治理”“安全生产事故隐患排查治理专项”“铁路工程建设专项治理”等，均体现时间选择的特定性和治理行业的专业性，虽然专项治理作为中国政治日常行为手段和主要工具，其内容指向应该关乎国计民生，且应该均衡政治、经济、社会等领域，但从现实来看，专项治理大多集中于工业经济发展、公共安全、社会稳定等方面。

其次，专项治理在决策机制方面，具有高度集中性。至少在全国性专项治理实践中可见，从资源配置、资产评估和处置、人员安排等，均由国家有关行政当局以行政指令或计划指令的形式进行决策。部委或地方政府只是简单地执行国家下达的计划指标，难以保证实现执行部门自身的主体

---

① ［挪威］斯坦因·U. 拉尔森：《社会科学理论与方法》，任晓等译，上海人民出版社2002年版，第80页。

意识和主体品格，也使得因地制宜的治理目标难以实现。

再次，在激励机制方面，具有利益刺激的行政性；在约束机制方面，具有疲软性。专项治理的成效评判对实践者的利益追求体现在非货币性的行政利益上，如行政级别或职务的晋升。而在监督约束机制上，专项治理往往多部委联合行政，导致权责不清，“人人负责”造成“人人无责”的责任界定困境。特别是专项治理所使用的行政经费等资金风险约束和预算约束相当疲软，因为作为非常态化的治理工具预算往往无法及时、透明地纳入预算和审计框架下。

最后，在专项治理的空间特征方面，具有全方位性。即从中央到地方实行全方位拉网式的整治，同时配以媒体铺天盖地的宣传报道，以及党政机构全面参与，辅以运用党组座谈会、干部学习会和党内组织生活会等形式，使各级领导干部和各机关工作人员深入参与专项治理的整个过程，共同推进专项治理。

以上专项治理的运行机制和表现特征，使得中国政府对其偏好和使用娴熟度有着自然的需求。从国家发展的阶段特征到复杂的政治环境等都有着专项治理在中国的成长空间，如在国家转型期不断增生的问题存在着高度异常性和相互依赖性，这使得政策执行存在相当程度的像马兹曼尼安和萨巴蒂尔所谓的技术性困难。① 专项治理作为一种简单易操作的政策工具，具有技术可行性，同时由于其使用时的打击力度大、成果显效快，可以在维护社会经济秩序、打击违法行为方面获取短期的收益，并通过各类处罚宣传的规模效应，短期内避免了中央与地方关系权责界限混乱带来的治理不彰，削弱部门间职能交叉各自为政的负面影响，迎合了公共治理的现实需求。专项治理是当前经济发展的阶段性的需求，作为发展中国家，我国尚处于从传统农业社会向现代工业社会的转变过程中，城乡之间、区域之间、社会阶层之间发展不平衡问题突出。各类人均指标水平低、经济结构不合理、体制机制缺陷等问题正在成为进一步发展的瓶颈。经济发展仍然是一个长期任务，在此过程中不断降低行政开支成为必然的趋势，如何在有限的行政经费安排中实现治理效果的最大化成为各级政府部门亟须解决的问题，而专项治理模式和机制为各层公务员所熟知，减少培训和组

① Mazmanian, D. A. Sabatier, P. A., *Implementation and Public Policy*, Glenview, I. L.: Scott, Foresman, 1983, p. 21.

织费用，最大限度节约行政成本，具有经济可行性。然后是复杂的政治与行政环境现实需求，由于我国政治现状复杂，采用专项治理策略易于受政策规划主体认可，使得相关权力或利益集团的影响和干涉能降至最低。另外，“专项治理”可实现国家权力的再生产与再扩充，摆脱在政策工具选择上的犹豫困境，确保政治秩序合法性的延续与维系，因此曾是政府部门在执行法律、落实公共政策时的一种便捷管理模式和政策工具。而行政环境作为一个复杂系统，具有多样性和差异性，不同因素构成了对行政的不同门类层级的行政活动不同的影响。实施专项治理的政策工具在复杂行政活动中生存、发展空间较高，人员配备能够及时到位，实现与当前行政环境的匹配和部门间的短暂合作。

（二）专项治理成效

若要衡量专项治理作为政策工具的效能产出能否达到预期目的，从一系列专项治理的总结报告中即可管窥。在专项治理的报告中时常出现以下词汇：大批次地出动执法人员，大规模地印发宣传资料，大范围集中督察，然后再宣传挽回经济损失××万元，检查整顿××次，受理举报（投诉）案件及立案查处和查处结案××件等。这类表述还通过和国内外若干此类问题查处数据的纵横比较凸显专项治理的显著成就。本文所提供的案例结果中对上述分析也有着确切的显示。

此外，专项治理能最大限度地实现政府自我满意。“政府自我满意度”是指政府作为特定社会公共组织，其在机构执行、管理和服务国家社会过程中实现扩大自身利益的溢出效应，同时还表现为政府管理服务的实际效果在与其自身期望比较后，政府对政策工具及决策能力的认知。在资源匮乏和制度能力不足的背景下，治理效能的最大化实现了政府自我满意度提升的现实渴求，也是政府追求有效性和合法性的另外一种体现。

最后，专项治理能充分发挥矩阵式国家治理结构的优点。矩阵式治理结构是为实现特定政策目标，由纵横两套管理体系组成的方形结构，一套是职能系列，另一套是为完成某一任务而组成的项目系列，纵横两个系统交叉重叠起来组成一个矩阵（见图1）。在中国的传统中通常称为“条块结构”，这种结构下专项治理实践可实现利用各矩阵单元力量，协调各矩阵单元的活动，让职能与技能相匹配。矩阵式结构也相对稳定和静止，能有效聚集行政资源，满足国家社会快速变革时期的发展需求。

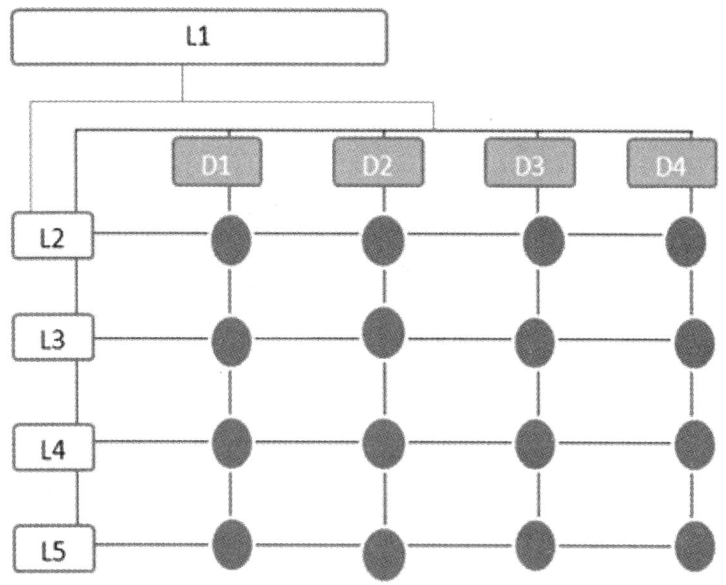

图1　矩阵式治理结果模型

（三）专项治理反思

在对专项治理的反思与批评的有限研究中，大多集中于专项治理造成的法制破坏、忽略长效机制建设，忽略了公共管理者对专项治理偏好与社会公众对其厌恶的背后相互冲突的期望值和价值观（见表2）。

表2　**专项治理措施背后纳税者与公共管理者相互冲突的期望值和价值观**

	经济性	效能	责任性	程序正当	目标	灵活性
纳税者期望	希望能抠紧预算	政府服务满足个人需求	对人负责	按部就班，目标取向	清晰，合理意图，使命导向	紧扣社会变化的需求
公共管理者价值观	希望扩大预算	政府服务满足社会需求	对事负责	跨越程序，过程取向	模糊	不能自由解释机构使命，工具性执行者

我们并不怀疑政府推行专项治理时所具有的良好用意，只是有着良好用意的政府推行那些“试图改善人类状况的项目”是如此巨大，如此忽

视社会基本事实，甚至当其致命的结果已经显现出来，仍然被不顾一切地继续推行之时，“国家权力机构所赋予的薄弱刻板的简单化所带来的自然和社会失败，无论是从预期还是回顾的角度看，任何大型社会过程或事件一定比我们所能制作的图景更复杂”①。本文认为，在专项治理鲜明特征、现实需求和显著成效的光鲜外衣之下，从以下角度展开反思将有助于进一步优化我国的政策工具，改进我国的政策执行效能和水平，降低政策执行阻力。如科尔奈所言：“每一种体制都能够在制度内部修正其有巨大危害的体制特征，但是它们无法完全克服并彻底消除这些体制特征，因为这些特征深深植根于制度自身，并且具有自我复制的倾向。”②

1. 专项治理虽反映矩阵式国家治理结构特征，但片面强调以特定事件作为治理导向。参与者的责任往往大于权力，加之参与治理人员多来自不同部门，工作带有临时性，项目负责人对于项目成员的绩效表现没有足够的激励和惩罚手段，项目成员可能受到双重指挥，影响组织效率和稳定性。矩阵式国家治理措施对政策效力和效率的狭隘关注还导致忽视政策对公民权利所产生的负面后果，善意设计的政策也会导致建立某些特权或者形成某些授权，致使对一些关键性问题进行的意见交换被排除在政策协商过程之外。仓促建立的专项治理结构中显然无法做到“政策应建立广泛的目标，规定机制性的安排，详细说明相关的权力，并且规划所涉及人员的权限”③。

2. 专项治理忽略了政府能力的长期建设。当政府治理能力不足时通过专项治理措施实现短期的治理效果，政府陶醉于自我满意之中，形成政治改革滞后的现实借口，却忽略了更具稳定性和规范性的制度建设，使得“头痛医头，脚痛医脚”的治理举措逐渐代替全局性的政府能力提升，造成解决问题的路径依赖。也就形成所谓治理过程的“棘轮效应”，即只能不断给向前而无法后退的齿轮加大计划任务，④ 使得路径优化变得更加艰难。当然，目前政府部门显然注意到这一点，几乎每次专项治理的过程之

① ［美］斯科特：《国家的视角》，王晓毅译，社会科学文献出版社 2011 年版，第 395 页。

② ［匈］科尔奈：《社会主义体制》，张安译，中央编译出版社 2007 年版，第 2 页。

③ 海伦·英格兰姆、斯蒂文·R. 史密斯：《新公共政策》，钟振明、朱涛译，上海交通大学出版社 2005 年版，第 15 页。

④ 参见 J. Berliner（1957），J. R. Thornton（1978），M. L. Weitzman（1980），M. Keren，J. Miller，J. R. Thornton（1983），J. Tirole（1985），转引自科尔奈《社会主义体制》，第 116 页。

中都伴随对建立长效机制的呼吁，如在针对“长效机制”检索中可见国务院公告先后提到 195 次（内容时间跨度为 2000 年至今），远远超过前文专项治理的数值，但在现实的执行层面制度体系建立与实施显然还亟须进一步的加强。

3. 专项治理造成治理模式单一，过度依赖中央政府。大部分专项治理均由中央政府首先发出号令，再层层推进，这造成横向联结不足、治理网络结构失衡、底层治理参与密度偏低、基层参与不足，造成政策执行的瓶颈及地方政府治理能力和权威缺失。专项治理所采取全国一盘棋的推行策略，还使得行政控制僭越法律控制，无法做到因地制宜的政策制定和实践，造成政府部门中不良的隐性权力显性化和合法化，而当前我国社会转型期急需多元化的治理模式，正如同当前对社会管理方式创新的强调一样，一元化的专项治理难以适应和实现社会管理的需求。

4. 专项治理难以实现长效化解社会矛盾，使政策持续发展的能力受到损害，助长了执法部门投机心理和政府乏于长效的管理机制建设，造成相关部门责任感的缺失，导致懒政及腐败，寄希望于在专项治理中造成眼球效应和突出政绩。这也从侧面验证了西蒙·库兹涅茨所描述的一种怪现象：问题发生前，是“政府最小化”状态，政府对市场上发生的破坏游戏规则行为听之任之，无所作为；问题发生后，是“政府最大化”状态，政府几乎耗费所有资源去应对某一问题，整个市场规则为此停摆，政府与市场都为此付出了太多的代价。这也反映出“专项治理”经常重复，如十四大至十七大对“减轻农民负担，损害群众利益”的专项治理先后进行 10 次，如此高频次的重复却依然收效甚微。2000 年以来出现在国务院公报上的“减轻农民负担”专项治理亦多达七次，国务院公报上“纠正行业不正之风”的专项治理更是每年一次。

5. 盲目夸大群众的作用，却又违反群众的真正意愿和要求，同时不利于公民参与空间扩展，阻碍政府与社会协调沟通。由于专项治理带有浓厚的非理性色彩，容易被过多的情感因素所左右，寄希望于一蹴而就，往往过于夸大群众的参与作用，但随着专项治理频次的增加和群众实际政治效能感的流失，专项治理的效用递减，降低了政府治理的整体效益。因此，专项治理过程中的审慎思辨强制是一种有效的但同时也是非常微妙和棘手的政策手段。

四 结论与讨论

综上所述，国家的多样性和国家的现实条件需要因地制宜的政策，以及与该国现实相匹配的国家治理能力建设战略。即使在信息时代，不同国家不同类型的政府也趋向于采取不同的政策工具，信息流动全球化并没有改变政府政策工具使用的路径依赖和习惯。强加于他国的治理工具没有考虑其背景和国家的行政能力，造成异化，反而加剧了治理困境（Argyriades, D.，2006，pp. 155－170）。所以一国治理赤字不可能被一次性地解决，制度和能力建设都需要时间的保证，考虑历史背景、先后序列、时间安排等是实现治理改善的前提。同时还需要探索所需的最小化条件，即在给定的资源（如时间、知识、资金、人力资源和组织能力等）情况下，在特定国家背景中如何实现更好的国家治理改进。

本文初步完善了国家治理研究中结构性要素分析缺失和方法论的不足，实现对国家治理可操作性的层次界定，并在上述界定指引下阐述了国家治理作为全球化理念的潜力和功能。我们发现：国家治理不仅仅是书面的革命和议程，而是充满弹性和多维的概念（Slocum-Bradley，N.，& Bradley，A.，2010，pp. 31－49），不同地区的国家治理在面临“如何及何时”转型的问答时，需要不断对自身实践现象和经验予以观察总结才能更好地取得预定的目标。

对于中国传统治理智慧和治理实践的反思而言，尽管专项治理在我国近年来的国家治理结构中发挥了显著的作用，[①] 从某种意义上来说甚至重构府际关系，打破原有部门间的力量不平衡，体现不同层级中国政府控制权差异带来的治理模式导向。但也存在着“专项治理失灵”的现实。中央层面的“专项治理”类似政策工具中的浓缩液，通过自上而下的稀释发酵形成全国范围的治理运动，并在各个地区的竞争中进一步形成类似一场轰轰烈烈的政治锦标赛。一番全国同一化的治理运动之后，我们仍然难以明白“为什么一些有利于提高社会福利的政策只在一定条件下才能推

① 臧雷振、徐湘林：《政府质量：国家治理结构性指标研究的兴起》，《公共行政评论》2013 年第 5 期。

行，而在大部分情形下无法实施"①，却真切感受到专项治理实践过程中的无奈和失灵。正如有学者研究指出非洲反腐败的失败不是政策制定问题，因为大多数国家都有针对腐败的严格政策，高腐败发生国家的政策执行过程中大多走向人治和运动化治理的道路。②

总之，通过对国家治理的解读，我们旨在为促进我国国家治理现代化的实现搭建有效路径，但仅仅给出了初步的抽象和简单化的诠释，因为"政治学中一些最引起人民兴趣的概念在操作上不仅是困难的，不可能的，也是有争议的"③。我们并不奢望本文能够完尽解释国家治理，由于篇幅的限制也没有对国家治理的未来走向和变革做出指南针似的规划，但毫无疑问，"中国政府亟须定位自身治理方向，构建有限且有效的政府"④，实现探索真正符合中国特征的国家治理现代化转型之道。因为不同国家的不同发展阶段需要不同的政策和制度形式来促进发展，所以当前作为全球化理念的国家治理显然被过于狭隘地理解了，这种狭隘的根本原因是学者研究中隐含的对治理体制好坏的二元划分假设，这种观点认为正式的治理体制是好的，而非正式的、个体化的治理体制是坏的，或发达国家的治理类型是理想的，发展中国家的治理是不理想的。本文愿作为对本土化实践问题分析所努力的千里跬步，成为进一步进行本土经验与实践的理论解释的引玉之举。

（臧雷振，北京大学政府管理学院）

① ［英］蒂莫西·贝斯利:《守规的代理人》，李明译，上海人民出版社2009年版，第278页。

② Lawson, Letitia, "The Politics of Anti - Corruption Reform inAfrica", *Journal of Modern African Studies*, 2009, 47 (1), pp. 73 - 100.

③ 齐斯克:《政治学研究方法举隅》，中国社会科学出版社1985年版，第36页。

④ 燕继荣:《变化中的中国政府治理》,《经济社会体制比较》2011年第6期。

中国语境下国家治理现代化拷辨*

李昌庚

党的十八届三中全会通过的《中共中央关于全面深化改革若干重大问题的决定》首次提出了“国家治理体系和治理能力现代化”。理论界和实务界为此正在进行一场声势浩大的研讨与实践，甚至还成立了专门研究机构，如“国家治理协同创新中心”等。

检索汗牛充栋的相关文献资料，许多学者围绕“治理”概念进行了大量研究，提出了治理与统治、管理等概念的联系与区别，甚至认为“治理”概念来源于西方的“Governance”，以此体现出“治理”概念的提出优越于“统治”或“管理”等概念，从而证明一种治国进步。笔者以为，英文的“Governance”既可以翻译成“治理”，也可以翻译成“统治”或“管理”等，这取决于不同语境。从此视角来看，“Governance”如何翻译并不重要，进一步而言，“治理”“统治”或“管理”等概念并不重要，关键取决于其所生成的土壤及其制度构建。

笔者试图回答如下问题，即“国家治理体系和治理能力现代化”的提出到底意义何在？如果对照一下新中国成立后提出的工业、农业、科技和国防的“四个现代化”，那么针对改革开放30多年来经济体制等领域改革的现实国情，“政治现代化”是“国家治理现代化”的重要内容；或者说“国家治理现代化”就是“政治现代化”的含蓄表达。虽然国家治理现代化可以有政治、经济、文化等多维表达，但其关键在于政治现代化。当前的行政体制改革、司法体制改革等都是一种尝试与探索。其实，

---

* 该文与笔者其他三篇论文《中国语境下政治民主化与社会稳定的博弈与平衡》（《学习与实践》2009年第4期）、《维稳与改革的博弈与平衡——我国社会转型期群体性事件定性困惑及解决路径》（《江苏社会科学》2012年第2期）、《主动改革：中国社会转型的理想选择》（《江苏社会科学》2014年第4期）构成了姊妹篇。同时阅读其他三篇论文有助于更好地理解本文。

学界关于“国家治理现代化的法治思维或路径”或“国家治理现代化的核心在于法治化”的探讨最终都指向政治现代化。

如果回避“政治现代化”而讨论“国家治理现代化”，或许是对党和政府政策的一种误读，甚至还可能徒增所谓中国特色的概念，其结果只能是舍本逐末，延误改革时机，最终将有可能又重新回到经济体制改革原点上。

由此决定了党的十八届三中全会提出的“全面深化改革”不仅是经济体制等领域的改革，而且还包括政治体制改革。这个问题其实又回到了改革开放初期邓小平所提出的观点。邓小平早就说过，“我们所有的改革最终能不能成功，还是决定于政治体制改革”①。应当说，邓小平早就认识到中国问题的症结所在，但从他的诸多论述中可以推断，政治体制改革应当留给后人在条件成熟时解决。

在此背景下，党的十八届三中全会提出的“全面深化改革”及为此而成立的“全面深化改革领导小组”，以及明确提出的“国家治理体系和治理能力现代化”就成为必然。

一 国家治理现代化:陌生人社会治理模式

（一）熟人社会不利于国家治理现代化

在人类社会早期或其他某个社会阶段，由于受到以“小农经济”为主导的自给自足的封闭式自然经济，以及以“单位”和“组织”为纽带的行政依附型计划经济的影响，② 形成了相对熟人社会。中国也不例外，而且其所经历的时间及其表征更为明显。

在熟人社会中，人的保持适度距离的潜意识本能被熟人社会特定的政治、经济、文化结构及其人情关系等所掩盖，从而形成一个个相对孤立的家族社会、部族社会、宗法社会或“单位”社会，人性弱点或人性“恶”

---

① 《邓小平文选》（第三卷），人民出版社 1995 年版，第 164 页。

② 这都是相对而言。人都有趋利和交易的天生禀赋。无论是自然经济还是计划经济时期，都有市场经济因子。只不过自然经济时期的技术、物质条件尤其专制制度等因素抑制了市场经济发展。而计划经济时期，则主要是人为的意识形态及其制度抑制了市场经济发展。相比较而言，欧洲地区不仅自然经济时期的市场经济因子要高于其他地区，而且市场经济起步较早，这也是古希腊、古罗马时期等欧洲思想较好地切合市场经济的重要因素。

的一面在人与人过分近距离接触中而得到膨胀。但人性中的道德异化又容易被熟人间的人情关系、组织关系所遮掩。所谓权谋术、诚信缺失、内耗以及奴性、服从与中庸等人性弱点在熟人社会中就表现得更为显著。因此，熟人社会形成了自己独特的治理模式：一方面，这种人身依附性的熟人社会通过血缘、人情或组织关系维系着一个个家族、部族或“单位”秩序，从而形成部族、家族或“单位”治理的宗法制度；另一方面，在这种社会结构中，“国”是“家”的放大，“家”是“国”的浓缩，国家治理就是一种放大的部族、家族或“单位”治理的宗法制度。故熟人社会实质为人情社会，也就是人治社会。

从古代中国来看，“罢黜百家，独尊儒术”，推崇“三纲五常”的礼制，以及国家层面的中央集权的专制制度和家族层面的宗法制度，构成了熟人社会主要的治理模式。同样，计划经济不仅要求政治框架中的专制，而且在价值追求领域和对价值的追问中亦要求集权的思维图像。[①]我国计划经济时期也不例外，也不同程度地存在道德异化和集权政治等诸多熟人社会治理模式的特征。

由此可见，虽然这种植根于特定的农耕经济、游牧经济或计划经济及其相应的政治、文化结构的熟人社会在有些国家也有过特定历史阶段意义上的成熟国家治理，如古代中国的盛唐时期、康乾盛世等，并对日本、朝鲜等周边国家产生了深远影响，但从近现代社会人性权利需求基于特定条件的彰显来看，却不利于国家治理现代化。也就不难理解为何许多亚非拉发展中国家政治现代化进程缓慢或民主法治比较薄弱。同样，也就不难理解为何许多经济发达的阿拉伯国家政治现代化进程缓慢或民主法治比较薄弱，固然因素很多，这类国家除受到特定的历史文化和宗教影响外，还因为这类国家的经济发达主要依赖于石油资源，而非工商业基础上的市场经济发达，仍较多保留了以部族或家族为单位的熟人社会特征等。

（二）陌生人社会是国家治理现代化的社会基础

陌生人社会是相对于熟人社会而言的，两者均具有相对性。在工商业为主导的市场经济和移民社会基础上，形成了人与人保持适度距离的陌生

---

① ［德］沃尔夫刚·费肯杰：《经济法》（第一卷），张世明、袁剑、梁君译，中国民主法制出版社2010年版，第11页。

人社会，从而构成了相对摆脱人身依附关系的以陌生人社会为主导的公共社会。这在市场经济发达国家或移民国家表现得更为显著。这从根本上有别于乡土社会、宗族社会或“单位”社会。这是公民及其公民社会形成的根基，也是政治现代化的社会基础。

在陌生人社会中，人与人之间保持适度距离的摆脱人身依附关系的社会结构不仅减少或降低了人性弱点或人性“恶”的一面发挥或膨胀的概率，而且也有利于人性“恶”的认识在陌生人社会中得到真实表达与有效实践。比如“人性天生罪孽深重，所以热衷于制定规则”①；“人类自然本性是腐败的，因此为了维持法律和一定的秩序，便需要社会控制制度”②；“如果说人不是恶魔的话，那么人也并不是天使，人是处于这两个极端之间的中间者，这一事实使得相互克制或制衡的制度既有必要又有可能”③，等等。因此，人的原始不信任消解在法律信仰及其制度信任基础上，并进而实现人际交往的社会运转。④

市场经济、人口流动、相对独立的“小家庭”社会结构、符合人性的道德及其信仰文化、权力分工与制衡以及法律制度的构建等就成为陌生人社会治理的重要基础。从某种意义上说，市场经济社会中有别于家族治理的公司治理就是国家治理的缩影。

因此，平等、自由、民主、法治等就成为陌生人社会治理模式的主要特点。陌生人社会治理模式也成为政治现代化的必然要求。国家治理现代化只有也应当以陌生人社会作为社会基础。一般而言，国家治理现代化就是从熟人社会向陌生人社会变迁的过程。

二　关于国家治理现代化的相关问题回应

（一）如何看待国家治理现代化中的“西方化”困惑

中国近现代以来的现代化进程就一直伴随着所谓“西方化”困惑。党的十八届三中全会提出的“国家治理体系与治理能力现代化”也不例

① Roscoe Pound, *The Spirit of the Common Low*, William S. Hein & Co., Inc., Buffalo, New York, 1995, p. 56.

② Richard Schlatter, *Private Property: The History of an Idea*, New York/Russell, 1951, p. 56.

③ H. L. A. Hart, *The Concept of Law*, Second edition, Oxford University Press, 1994, p. 196.

④ 李昌庚：《诚信生成机制探析》，《福建江夏学院学报》2014 年第 2 期。

外。有学者讨论国家治理现代化时特别强调“国家治理现代化不是西方化”的观点。[①] 也有学者认为，“现代化”或“现代化范式”容易陷入西方文明中心主义，[②] 等等。

毫无疑问，全盘“西化”或照搬西方国家或别国经验在任何一个国家或地区都是一种幼稚或错误的观点。这是无须证明的结论，也是社会主流观点。因此，一般情况下，没有人会提出这种全盘“西化”或照搬别国经验的幼稚观点。然而，包括中国在内的传统社会主义国家以及其他有些国家在历史上却犯过这种幼稚的错误，不顾本国国情，不仅存在过教条式运用来源于西方的传统马克思主义理论，而且还存在过简单照搬苏联经验的不良倾向。这也正是我国为何提出马克思主义中国化以及弘扬中华优秀传统文化的深层次原因所在。也只有从此意义上理解，才能凸显其价值。但在上述历史背景下的改革开放及其国家现代化进程，却不断遭受“西方化”困惑的困扰。

固然其中不乏从一个极端走向另外一个极端的不良倾向，即从教条式运用来源于西方的传统马克思主义理论到全盘照搬西方文明的不良倾向，但在实践上更多的是前者而非后者。自从改革开放以来，有些回归人性、纠正历史偏差的做法却很容易成为“西方化”的讨伐对象。倘若国家治理现代化仅仅局限于经济治理等维度考虑，或许随着时间推移并不存在“西方化”困扰，就如同市场经济及其公司、证券、期货等相应制度选择一样。但政治现代化却一直很容易成为“西方化”的讨伐对象。

由此可见，我国依然存在着从理论上看似颇有道理的观点，实质上却或多或少地存在着对“现代化”“人类文明”甚至对“西方化”标签的某种误读；或者说，存在着对社会大众的某种误导。而这种误读或误导不仅影响着我国实务界尤其决策层，而且还一直困扰着我国政治体制改革。

每个人都是其自身利益的最好裁判者。[③] 理想化的理论说教无法掩盖每个人的人性经验逻辑。

---

① 胡鞍钢：《国家治理现代化不是西方化》，《光明日报》2014 年 6 月 23 日。

② 夏勇：《文明的治理——法治与中国政治文化变迁》，社会科学文献出版社 2012 年版，第 148—152 页；邓正来：《中国法学向何处去——建构“中国法律理想图景”时代的论纲》，商务印书馆 2011 年版，第 109—110 页。

③ Roscoe Pound, *The Spirit of the Common Law*, William S. Hein & Co., Inc., Buffalo, New York, 1995, p. 159.

首先，市场经济基础上的陌生人社会治理模式具有人性共通性一面。从熟人社会治理模式向陌生人社会治理模式变迁是市场经济选择的必然要求和结果。自然经济和计划经济虽然能够抑制人性私欲所带来的消极现象，但却因此抑制了人的创造力和社会生产力；而且自然经济和计划经济所产生的熟人社会结构却在另一方面膨胀了道德异化、“内耗”等方面的人性弱点。市场经济虽然膨胀了人性私欲所带来的消极现象，但却因此极大地激发了人的创造力和社会生产力；而且市场经济所产生的陌生人社会结构却在另一方面抑制了道德异化、“内耗”等方面的人性弱点，并因此催生了法律规则及其权力控制的制度构建。因此，在人类社会发展的一定阶段，基于人性选择的市场经济及其陌生人社会治理模式具有必然性。如果说自然经济或计划经济基础上的熟人社会治理模式在不同国家和地区具有人性共通性一面，如奴隶制或封建制等，那么市场经济基础上的陌生人社会治理模式也同样呈现出人性共通性一面，诸如平等、自由、民主、法治等。

因市场经济所产生的公司治理就是人性共同需求的表现之一。虽其在公有制意识形态下，曾受到批判和抵制，但却因时间流逝和实践证明而被我国所接受。对于“公司治理”放大化的国家治理，以民主和法治为核心的政治现代化同样具有人性共同需求的一面。如果对此不加区分地遭受“西方化”质疑，则不单纯是一种认识问题，亦或许存在意识形态、既得利益障碍甚至是缺乏自信的表现等因素作祟。

真正的知识主要源于经验。[①] 如果避开理论逻辑推论，基于人性的实践经验考量，即便所谓的村务公开、厂务公开、权力监督、选举、公正、透明等也是即使“大字不识”的农民、工人等寻常百姓的内心真实需求，他们才不会想到这是“西方化”的东西。当然，这种内心真实需求在熟人社会则容易受到礼制或专制统治的愚弄或压制，但在以市场经济为基础的陌生人社会则是一件自然的事情。因市场经济所产生的陌生人社会治理模式有助于将上述人性需求内化为制度构建。如果硬要将此标签为“西方化”的东西，实属抬举西方文明了。其实，这是人性共通性一面。只不过西方文明因工商业为主导的市场经济较早发展而政治现代化进程较快

① ［法］托克维尔：《论美国的民主》（上卷），董果良译，商务印书馆2012年版，第353页。

罢了。实际上，在某些方面，“西方化”已经被无限放大或曲解，进而危及“现代化”的理解与实践。

其次，不同国家和地区的陌生人社会治理模式也存在差异性。虽然不同国家和地区陌生人社会治理模式有其人性共通性一面，但由于地域文化、宗教、历史等因素，还是表现出差异性，不管是民主、法治的内涵还是实现路径等。比如，可以笼统地说，民主制度是指人民当家做主，但对于何为民主的真正含义却有着深刻的分歧。[①] 如果排除民主的人性共通性一面以及忽视人性的意识形态障碍，民主也存在差异性。即便西方国家也是如此。比如法国的大革命、美国的独立战争、英国的君主立宪、日本战败而被美国协助立宪等所形成或巩固的政治制度，以及英国、日本的君主立宪制、美国的总统制、德国的议会内阁制等。

在地域文化、宗教、历史等因素类似的国家和地区，其陌生人社会治理模式差异性较小，比如欧美地区等。但在地域文化、宗教、历史以及市场经济成熟度等因素差异较大的国家和地区，其陌生人社会治理模式差异性较大，比如亚洲地区、非洲地区、阿拉伯世界等。其实，这个问题早就被美国学者塞缪尔·P. 亨廷顿阐述过。他认为，“冷战结束后，引起冲突的根源是文化；文明冲突的主要表现就是联合起来的儒教和伊斯兰教正在向西方的利益、价值及其权力提出的挑战”[②]，“许多非西方国家学习西方又不西化，而且最终还崇土抑洋，那么西方对他们则不能抱以天真幻想，要从政治上提防和控制”[③]。典型的国家如俄罗斯、伊朗、叙利亚、埃及、印度、新加坡等。甚至日本、韩国、印度尼西亚等也是如此。中国也不例外。虽然其结论的保守性、消极性与防御性不足可取，但他关于陌生人社会治理模式的差异性及其文明的多样性认识则是深刻的。

因此，如果单纯从反“西方化”论者的某些观点来看，我国国家治理现代化并不存在所谓是否“西方化”的伪命题。以民主、法治为核心的政治现代化不是西方文明的专利，这是人类基于人性的市场经济选择及其陌生人社会治理模式的必然要求。如果因强调人类文明的多样性而否定陌生人社会治理模式的人性共通性一面，则是忽视或否定人性本身。一旦

---

① Ronald Dworkin, *Freedom's Law: The Moral Reading of the American Constitution*, Harvard University Press, 1996, p. 15.

② ［美］塞缪尔·P. 亨廷顿：《文明的冲突》，《外交事务》1993 年夏季号，第 22—25 页。

③ ［美］塞缪尔·P. 亨廷顿：《西方文明独特但非四海皆准》，《外交事务》1996 年 11、12 月号。

忽视或否定了人性共通性一面，立足或反思“本土化资源”以及学习和借鉴“人类文明成果”也就失去了意义。这恰是我国国家治理现代化进程中避免“西方化”伪命题干扰的关键所在！

（二）如何看待国家治理现代化中的弘扬中华优秀传统文化

如前所述，鉴于我国历史上所犯的“简单全盘照搬”的幼稚错误，立足本国国情，弘扬中华优秀传统文化显得尤其必要。这也是国家治理现代化的信仰文化基础。对此，应当把握好如下几点：

（1）弘扬中华优秀传统文化应从抽象走向具体和实证。[①] 长期以来，理论界和实务界某些人似乎更多地从儒家等传统文化的著书立说中进行抽象的研讨，而在某种程度上忽视了现实中国人的生活百态和文化现状。殊不知，在“独尊儒术”的专制社会以及其后某些教条主义式马克思主义理论的影响下，在其土壤生成和发展的儒家等传统文化本身或许就值得反思。这种忽视现实的形而上研究及其文化传承实际上是一种“闭门造车”“掩耳盗铃”的做法，不仅存在抽象和空洞的缺陷，甚至可能存在以讹传讹的嫌疑；不仅可能停滞儒家等传统文化，甚至可能造成某些虚幻的东西。对此，西方学者休谟、亚当·斯密、马克思等人均有论述。比如：当西方列强打开大清帝国门户时，马克思曾经形容为“正如小心保存在密封棺木里的木乃伊接触到新鲜空气”[②]。西方有学者甚至认为，“中国历史上这个民族的精神已经陷入罕见的停滞状态”[③]，等等。以上论述或许有待商榷，但也足以值得反思。

这种传统文化或许有助于专制社会的国家治理，但却不利于国家治理现代化。大凡拥有深厚历史底蕴的国家在其政治现代化进程中多有过文化反思与复兴的过程，如欧洲文艺复兴、日本明治维新等。某种意义上说，这也正是儒家等传统文化需要如同习近平总书记所说的“正本清源，去伪存真”的关键所在。

因此，弘扬中华优秀传统文化应从抽象走向具体和实证，关注现实中

---

① 笔者在《诚信生成机制》一文中做了尝试性研究。具体参见李昌庚《诚信生成机制探析》，《福建江夏学院学报》2014 年第 2 期。

② 《马克思恩格斯选集》第 2 卷，人民出版社 1972 年版，第 65 页以下。

③ ［法］托克维尔：《论美国的民主》（下卷），董果良译，商务印书馆 2012 年版，第 565—566 页。

国人及其民族的优缺点和信仰文化到底是什么？如前所述，真正的知识主要源于经验。[①] 只有并应当立足于现实中国人的社会实践经验，在“真话”中勇于反思，才有可能使儒家等传统文化从“空中楼阁”走向现实中国人的日常生活，并因此形成深深扎根于人们心灵深处的信仰文化。

（2）弘扬中华优秀传统文化应当包容不同民族和宗教的文化。一方面，弘扬中华优秀传统文化应当包容我国不同民族和宗教的文化。弘扬中华优秀传统文化不能仅仅局限于儒家等传统文化，还必须考虑到我国藏传佛教文化、伊斯兰教文化、基督教文化等，并认识到它们的差异性，甚至还存在如同塞缪尔·P. 亨廷顿所说的“文明冲突”的可能性。我国应当吸取苏联、南斯拉夫等国的民族政策教训，只有让儒家等内地传统文化能够包容藏传佛教文化、伊斯兰教文化等不同民族和宗教文化，并在包容共生、宽容歧见中实现相互吸收、借鉴与融合的目标，进而寻求到不同民族和宗教文化的最大公约数下的社会共识，形成主流核心价值观，方是中华文化成型的关键。而这又是我国基于现实国情的国家治理现代化关乎民族问题和社会稳定的重要环节。

另一方面，弘扬中华优秀传统文化应当包容与借鉴不同国家和地区的文化及其文明制度，包括来源于西方的传统马克思主义理论的“正本清源，去伪存真”等。其实，这个问题说起来容易，但做起来不易，问题的关键在于如何准确理解和把握前已述及的政治现代化及其“西方化”伪命题。

总之，一个勇于反思并立足于现实的民族文化，才会产生真正的民族文化复兴；一个包容不同民族和宗教文化的民族和国家才会拥有真正的民族文化。即便西方文化，它的每一种古代成分也都经受了与其他文化相融合的改造。[②] 只有这样的民族文化，才会生成信仰文化。[③] 这是国家治理现代化的重要基础，尤其基于我国多民族的现实国情就显得更为重要。

---

① ［法］托克维尔：《论美国的民主》（上卷），董果良译，商务印书馆2012年版，第353页。

② ［美］哈罗德·J. 伯尔曼：《法律与革命——西方法律传统的形成》（第一卷）（中文修订版），贺卫方、高鸿钧、张志铭、夏勇译，法律出版社2008年版，第3页。

③ 李昌庚：《诚信生成机制探析》，《福建江夏学院学报》2014年第2期。

三 国家治理现代化的路径选择

（一）国家治理现代化路径的比较分析

基于人性需求，从熟人社会治理模式向陌生人社会治理模式变迁是国家治理现代化的一般路径选择。但为何世界各国在政治现代化的具体路径选择以及陌生人社会治理模式等方面却存在差异性？该问题的探讨关系到如何准确理解和把握我国国家治理现代化的路径选择。

具体包括如下几个方面：

（1）欧洲地区。众所周知，欧洲地区较早的工业革命、市场经济发展以及源于古希腊、古罗马时期的思想等因素催生了欧洲文艺复兴、英国的“光荣革命”、法国大革命等，使人性需求得以彰显出来，诸如“天赋人权”“主权在民”“自由、平等、民主”等。从而使欧洲尤其西欧较早地从熟人社会治理模式自主转型为陌生人社会治理模式，迈入政治现代化进程。此即西方文明。

然而在东欧地区，由于教条主义地曲解和运用马克思主义理论，尽管其初衷试图对西方文明的修正和超越，以追求人类“大同社会”，但其实践手段和结果却人为地产生了计划经济及其熟人社会治理模式，从而断层了同一地理区域的西方文明。上述国家出现了自身逻辑演绎的历史断层，在其存在计划经济及熟人社会治理模式而其市场经济及陌生人社会治理模式又尚未成型时，一旦受到西方文明的影响与冲击，其社会转型普遍经历了社会动荡。如苏联、南斯拉夫、罗马尼亚、匈牙利等国。如同东欧有学者所言，“转型只是以建立市场经济为目标，转型后还有民主化建设问题”①。

（2）美洲和大洋洲等地。欧洲殖民者在北美、拉丁美洲和大洋洲等地，由于当地土著人的政治、经济、文化等方面的发展缓慢与脆弱，因而较少受到文明冲突，而是把欧洲的市场经济、文化及其政治制度等移植到上述地区。当上述地区自身的熟人社会治理模式尚未成熟时，移民社会所带来的移民文化及其陌生人社会治理模式自然能够扎根其中。故上述地区

① ［波兰］格列戈尔兹·科勒德克：《从休克到治疗：后社会主义转轨的政治经济》，刘晓勇等译，上海远东出版社2000年版，第6页。

凡是以欧洲殖民者为主体的建国大多纳入了西方文明体系，并没有明显的社会转型痕迹，而凸显其移民社会特征。如美国、加拿大、澳大利亚、新西兰等国。

（3）亚洲和非洲等地。欧洲殖民者在亚洲、非洲等地受到了当地深厚历史文化惯性等诸多因素的强烈抵制。当上述地区的国家纷纷独立后，上述国家的社会转型却经历了集权政治、威权政治、军事政权和民主政治等的多次反复和社会动荡。比如历史上的韩国、泰国、印度尼西亚、缅甸、阿富汗、叙利亚、伊朗、埃及以及许多非洲国家等。包括我国清末以来也不例外。拉丁美洲部分国家也或多或少地存在此种现象。这也正是塞缪尔·P. 亨廷顿针对许多后发型发展中国家所说的“产生政治动乱并非由于没有现代性，而是由于要实现这种现代性而进行的努力”①。他认为，民主化程度高的社会有助于社会稳定，但这类国家的民主化过程则容易带来不稳定。② 这一点又被我国学者喻为“薄壳效应”。正因为传统集权国家无法应对“薄壳效应”的挑战，它们通过改革开放进入现代化的进程中，容易陷入革命与倒退的怪圈。③ 因此，塞缪尔·P. 亨廷顿又主张这类国家可以优先考虑以权威主义政治为权宜之计，以维持社会秩序和经济发展。

尽管欧洲国家政治现代化的社会转型也付出了成本与代价，比如英国的“光荣革命”、法国多次反复的大革命等。但是亚洲、非洲等许多后发型发展中国家却在政治现代化的社会转型中付出了沉重的成本与代价，甚至有些国家社会转型依然尚未彻底成功。包括近几年发生的埃及、利比亚、伊拉克、叙利亚等阿拉伯国家所谓的“阿拉伯之春”等。而且，这类国家政治现代化本身虽然表现出人性共通性一面的陌生人社会治理模式，诸如政党政治、议会选举、法治等，但也呈现出诸多差异性。此即被塞缪尔·P. 亨廷顿保守性或消极性地视为“文明冲突”。从积极意义上理解，此即文明的多样性。

之所以如此，笔者以为，这类国家有着一套较为成熟的熟人社会治理

---

① ［美］塞缪尔·P. 亨廷顿：《变动社会中的政治秩序》，张岱云等译，上海译文出版社1989年版，第45页。

② 同上书，第43、50、51页。

③ 萧功秦：《关于新权威主义体制与国家治理问题的若干思考》，《华中科技大学学报》2014年第3期。

模式，有着深厚底蕴的历史文化和包括伊斯兰教、佛教等在内的宗教影响，这是美洲、大洋洲等地所无法比拟的。但是，这类国家作为后发型发展中国家，无论历史上是否受过欧洲殖民侵略，都将或多或少地受到西方文明和马克思主义理论等外来文化的多重影响与冲击。在此背景下，一方面，自然经济甚或计划经济及其熟人社会治理模式和相应的历史文化、意识形态依然存在甚至影响很大；另一方面，市场经济及其陌生人社会治理模式又尚未成熟，并受到与此相适应的西方文明等外来文化的影响与冲击。因此，这类国家人民的人性需求在愚弄与觉醒、抑制与彰显以及内力作用与外力作用中交替运行，从而使这类国家呈现出内外力作用下的非完全自主性的社会转型现象。而这恰是当初西欧等地区社会转型所未经历的。其结果必然容易导致这类国家的社会转型多次反复与社会动荡；即便其政治现代化本身是在遵循人性的基础上，也会呈现出诸多差异性。

正因为如此，某种意义上说，在这类国家中，某些国家基于特定国情的特定阶段的政治现代化进程缓慢并非完全是坏事；反之，一旦不顾现实条件制约，突然打破利益均衡，则往往欲速而不达，甚至产生乱局。古今中外不乏先例。如某些阿拉伯国家等。这类国家基于特定国情的政治现代化进程的路径选择方是问题的关键!

（二）我国国家治理现代化的路径选择

1. 背景考量

理论上说，如同许多欧洲国家的从熟人社会治理模式向陌生人社会治理模式变迁的自主转型是我国国家治理现代化的理想路径选择。但中国古代的“四大发明”以及封建“盛世”时期却在漫长的专制社会中被抑制，直至清末外国殖民侵略和外来文化影响，从而错失了市场经济发展及中国本应可以自主转型的机会，使我国呈现出后发型发展中国家的非完全自主性的社会转型。

大体而言，我国近现代以来社会转型主要经历了清末辛亥革命、1949年革命胜利以及改革开放三个时期。从社会转型史来看，当西方列强打开大清帝国门户后，基于中国多民族、多宗教、儒家文化以及漫长专制社会等国情，在国人尚未有普遍权利意识以及利益分化不明显时，如果有政治精英和知识分子精英能够及时主动开启陌生人社会治理模式及政治现代化进程，或许有助于其后的民族和宗教问题处理、民族融合、儒家文化的现代化、主流价值观及其信仰文化等，从而减少或避免其后诸多后遗症。这在后发型发展中国家中不乏成功先例。从此意义上说，如果从改革的复杂性和难度以及社会转型的成本与代价来看，我国曾经错过了社会转型的最佳时机。

但历史毕竟是历史。时至今日，我国不仅深受以自然经济为主导的熟人社会治理模式及儒家等传统文化的影响，还同时深受以计划经济为主导的熟人社会治理模式及其意识形态影响；不仅深受西方文明等外来文化的影响和冲击，还同时深受同样来源于西方的马克思主义理论尤其其中异化的教条主义理论影响。在传统熟人社会治理模式渐趋失灵并逐渐解构过程中，而陌生人社会治理模式又尚未成熟时，尤其基于我国特定的民族问题、台湾问题以及城乡差距、区域发展差距以及与此相关的诸多后遗症等特殊国情，我国社会风险系数必然增加，社会稳定性降低。

因此，中国作为后发型发展中国家不完全同于其他诸多发展中国家，非完全自主性社会转型表现得更为复杂。这是我国国家治理现代化不得不面对的现实及其考量背景。一方面，不得不面对包括西方文明和马克思主义理论等在内的外来文化影响和冲击的现实，不能简单地用是否“西方化”来衡量政治现代化，关键是基于人性如何准确理解和把握政治现代化及其文明。这个问题前已述及。另一方面，不得不面对历史惯性下的当今中国特殊国情，使我国有时间和条件以史为鉴，既要吸取西方国家早期的经验教训，也要吸取广大后发型发展中国家社会转型的经验教训；既要吸取苏联东欧国家的经验教训，也要吸取当今泰国、埃及、叙利亚、伊拉克、利比亚等国家的经验教训，不能跳出我国历史惯性以陌生人社会治理模式的理想化图景简单套用中国的国家治理现代化。

2. 路径选择

基于上述背景考量，我国如何趋利避害，从而尽可能掌握主动权，以最大限度地降低后发型发展中国家普遍出现的社会转型的成本与代价，方是我国国家治理现代化的理想路径选择。

针对后发型发展中国家社会转型可能出现的社会动荡等问题，虽然塞缪尔·P. 亨廷顿主张民主政治是社会稳定的关键，但他又认为这类国家在特定时期可以优先考虑威权政治作为权宜之计，以实现社会平稳转型。这对我国尤其具有借鉴意义。

威权政治不同于专制或集权政治。虽然威权政治具有专制或集权政治的特点及其外在形式，但其价值理念是以民主和法治为基础，而非独裁理念，因而威权政治才有民主改革的计划和目标，并将其作为实现民主政治的一种过渡手段，以适应不同国情确保经济发展、社会秩序，进而以较小的成本与代价实现社会平稳转型。对此，不乏成功先例。如韩国、新加坡、印度尼西亚以及我国台湾地区等。

其实，我国早在大清帝国解体后便面临着这样的问题及抉择。如果说袁世凯为了满足私利而试图复辟帝制是开“历史倒车”的话，那么不妨假设，如果其结果是针对当时中国国情试图以一种威权政治的方式解决“一盘散沙”的乱局，进而逐渐实现社会平稳转型，或许未尝不是一个值得探讨的路径选择。进一步考证，如果说孙中山在“辛亥革命”前后最初是想套用美国等西方国家政治现代化模式的话，那么后来提出的“军政、训政、宪政”思想则是比较切合中国当时国情的路径选择。这种路径选择其后被我国台湾地区所实践。

没有代价的社会转型是不现实的，尤其基于中国特殊国情；而如何降低代价的社会转型又恰是基于中国特殊国情的考量所在！虽然我国经历了30多年的改革开放，但其历史惯性下的特殊国情更应当考虑通过威权政治作为过渡手段以实现政治现代化的路径选择，以减少或避免民族冲突、国家分离、地方诸侯、社会撕裂、族群对立、民粹暴政等社会转型期可能出现的社会动荡，从而实现社会平稳转型。对此，笔者在相关论著中从不同视角均有阐述，表达了同样的主导思想。① 我国有学者提出“新权威主义”的类似观点，以克服“薄壳效应”。②

所谓通过威权政治引领政治现代化，简言之，就是在党和政府掌握改革主动权的前提下，主动改革，进而实现社会平稳转型。原则而论，主要包括如下几个方面：（1）通过国企、土地、金融、财税等领域改革，进一步深化市场经济体制改革，从而为政治现代化提供经济基础；（2）通过教育、医疗、住房、社会保障等社会建设，从而为政治现代化提供社会基础；（3）通过儒家文化等传统文化以及马克思主义理论的“正本清源，

① 参见李昌庚《中国语境下的政治民主化与社会稳定的博弈与平衡》，《学习与实践》2009年第4期；《维稳与改革的博弈与平衡——我国社会转型期群体性事件定性困惑及解决路径》，《江苏社会科学》2012年第2期；《主动改革：中国社会转型的理想选择》，《江苏社会科学》2014年第4期；等等。

② 参见萧功秦《关于新权威主义体制与国家治理问题的若干思考》，《华中科技大学学报》2014年第3期。

去伪存真"，在吸收和借鉴人类文明成果的基础上，弘扬中华优秀传统文化，生成包括各民族在内的最大公约数下的社会共识，形成社会主流核心价值观，从而为政治现代化提供信仰文化和价值基础；[①]（4）通过中央和地方关系改革，实现合理分权，尤其在尊重民族规律的基础上确保民族自治权，从而为政治现代化提供民族基础；（5）通过军事力量的现代化建设，从而为政治现代化提供国防基础；（6）在可掌控的范围内，有条件地同步推行司法、行政、人大和政党等领域的改革，从而为政治现代化提供政治基础。直至最终基于上述改革措施，以尽可能小的成本与代价实现政治现代化的社会转型。限于本文宗旨，在此不加以展开。

当然，威权政治也存在先天不足。最大的问题在于，存在既得利益障碍以及改革不彻底而致转型失败或畸形。即威权政治有可能限制或怠于市场经济体制改革、社会建设、信仰文化和主流价值观的培育、央地分权、军事现代化以及司法体制改革等，从而可能陷入改革"悖论"，影响到威权政治向政治现代化的平稳转型。笔者以为，威权政治与专制或集权政治的最大区别在于，虽然存在权力的集权特点和外在形式，但其改革的价值取向是以社会主义民主政治为目标，威权政治本身不是目的，而是一种过渡手段，伴随着一种改革期待，从而尽可能跳出改革"悖论"，将上述可能出现的负面影响降低到最低限度。由此也决定了威权政治时间不宜过长，否则可能沦为专制或集权政治的异身，也可能陷入威权政治与"薄壳效应"的恶性循环，从而错失政治现代化良机。

尽管如此，以上只是笔者基于中国特殊国情试图从威权政治走向政治现代化的理想化愿景，或是单方面假设的理想路径选择。这关键取决于执政党主动改革的政治智慧和勇气，甚至取决于政治精英。

政治现代化是国家治理现代化的重要内容。从某种意义上说，国家治理如同公司治理。从熟人社会治理模式向陌生人社会治理模式变迁是国家治理现代化的一般路径选择。基于人性及其市场经济要求，陌生人社会治理模式有其人性共通性一面，但也存在因不同国情而呈现出的差异性，从

---

① 西方国家政党政治之所以很成熟，除了经济发达等因素外，还有一个重要因素就是有着较为成熟的主流核心价值观。其中，法律和基督教的信仰文化是其重要基础。参见 Paul Kahn, *Marbury v. Madison and the Construction of America*, Yale University Press, 1998；［法］托克维尔《论美国的民主》（下卷），董果良译，商务印书馆 2012 年版，第 522 页；等等。

而表现出人类文明的多样性。人类文明的多样性只有建立在人性基础上，才能凸显出其意义。因此，中国语境下的国家治理现代化既要避免是否“西方化”的伪命题干扰，也要准确理解和把握如何弘扬中华优秀传统文化。

作为后发型发展中国家，基于历史惯性下的特殊国情，我国从而呈现出更为复杂的非完全自主性社会转型现象。因此，我国更应当考虑通过威权政治作为过渡手段以实现政治现代化的路径选择，以尽可能小的成本与代价实现社会平稳转型。我国国家治理现代化应当在遵循人性基础上呈现自身特点，从而为人类文明的多样性做出应有贡献。

无论政治现代化、传统儒家文化还是“西方化”等话题均是我国自明末清初尤其清末以来老生常谈的话题。时至今日仍在重复前人关于人性的基础话题并无多大意义，或许这也是中国特殊国情的一种表现，但如何回应历史惯性下的现实中国特殊国情的国家治理现代化及其路径选择方是问题关键，也是本文试图体现的意义所在！

（作者单位：南京师范大学法学院）

国外社会治理的重要经验

房　宁

社会治理是国家政权对管辖范围内的民众与社会事务的统治与管理。各国的社会治理，一方面反映了该国基本制度的特质，是该国基本制度的实践与落实，反映的是各个国家社会治理的特殊性；另一方面，各国社会治理也有共同性，治理社会具有相同的目标、相似的手法以及具有普遍性的规律。无论何种制度、怎样治理都要符合和达到社会治理的一些基本要求和规范，如保证公共安全、保持社会秩序、增进经济发展和社会福祉、平衡群体关系与调节利益冲突等。相形于社会制度和发展道路，社会治理更具有技术色彩，更多地属于管理科学范畴的问题。因此，国外社会治理中一些成功的做法和经验值得我们研究和借鉴。

一　西方发达国家社会治理体制的启示

在长期的社会治理实践中，西方国家形成了既有一定普遍性又各具特色的社会治理体系，并且随社会发展而不断变化与改革。自 20 世纪 70 年代以来，西方国家的行政管理与社会治理体制发生了新的发展与变迁，其中最值得关注和研究借鉴的就是在所谓“新公共管理革命”旗号下出现的西方发达国家社会治理体制的发展变化。

20 世纪六七十年代，西方国家经过战后经济社会的动荡、平复和复苏，进入到了一个相对繁荣和快速发展的时期。一方面，经济社会迅速发展、社会结构发生深刻变化；另一方面，社会治理方面遇到了越来越多的新情况、新问题，包括政府自身和社会治理体系都遇到了众多问题，诸如官僚主义、成本上升、效率低下等。在这一背景下，在英国及部分北欧国家率先出现了以减少官僚主义、降低行政成本和提高公共管理效率的所谓

“新公共管理”改革。经过20世纪八九十年代的探索与实验，“新公共管理”从一种思潮逐步发展为了一种具有广泛影响的社会实践，在西方发达国家以及部分发展中国家的行政体制改革中产生了一定成效。

新公共管理改革的实践是多方面、多领域的，其中最值得我们关注和研究的，是在新公共管理改革中形成的当前众多西方发达地区的社会治理体制，即“政府—法定机构体制”。“小政府，大社会”是西方自由主义一直秉持的政治理念，但在实践中这样的理念一直难以真正实现。随着时代的发展变迁，实际上西方国家的社会治理日益复杂，扩张政府规模的客观需求不断上升。新公共管理改革运动在一定程度上为解决这个一直以来的难题提供了新的途径。

所谓“政府—法定机构体制”，即政府赋予部分社会专业机构以法定社会管理职能，社会机构受政府委托或由政府购买提供公共管理产品与服务。法定性、服务性、独立性、企业化、接受政府和社会监督等，是这类法定机构的特征。法定机构一般为某领域专业组织，根据政府法定授权在相关领域行使公共管理职权，接受政府资助或由政府购买服务，独立运作，企业化运行，接受监督。

西方国家政府体系中普遍设立法定机构，作为政府行政部门的补充和延展。如美国联邦政府就下辖大量的法定机构，数量、规模和人员都大大超过联邦政府本身。新加坡政府共有14个部门，而下属法定机构达到63个。我国香港特别行政区政府机构为“3司12局”，但下辖法定机构达到200多个。

采取“政府—法定机构体制”的优点主要表现在三个方面：

第一，提高了行政效率。法定机构具有一定竞争性，比一般政府机构官僚习气少，比较有效率。

第二，提高了治理的专业性。法定机构一般是本领域的专业组织，管理范围集中，属于“内行领导”，管理更加准确到位。

第三，减少了社会管理的总成本。法定机构不是专门的行政管理机构，很多是兼职管理，人员一般不占公务员编制，在运行上采取企业化的运行方式，被称为公司化的政府。新加坡在采用法定机构模式后，政府规模得到了严格控制，行政成本大大降低。

在新公共管理思潮的影响下，经过多年的“政府—法定机构体制”模式的实践，西方发达国家政府社会治理水平有所提升，政府规模和行政开支得到一定程度控制。这一社会治理体制值得我们学习借鉴。近年来，我国东南沿海改革开放的先行地区，如深圳等地开展了法定机构模式的试点，有的已经运行多年，总体上取得了较好的效果，值得进一步研究和总结。

二 西方发达国家社会治理的基本策略

通观西方发达国家社会治理的基本策略以及在策略背后的治理理念与我国有很大不同，其中不乏值得我们研究和思考的内容。根据我们的观察与研究，我们认为：底线管理、注重监管和注重经济手段等在西方国家普遍采纳的治理策略值得我们认真研究和思考。

从理论上讲，西方资本主义国家信奉个人主义，崇尚自由主义。从现象看，西方国家社会管理宽松，社会自由度较大。西方国家也经常标榜其是自由民主社会并借以攻击诋毁其他社会制度不同的国家。但深入了解西方社会就会发现，实际上西方国家的社会治理体系十分严密，可谓“疏而不漏”；西方国家社会治理的手段严厉而多样，造成西方国家公民法制观念较强，美国即有“战战兢兢”的中产阶级之说。从社会治理的策略与理念角度观察，之所以形成这样的治理效果，有三大策略值得注意。

第一，“底线治理”。

西方发达资本主义国家貌似多元、自由，对于公众的一般社会行为管制比较宽松。美国的管制文化是只要“不犯法”政府就不管百姓事，老百姓可以“一辈子不与警察打交道”。美国百姓也时常以“不与警察打交道”来标榜自己是安居乐业的守法良民。西方国家特别是英、美等国，社会治理的重点是守住“底线”，集中资源、集中力量打击和惩处违反法律、触犯社会秩序和超越社会道德底线的社会行为。对于公民的不违反法律、不严重触犯社会道德底线的行为一般不予干预。

底线治理，从公众角度感受到的是社会自由度大，进而有助于提升社会认同感和公众对于法律与制度的认受性；从政府及社会治理角度看，则有利于提高治理效率，有利于实现低成本治理，有利于提高治理的可操作性。

底线治理的本质是依法治国。底线治理背后蕴涵着一套政治哲学与理念，即现实主义的治国理念。这一点与我国社会治理理念有很大区别。我国是社会主义国家，社会主义理论本身具有理想化倾向，加之受儒家传统治国理念潜移默化的影响，在实践中实际上是“高限治理”，即追求和强调“塑造新人”，进行榜样教育，用科学理论、高尚道德、美好情操教育引领群众。这一理念和策略虽然取得了一定成效，但总体效果并不理想。从实践效果看，长期的理想信念教育并没有明显地提升社会道德风尚的作用，相反我国社会实际的道德状况堪忧。西方发达国家普遍的治理理念认为，社会的道德水平乃至社会风气主要不是社会榜样所代表和引领的，在现实中社会道德与风尚更多的是社会负面行为、反面典型所决定的。从治理的角度看，对于普通公众首先是不让他们做坏人，然后才是促进他们做好人。所以，公众管理和教育的重点是设置底线，打击越线，以规范社会行为，引领社会风气。

第二，注重监管。

西方与我国都奉行与强调依法治国，但在社会治理的实践中，西方国家更注重法制的实施，注重对于法律和制度的实际落实。这是西方国家尤其是英美法系国家与我国在社会治理策略与理念上的显著区别。

西方发达国家依法治国及社会治理的主要做法和经验是执法、监管重于立法。特别是英美法系的国家，制定的成文法不多，主要是根据司法实践、根据判例作为司法依据，这样做举一反三，有较好的操作性。此外，成文法少使整个法律体系比较灵活。而更为重要的是，西方发达国家在法治方面的主要精力、资源投向执法与监管。比如，美国的联邦调查局、中央情报局对美国社会生活进行全面的监管，从企业和个人税收等经济活动到反恐等国家安全问题进行全面监管，触角遍布全社会各个角落。在管理方式上，引而不发，收放自如，使整个社会生活“乱而有序”，外松内紧，表面自由，实际控制。

在监管活动中，西方发达国家采取底线治理的策略。监管注意坚守重要的法律底线，对重要的关键性的法律及社会管制规则坚决执行，对触及底线的违法行为实行“零容忍”。

西方国家注重监管的治理策略的优点：

一是成本低、效果好。依法治国而不四面出击，处处设限，只是有重点地设置法律并严格执行，导致管制资源使用集中，维持较低成本和较高效率。

二是有利于培育社会法制观念和守法文化。由于注重监管，执法严格，惩处到位，使公民违法成本较高，进而形成政治社会化效应，使公民在社会法治实践中接受事实教育，久而久之养成尊法、守法习惯。

第三，注重经济手段。

依法治国，以罚为先。有法条而无罚则则法律空置，有罚则而不实施则法无权威。社会治理的关键在于落实，落实的关键在于行之有效的手段。

与我国社会治理主要运用行政手段不同，西方发达国家在社会治理中特别注重运用经济手段，倾向采用经济处罚规范社会行为，利用经济杠杆调节社会关系。应当说，经济手段是西方社会治理所采用的主要手段。市场经济条件下，人们社会行为的经济性极强，经济利益是社会利益的核心，经济利益是人们日常行为的主要动机和目的。因此，运用经济手段调节和管理人们的社会行为，就抓住了根本，可以从根本利益上调节、规范人的社会行为。

西方发达国家法律的法则中除去违法、犯罪者需要承担的刑事责任外，一般都附加有民事责任，主要是附加经济处罚。在社会政策方面，西方发达国家也十分注重运用经济杠杆调节和规范企业与居民的经济行为和社会行为。

西方发达国家在保证国家政治安全和社会思想舆论控制方面更是大量运用经济手段，十分有效。西方国家一般不对新闻媒体进行直接的管控，尤其不采取“舆论一律”的管控策略和措施，从表面上看，西方国家无论是媒体还是教育机构都奉行言论自由，尊重保障人权。但实际上，它们对于关系国家政治安全、核心利益、核心价值和基本道德观的领域实行严格的保护和规范，在适当进行法律规范的同时，主要手段是经济管理，对于那些违规、越界、触犯底线的媒体和个人，采取法律诉讼等多种措施实施严厉的经济制裁。西方国家对社会思想和意识形态管理的主要办法是：通过管住人们的钱包，管住人们的嘴巴，管住了人们的嘴巴，进而管住人们的思想。

西方发达国家在社会治理中注重运用经济手段，是十分有效和巧妙的，这样做的主要优点是：

第一，对社会行为主体起到了内在约束的效果。在市场经济社会中，抓住了经济利益就抓到了根本，触动人们的经济利益对人的约束力显著，可以调动人的自我保护意识，逐步养成自觉接受社会约束的习惯。在西方舆论界和教育机构，尽管没有什么清规戒律，也没有意识形态宣教，但从业者内心都知道言论自由的界限和行为的规范在哪里，一旦越界就会遭受损失。

第二，维持社会公正与法制形象。行政性处罚一般由政府实施，社会矛盾易集中于政府。尤其是管控社会舆论和思想意识形态，行政性干预往往有悖思想言论自由，社会观感不良。西方发达国家倾向于将行政性问题、政治性问题转移到司法领域，采取经济处罚手段，在一定程度上维持了形式平等、程序正义，避免将社会治理与管制、处罚政治化、意识形态化，而又对管理对象实施了实质性的管控。

三 西方发达国家社会治理的保障系统

所谓社会治理的保障系统，主要指实施社会治理的技术平台。所有的社会管理行为都必须有一定的技术手段和方法作为支持和保障。当代西方发达国家之所以能够在一定程度上实施比较好的社会治理，其中最重要的基础性原因，就在于它们拥有一套比较完备的覆盖全社会的国民个人信息管理系统。

长期以来，西方国家十分注重利用技术手段建立对全民的个人信息管理，主要涉及公民的个人收入、税收、财产以及经营活动等经济方面的信息；有的还涉及公民个人的社会关系，包括家庭情况、主要社会关系及交往情况等。对于公民个人的思想意识、政治态度等方面的管控属于最为隐秘的情况，以往鲜有披露。但随着“斯诺登事件”发生，西方国家对于公民个人思想意识、政治态度甚至个人隐私等方面的监管情况也逐步浮出水面。随着电子计算机技术、网络技术和大数据技术的发展，西方国家对于全体国民个人信息的管理系统不断发展，越发完备，在社会治理中发挥着越来越重要的作用。

现代社会是一个匿名交往的社会，人们的社会关系、社会行为、思想意识日益复杂多元。如何管理好一个现代社会，首先要做到的是获取管理对象的准确、完整信息。不了解管理对象，一切管理都是盲目的，因而也必定是无效的。现代社会与传统社会有着本质的区别，传统社会是一个“熟人社会”，管理“熟人社会”与管理“陌生人社会”不同，管理“陌生人社会”首先要让“陌生人”现形，首先要掌握“陌生人”的确切信息。从这个意义上，建立国民个人信息管理系统是现代社会治理的基础，没有这样的基础，社会治理现代化是无从谈起的。

西方国家不惜花费巨大的财力、物力、人力建立和完善国民个人信息管理系统，使社会治理适应了西方社会工业化、城市化进程，扎根于西方国家的现实国情、社情，发挥了保障国家政治安全、维护社会秩序的不可或缺的重要作用。

（作者单位：中国社会科学院政治学研究所）

中国国家治理研究现状

田改伟

党的十八届三中全会提出“完善和发展中国特色社会主义制度，推进国家治理体系和治理能力现代化”这个全面深化改革的总目标后，习近平同志又在多个场合对这个总目标进行了解读，要求全党要深刻理解、准确把握国家治理现代化的内涵。随着全党全国学习贯彻十八届三中全会精神的深入开展，国内一些学者也加强了对国家治理及我国政治体制改革的研究，发表了一些学术成果。一些研究动向和一些研究成果值得我们深入思考。

一　关于“国家治理”相关概念的内涵

（一）关于什么是“治理”

治理理论的代表人物 R. 罗茨提出了七种关于治理的不同定义：公司治理、新公共管理、善治、国际间的相互依赖、社会控制论的治理、作为新政治经济学的治理、网络治理（Rhodes，R. ，2000）。这些治理概念在不同领域的主体不同，无所谓政体的区分。预言了民主自由和全球资本主义作为“历史的终结”的弗朗西斯·福山极力回避对治理进行定义，而是想要找一种威权和民主政体都能适应的治理概念。他重点讨论如何衡量治理，如何衡量“好的治理”（善治）。他提出了四个维度的评价标准：程序性衡量（procedural measures）——政府官员的行为符合既定的规则；能力衡量（capacity measures）——汲取社会资源（尤指税收）能力角度；输出衡量（output measures）——国家治理显现效果角度；官僚机构的自主性衡量（measures of bureaucratic autonomy）——政府机构在规则范围内，相对独立、灵活变通的执行可操作政策。①

有的学者进行了总结，指出“治理是利用机构资源和政治权威管理社会问题与事务的实践”。联合国发展计划署认为，“治理是基于法律规则和正义、平等的高效系统的公共管理框架，贯穿于管理和被管理的整个过程，它要求建立可持续的体系，赋权于人民，使其成为整个过程的支配者”。全球治理委员会对治理的界定是，“各种公共的或私人的个人和机构管理其共同事务的诸多方式的总和”②。

（二）关于“国家治理体系”的内涵

有学者认为，国家治理体系是由各个领域的指导思想、组织机构、法律法规、组织人员、制度安排等要素构成的一整套紧密相连、相互协调的体系。国家治理体系是由政治权力系统、社会组织系统、市场经济系统、宪法法律系统、思想文化系统等系统构成的一个有机整体。它可以分解为系统、结构、层次三个方面。③

有学者认为，国家治理体系就是规范社会权力运行和维护公共秩序的一系列制度和程序。它包括规范行政行为、市场行为和社会行为的一系列制度和程序，政府治理、市场治理和社会治理是现代国家治理体系中三个最重要的次级体系。国家治理体系的三大要素是治理主体、治理机制和治理效果。现代的国家治理体系是一个有机的、协调的、动态的和整体的制度运行系统。④

还有学者认为，现代国家逐步形成了日益复杂的治理结构和制度体系。这其中，政府与市场、社会的互动关系，政府内部多元治理主体之间职责权限的分工，构成了现代国家治理体系成长的两大主轴。前者的核心问题是合理地界定政府、市场、社会相对自主的行为边界，形成三者既相互制约又相互支撑的合作治理框架，以共同应对公共事务治理的政府失灵、市场失灵及组织失灵问题；后者涉及的是如何在合理地厘定各个政府的职责和权限的基础上，建立纵向和横向的政府间合作关系，以提升政府

---

① 《福山的新声音：什么是治理》，《中国青年报》2013 年 12 月 23 日。

② 许耀桐：《当代中国国家治理体系分析》，《理论探索》2014 年第 1 期。

③ 同上。

④ 俞可平：《衡量国家治理体系现代化的基本标准》，见“爱思想网”（http：//www. aisix-iang. com/data/70696. html）。

治理的整体绩效。①

也有学者认为把国家治理体系分为由经济治理、政治治理、文化治理、社会治理、生态治理五大体系构成的观点不合适，这会导致实际上的各自为政、部门化的思路，无法从根本上建构起系统、整体、协同的治理格局。根据全球“治理”思想精髓，从世界发达国家治理实践和中国国情相结合的视角来看，具有中国特色的“国家治理体系”应该包括五大基本内容：治理结构体系，治理功能体系，治理制度体制，治理方法体系，治理运行体系。② 也有学者认为，中国国家治理体系应该包括四个方面：国家治理的规划和决策体系，国家治理的支持体系，国家治理的评估体系和国家治理的监督体系。

（三）关于什么是“国家治理体系现代化”

有学者认为，治理现代化的实质是制度现代化，是国家现代化的重要内容，社会主义国家制度现代化，即实现国家基本制度现代化，并实施“良治”（good governace），确保国家利益最大化、全体人民福利最大化。国家现代化，是一个不断增加新的现代化要素，用现代化要素改造传统要素和传统要素不断现代化的过程，即在国家的经济、政治、文化、社会和生态文明建设中最大限度地扩大生产、创造财富，最大限度地利用现代知识、科技、教育、文化和信息要素。它意味着整个社会的变革，各种传统关系、传统思维方式、生产方式和生活方式等变得更加“现代”的一种变化。作为一个现代化的后来者、落后者，中国的现代化过程是一个不断追赶发达国家的过程，包括经济追赶、政治追赶、文化追赶、生态盈余追赶等。国家建设的现代化要求决定了国家制度的现代化，因此实现国家制度现代化不仅是现代国家最重要的目标和国家现代化的组成部分，也是一个国家实现现代化的必由之路。③

有学者认为，国家治理体系的现代化是社会政治经济现代化的必然要求，它本身是政治现代化的重要表征。衡量一个国家的治理体系是否现代

① 何显明：《政府转型与现代国家治理体系的建构——60 年来政府体制演变的内在逻辑》，《浙江社会科学》2013 年第 6 期。

② 陶希东：《国家治理体系应包括五大基本内容》，《学习时报》2013 年 12 月 30 日。

③ 胡鞍钢：《治理现代化的实质是制度现代化——如何理解全面深化改革的目标》，《人民论坛》2013 年第 S2 期。

化，至少有五个标准。其一是公共权力运行的制度化和规范化，它要求政府治理、市场治理和社会治理有完善的制度安排和规范的公共秩序。其二是民主化，即公共治理和制度安排都必须保障主权在民或人民当家做主，所有公共政策要从根本上体现人民的意志和人民的主体地位。其三是法治，即宪法和法律成为公共治理的最高权威，在法律面前人人平等，不允许任何组织和个人有超越法律的权力。其四是效率，即国家治理体系应当有效维护社会稳定和社会秩序，有利于提高行政效率和经济效益。其五是协调，现代国家治理体系是一个有机的制度系统，从中央到地方各个层级，从政府治理到社会治理，各种制度安排作为一个统一的整体相互协调，密不可分。党的十八届三中全会强调要推进国家治理体系和治理能力的现代化，说明我们现存的治理体系和治理能力还相对落后，跟不上社会现代化的步伐，不能满足人民日益增长的政治经济需求。为此，必须以巨大的政治勇气沿着民主法治的道路，推进国家治理体系的现代化。

还有学者认为，国家治理现代化就是中国特色的政治现代化。也有学者认为它是我们党继提出工业、农业、国防、科技这“四个现代化”之后，提出的“第五个现代化”。

二　关于国家治理的理论逻辑与历史依据

党的十八届三中全会提出国家治理体系和治理能力现代化后，一些学者对我们党为什么提出“治理”进行了理论逻辑和历史依据的解读。

（一）“治理”理论提出的理论逻辑

目前，研究治理理论的学者一般都认为“治理”一词是舶来品，是20世纪80年代西方学者较为系统提出并兴起的一个政治学概念。主要是针对政府的“统治”行为和政府强大的社会管理权。从“统治”走向“治理”，是人类政治发展的普遍趋势。“少一些统治，多一些治理”，是21世纪世界主要国家政治变革的重要特征。从政治学理论看，统治与治理的区别主要有五个方面：一是权威主体不同，统治的主体是单一的，就是政府或其他国家公共权力；治理的主体则是多元的，除了政府外，还包括企业组织、社会组织和居民自治组织等。二是权威的性质不同，统治是强制性的；治理可以是强制的，但更多是协商的。三是权威的来源不同，统治的来源就是强制性的国家法律；治理的来源除了法律外，还包括各种非国家强制的契约。四是权力运行的向度不同，统治的权力运行是自上而下的，治理的权力可以是自上而下的，但更多是平行的。五是两者作用所及的范围不同，统治所及的范围以政府权力所及领域为边界，而治理所及的范围则以公共领域为边界，后者比前者要宽广得多。

有的学者认为，国家向着治理发展的变迁路径，在理论概念上经历了从管制到管理再到治理的发展过程，即管制状态（传统行政）、管理状态（新公共管理）、治理状态（治理现代化）。国家治理现代化，就是从国家统治向国家管理再向国家治理的发展过程。①

（二）国家治理发展的历史依据逻辑和中国为何提出治理体系现代化

根据“治理”概念的理论发展逻辑，学者一般把目光投向西方政治发展史，寻求治理发展的一般历史逻辑。

有的学者认为，工业化、城市化、市场化等现代性因素成长所引发的“大转型”，是人类历史上罕见的社会生活秩序的整体性变迁，它不仅从根本上改变了经济生活、社会生活和政治生活的逻辑，而且重塑了现代国家政治、经济、社会的关系，并最终演化出了法治政府、市场经济、公民社会三元鼎立的现代国家治理结构。西方走在建立现代国家治理结构的前面，西方所走的道路，就是中国的目标和榜样。

学者们更多地分析了治理在中国的历史发展以及为什么我们党现在提出治理体系现代化的任务。

有学者认为，中国的现代国家建构，起始于晚清政权应对西方挑战所做出的一系列反应，但最终都失败了。新中国成立，标志着具有强大政治整合能力、能够有效克服近代中国一盘散沙局面的现代国家诞生。然而，高度集中的计划经济体制、政治体制和一元化意识形态控制机制的耦合，使国家权力空前膨胀，使中国建立了一个“全能主义”的政治结构。改革开放以来国家治理模式和治理方式的发展，就是要中国回归常态国家。一旦国家治理回归常态，经济生活、社会生活和文化生活逐步融入全球化进程，市场经济就会按照自己的扩展逻辑派生出一个日益庞大和复杂的相对自主的经济秩序，进而催生出一个社会生活的自主性空间以及公民社会

① 刘俊祥：《国家治理现代化就是中国特色的政治现代化》，共识网，2013年12月11日。

的雏形。市场机制在资源配置中的基础性地位的确立，以及不以政府意志为转移的市场经济秩序和民间社会的存在，既给国家治理模式的现代转型提出了种种挑战，也为这种转型创造了必要的条件。我们还远没有完成回归常态国家治理模式。

有学者认为，在我国的国家发展进程中，大致也经历了管制—管理—治理的三个阶段。计划经济时代依托各级政府机构对国家事务和社会事务进行管理，这种管理状态具体体现为管制行政。随着改革开放的深入，市场经济的发展，既往的“全能型、人治化、封闭式”的管制行政模式，已不再适应复杂的市场经济和社会事务的协调需求，“市场式政府”“参与式国家”“弹性化政府”和“解制型政府”等新公共管理的改革方案所确认的管理型政府形成。进入21世纪以来，市场、社会的复杂性加剧，走向治理、实现治理现代化的问题提上了议事日程。治理现代化意味着将国家对现代化建设各领域的有力、有序、有效管理，同各种范畴、各种层次、各种形式的自主网络、自治权威相结合，从全能转向有限、从垄断转向参与、从管理转向服务、从集权转向分权、从人治转向法治、从封闭转向开放、从权力转向责任，做到国家治理、政府治理、社会治理的全覆盖。

还有学者认为，晚清与民国的中国国家失败其实就是中国国家治理的失败，就是始终没有建立起符合中国国情的现代国家制度，新中国的成立解决了这个问题。改革开放后，中国的国家制度建设逐步从仅仅关注经济建设迈向更加全面的制度建设，逐步由自发式的制度变迁迈向了自觉式的制度变迁。中国的制度变迁从仿造走向自主创新，从短期变为长远。以制度现代化为主要内容的国家治理逐渐走向正规。

还有人从党政关系的历史变迁来阐明国家治理的逻辑变革。认为当代中国的基本特征之一是中国共产党拥有合法的创制性地位，在国家治理中扮演着制度设计者和实践领导的角色。这一特征决定了中国在治理理念和制度形态上与其他国家的根本区别，也使中国的党政关系必然呈现出典型的两位一体特征。党与政府之间不是分立的权力形态，而是二者间处于高度重合的相互依存状态，执政党通过政府来实现自己的国家治理目标，政府则通过对国家的治理行为来不断巩固执政党的地位，成为执政党理念和价值的具体执行者。改革开放以前，两位一体的实质是党政合一，党及其各级组织和机构直接代替政府行使行政权力，政府只不过是革命目标下的一种工具性存在；改革开放以来，党政关系逐步变革为嵌入式的融合形态，党不再直接介入政府事务，对政府的领导也逐步转变为以总揽全局和协调关系为主要方式。在国家治理的实践过程中，政府逐步成为基本主体。两位一体党政关系的内在变革，也内在地蕴涵着国家治理逻辑的相应变化。高度集中统一的国家治理方式逐步向公开化、民主化、法治化和科学化方向发展，国家建设随之显露出空前的活力和效力。在党政关系从合一型向嵌入型的变迁过程中，中国共产党实现了从革命党向执政党、从以革命党的管制性治理方式向执政党的管理性治理方式的转变。简言之，中国开始从政党治理向政府治理方向发展，这也将在今后一个时期继续构成国家治理变革的基本向度。①

三　中国如何提高国家治理体系和治理能力现代化

如何推进治理体系和治理能力现代化是学者们研究的重点，大家往往把治理与政治体制改革联系起来，观点纷纭，大致有以下几种：

（一）推进国家治理体系和治理能力现代化是一个系统工程

一是要进一步解放思想，努力冲破不合时宜的旧观念的束缚。只要是有利于“促进公平正义、增进人民福祉”的新观念和新实践，都值得重视和探索；反之，凡是束缚社会政治进步的体制机制都应当改革。二是要加强顶层设计，从战略上谋划国家治理体系的现代化。避免碎片化、短期行为、政出多门，以及部门主义和地方主义。三是要总结地方治理改革创新经验，及时将优秀的地方治理创新做法上升为国家制度。四是要结合我国的具体国情，学习借鉴国外政府治理和社会治理的先进经验。五是要坚决破除阻碍社会进步的体制机制，建立和完善与中国特色社会主义现代化要求相适应的现代国家治理体制。国家治理体系的现代化，最重要的还是体制机制的现代化和人的现代化。六是破除官本位观念。一方面，我们要对广大公民特别是各级党政官员进行民主、平等、公正、法治、和谐等政治价值观的教育，培育公民意识，破除权力崇拜，牢固树立公民权利至上

① 刘杰：《党政关系的历史变迁与国家治理逻辑的变革》，《社会科学》2011 年第 12 期。

的观念；另一方面，要依靠制度来遏制官本位现象和维护公民权利，在将官员的权力关进制度笼子的同时，用制度来构筑保障公民权利的长城。

（二）要通过“导理”走向治理现代化

正如市场失灵、社会失灵一样，治理也有可能失败。为最大限度消减治理失败造成的低效甚至失效等消极影响，为政府、市场、社会的发展提供制度保障、社会动力和监督体系，在“管制—管理—治理”的进程中，特别是在当前我国从管理向治理的转变中，应有一个实行政府主导型治理的过程，即“导理”的过程，从导理演进至治理。创新社会治理体制是当前国家治理的重点。必须正确处理政府和社会的关系，尽快实施政社分开，培育各类社会组织，实施社会组织科学分类管理，进行社会组织的去行政化、公开透明化、规范有序化的改革，推进社会组织明确权责、依法自治、发挥作用。完善基层群众自治制度，创新有效预防和化解社会矛盾体制。提高公共事务参与主体的沟通能力、协作能力，培育社会资本，形成政府与第三部门合作伙伴关系，逐步迈向多主体参与、整体性协作、网络化治理的态势，实现治理结构良性和均衡，有效引导社会组织在志愿服务供给中的作用，弥补政府供给的缺位或低效。实现国家治理现代化要树牢目标理念，加强顶层设计，突出法制建设，推进政治改革，夯实社会基础。

（三）重点从党政关系或政府治理入手来推进治理体系现代化

有学者认为，由党政关系延伸出来的治理逻辑正在外化出一种全新的国家治理模式和国家治理逻辑。这就是在坚持中国共产党在国家治理中的领导地位的前提和原则下，逐步提升和拓展政府作为代表执政党治理国家主体的功能，保持公平与效率的协调并重，加快实现建设现代化国家的执政目标。今后中国国家治理变革的基本向度是：第一，统一安排国家治理的体制机制。第二，通过内部制约的方式限制政府权力的无限扩张趋势。第三，从注重治理效率走向效率与公平并重。第四，渐进式协调推进国家治理。第五，以党政关系为主线促进国家治理体系的有序化。第六，自主意志前提下的包容性是中国国家治理重要的外部性特征。中国特殊的党政关系塑造的治理模式不是人为设计和建构的治理形态，它被半个多世纪的政治实践证明了其有效性，一个整体性的中国模式也即蕴涵于形成中国发展合力的诸多要素的整合和协调机制之中。

有学者认为加强现代国家治理体系的建设，为政府转型及行政体制改革确立了新的整体性的愿景目标。在加强体制改革的总体设计已经形成广泛共识的今天，迫切需要将政府体制改革纳入现代国家治理体系建设的视野，以明确政府转型的战略目标与现实路径。同时，国家治理体系的演进，在很大程度上是多元社会力量互动博弈的结果，而不是理性规划、人为设计的产物。试图由一个专门机构精心设计出一个理想化的改革方案，自上而下推广到全国，以完成整个国家治理体系的现代转型，是不切实际的，改革的路线图设计得越具体，就越可能是一个乌托邦。现代国家治理体系建设视野下的政府体制改革的顶层设计，主要是明晰体制创新的战略目标与现实路径，即明确放权于市场、放权于社会、放权于地方的改革战略。放权于市场、放权于社会、放权于地方，既是政府转型的现实任务，也是现代国家治理体系建设的内在要求。而要政府“革自己的命”，公权力的有效约束无疑是关键。建设法治国家，建构宪法得以实施的体制框架，健全权力运行制约和监督体系，无疑是现代国家治理体系建设的现实突破口。只有这样，我们才有信心回应200多年来现代国家治理体系建设的一个根本性的挑战：“人类社会是否真正能够通过深思熟虑和自由选择来建立一个良好的政府，还是他们永远注定要靠机遇和强力来决定他们的政治组织。”①

四　当前国内对国家治理体系和治理能力现代化理论研究的特点和需要注意的问题

总体来讲，目前国内学术界对于党的十八届三中全会提出的完善和发展中国特色社会主义制度、推进国家治理体系和治理能力现代化这个全面深化改革的总目标的学术研究成果还比较少，有分量的研究成果更少，多是一些报纸、网络等媒体的宣传。就目前已有的研究成果来看，有以下几个特点和问题需要注意：

1. 注重对国家治理体系和治理能力现代化的研究，忽视对完善和发

① 何显明：《政府转型与现代国家治理体系的建构——60年来政府体制演变的内在逻辑》，《浙江社会科学》2013年第6期。

展中国特色社会主义制度的研究。全面深化改革的总目标是两句话组成的一个整体，但目前的研究往往注重第二句话，对完善和发展中国特色社会主义制度的研究很少，有的甚至把推进国家治理体系和治理能力现代化与中国特色社会主义制度对立起来，用后者否定前者。

2. “治理”理论研究的方法和立场与历史唯物主义和中国实际相脱节。一般认为“治理”理论是西方首先进行系统研究并确立了基本原则的话语体系，其基本理论分析范式是国家—社会模式，认为国家治理就是处理好国家或政府与市场和社会之间的关系，把国家与市场、社会对立起来，把政府与人民群众对立起来，用理论来衡量和裁剪历史和现实。在这个理论分析范式中，不仅很难看到中国共产党作为国家治理现代化的领导者和推动者的影子，并且党的领导恰恰是要在这个现代化过程中不断削弱甚至取消的。在这个理论范式里，党的领导成为阻碍现代化的主要障碍和改革的对象。

3. 国家治理体系是外生的，不是内生的。一些文章往往乐于把中国推进国家治理体系和治理能力放在世界历史中来看待，认为中国现在之所以提出治理的任务是要走由西方所确立的现代国家的治理道路和治理模式。有的学者极力想从西方国家的发展中得出我国推进国家治理要遵循的原则。认为近代以来西方首先建立了现代国家，在几百年中逐步实现了现代国家治理体系和治理能力的现代化，建立了公民社会，我国推进国家治理体系和治理能力现代化也要遵循西方所确立的那些基本原则。很少有学者从中国的历史传承、文化传统、经济社会发展的基础上，来论证国家治理体系。

4. 由研究国家治理体系和治理能力现代化引起的相关概念混乱，内涵不清、逻辑错乱。如“国家现代化”“政治现代化”“国家制度现代化”“国家建设现代化”“国家实力现代化”“国家治理成本”“国家治理收益”等，有些概念以前就出现，现在更加流行了，如“良治”（有的翻译为善治）、“全能型政府”、“人治”等，用这些概念来分析当前我国的改革，论证国家治理体系和治理能力，与中国的历史发展实践不相符，与中国的制度不相符，与马克思主义的话语体系不相符。有的把“治理”与“统治”“管制”“管理”对立起来，混淆视听，逻辑上是在极力否定政权的专政性质和职能，从而达到否定中国政治制度，尤其是政党制度的目的。

（作者单位：中国社会科学院政治学研究所）

国家治理的价值取向和文化建设

国家治理的价值取向

——精英主义与儒家精英主义的视角

吕　力

在关于治理的各种定义中，全球治理委员会的定义最具有代表性："治理是各种公共的和私人的个人和机构管理其共同事务的诸多方式的总和。它是使相互冲突的或不同的利益得以调和并且采取联合行动的持续的过程。它既包括有权迫使人们服从正式制度和规则，也包括各种人们同意或以为符合其利益的非正式制度安排。"①

虽然在英文中，"治理"与"统治"有相同的词根，但在学术界，"治理"被认为与"统治"有很大的不同。"统治意味着由正式权力和警察力量支持的活动，以保证其适时制定的政策能够得到执行，治理则由共同的目标所支持。"② 治理最突出的特征就是要求人们重新理解政府的作用，科学合理地界定政府、市场、社会组织与公民之间的关系。

虽然"治理"这一概念与传统的"统治"有所区别，但治理并不一定是"善治"。换言之，并非所有的治理体系都是"善"的。一般认为，善治的特点是合法性、透明性、责任性、法治、回应、有效。何增科认为，在此之外，还包括参与、稳定、廉洁、公正。③ 实际上，与所有行政学的概念一样，治理和善治都同时包含政治与价值的意蕴，这一意蕴是指善治除了具有行政效率之外，它还必须是公平与正义的。由此，在治理体系的构建中必然含有价值观的参与。善治所要求的"合法"中的"法"一定是"良法"，而非"恶法"，善治所要求的"有效"一定是基于公平

① 全球治理委员会：《我们的全球伙伴关系》，载潘晓娟、张辰龙《当代西方政治学新词典》，吉林人民出版社 2001 年版。

② 罗西瑙：《没有政府统治的治理》，剑桥大学出版社 1995 年版。

③ 何增科：《治理、善治与中国政治发展》，《中共福建省委党校学报》2002 年第 3 期。

正义的“有效”。这就是国家治理体系构建中的价值向度，价值向度是国家治理体系构建的基本向度，只有在这一基本向度之上，我们才能确立其结构与效率的向度。否则，我们构建的治理体系只可能距离“善治”越来越远。

一 精英主义与国家治理体系建构中政治精英的价值取向

传统上，精英是指这样一个小的群体，他们履行所有重要的政治职能，主要是制定国家和社会的重大决策，并实施某些关键性的决策；引导国家的政治生活，控制意识形态，协调利益集团矛盾。精英主义认为，政治精英对政治生活的这种决定性作用是一种普遍性规律，它存在于所有人类社会和政治组织中。

精英理论家正确地指出，工会组织、职业性协会、群众的政治运动、家长教师联谊会等都倾向于寡头制。很少有人有时间在利益集团里积极工作，控制权掌握在少数积极分子手中。只要这些领导人在董事会规定的范围内行事，那些不积极的大多数就会把他们当作代理人而接受他们的权威。领导者开始逐步使团体个人化，普通成员的观点被认为是“非正式的”。

因此，在精英主义看来，在“各种公共的和私人的个人和机构管理其共同事务的诸多方式”的治理实践中，政治精英们所起到的作用也是决定性的。而整个治理体系的构建则大部分是由政治精英们来完成的。基于此，在国家治理体系的构建中，政治精英的价值取向非常重要。例如，在精英主义看来，美国的开国元勋们都是“大股东、投资者、大商人、房地产商和种植园主”——而不是一般公民，对这些人来说，政府的主要职能是保护个人免遭暴政和群众运动的侵害，他们为此设计了宪法来限制政府并保护经济上的个人主义。①

以善治中的“合法性”标准而言，善治要求政府的合法性建立在民主选举的基础上。但事实上，并非所有民选政府都是“好的政府”。要想使选举成为真正有效的民主制度，它必须具备四个条件：（1）参加竞选

① ［美］迈克尔·罗斯金等：《政治科学》，王浦劬、林震等译，华夏出版社2001年版。

的候选人应当提出明确的政策抉择；（2）选民应当关心政策问题；（3）选举结果应当反映多数人对这些问题的偏好；（4）当选官员应当信守选举中的诺言。精英理论家在对美国的选举制度进行考察后发现，两大政党几乎没有提供给选民一个真正的“可供选择的政策”，不论对政党的忠诚度如何，很少有美国人能够确定他们的政治立场，也很少有人能看出两党之间有什么明显不同。显然，选民只是基于候选人的人格和表现来做出选择，而不是基于他们的政策。精英主义者指出，浏览一下美国名人录，就会发现一个相当小的集团掌管着政府、金融、工业和教育的行政职位，这些人来回变动，一会儿在政府里，一会儿在生意场上。因此，事实上，并不是大众，而是一个小的精英集团掌管着国家治理体系的关键部门。

二　儒家精英主义与国家治理体系建构

中国传统政治实际上是一种精英主义政治，这种精英主义理论就是儒家精英主义。与西方精英主义不同的是，儒家精英主义基本不代表某一利益集团，它属于一种道德精英主义。道德精英主义主张由道德高尚的少数人去治理国家，而且唯有他们才有资格治理国家，才有资格为社会设计和安排秩序，这样才能建立理想的社会。

儒家的精英政治是由“士”来承担的。“士”与“民”不同，在儒家看来，“士”无论在怎样贫困的情况下都能保持道德上的善，即孟子所谓“富贵不能淫，贫贱不能移，威武不能屈”，而“民”在贫困的情况下则不能保证道德上的善。儒家的道德精英主义更体现于“修齐治平”的价值理念中，《大学》中说：“古之欲明明德于天下者，先治其国。欲治其国者，先齐其家。欲齐其家者，先修其身。欲修其身者，先正其心。欲正其心者，先诚其意。欲诚其意者，先致其知。致知在格物。物格而后知至，知至而后意诚，意诚而后心正，心正而后身修，身修而后家齐，家齐而后国治，国治而后天下平。自天子以至于庶人，一是皆以修身为本。”

儒家精英主义可以应用于当代国家治理体系的建构中。如上所述，尽管治理理论强调“各种公共的和私人的个人和机构管理其共同事务的诸多方式”，但实际上国家治理体系的构建依赖于政治精英们的设计和对意识形态领域的把握，要使所构建的治理体系成为一种善治，要使治理体系的“合法”依据的是一种“良法”，都需要国家治理结构中的政治精英具有高尚的道德价值取向。而儒家伦理对精英的训练有着明确的目标，这就是应该具有崇高的理想和远大的抱负，自“修身”而“平天下”，坚持真理，担当起捍卫正义与批评无道的责任。

三 内儒外法:国家治理体系建构的“道”与“术”

对儒家道德精英主义持批评态度的学者认为：“在儒家传统的社会中，你很难建立起法律体系。因为儒家认为没有必要建立法律体系，在儒家思想里，它就不认为法律体系是必要的。以儒家作为社会的指导，就一定是以德治国，而不是依法治国。”① 但实际上，从各国的政治实际运行情况特别是精英政治理论的视角来看，法治受制于德治，政治精英的价值取向决定了国家治理体系的结构。

毫无疑问，国家治理体系从表面上体现为一套法律、制度、规则与议程，但国家治理中的“法”实际蕴涵了作为价值向度的“德”。我们在重视国家治理体系“法”的建构的同时，也应注意国家治理体系中“德”的建构。换言之，国家治理体系中“法”的建构处于“术”的层次，而“德”的建构则体现为“道”的层次。尤其，在政治精英主义看来，国家治理体系中“德”的建构主要是由一小部分政治精英来主导的，因此，在国家治理体系构建过程中，政治精英们的价值取向非常重要，对于中国国家治理体系的构建而言，儒家精英主义是一种可资利用的重要政治资源。

进而言之，儒家并非完全不讲求“法”的作用，中国传统国家治理中的“内儒外法”实际上相当好地体现了国家治理体系中“法”与“德”的平衡。在儒家看来，国家的正式制度属于“礼”和“法”的范畴，而儒家的道德理想则表现为“仁”，在国家治理中，“仁”为根本，“礼”为外在。孔子就曾说：“人而不仁，如礼何?”充分展现了国家治理体系的建构原则，“内儒外法”的原则对于当代我国国家治理体系的构建也具有重要的启示意义。

（作者单位：武汉工程大学）

① 许小年:《儒家精英政治在现代社会是否可行》,《东方早报》2011年11月18日。

从政道到治道：中国文化的方向与出路

方朝晖

一　从政道到治道

牟宗三曾在20世纪提出，中国古代政治特别是儒家思想的最大问题之一，就是只有“治道”而无“政道”，或曰只有“治权的民主”，而无“政权的民主”。所谓政道就是政权的性质，治道则是指治国方法。简言之，只讨论治国方式，而对最高统治者本身无限制。“中国文化精神在政治方面就只有治道，而无政道。……君主制，政权在皇帝，治权在士，然而对于君无政治法律的内在形态之回应。”① 牟批评中国古代士大夫“只向治道用心，而始终不向政道用心”，而“君相”成为“超越无限体”，“君是位上无限体，相是德上无限体”②。“真正的民主政治是‘政权的民主’。唯有政权民主，治权的民主才能真正保障得住。以往没有政权的民主，故而治权的民主亦无保障，只有靠着‘圣君贤相’的出现。”③ 建立民主政体，就是从制度上限制君权，才是政道之所在。可以这样猜测：在牟的心中，如果古典儒家能够早一点认识到“纯向内用心”之不足，认识到政道比治道更重要，应该早就能提出并建立民主政治。

不仅牟宗三，许多现当代学者都认为政道比治道重要，将主要功夫用于研究中国政治的道路问题，不管他们有没有使用“政道”“治道”这样的术语。从戊戌维新、辛亥革命到今天，不知道多少人沉浸在政体改革上。然而吊诡的是，历史证明，中国走什么样的政治道路，并不是学者们

---

① 牟宗三：《历史哲学》（增订版），（台北）台湾学生书局1984年版，第187页。

② 同上。

③ 牟宗三：《政道与治道》（增订新版），（台北）台湾学生书局，1987年“新版序”第24页。

在书斋里人为设计的问题。孙中山、陈独秀等人书生式的制度设计，在历史发展中让位于残酷无情的政治屠杀和“枪杆子里面出政权”，最后建立起来的还可能是比传统君主制更加极权、专制的政治体制。历史也已证明，政体的背后是广阔无边的历史—文化—心理世界。在一个特定时期内实行什么样的政体，受到这些因素的强大影响。①

我认为，20 世纪中国政治史上的一个有趣现象就是盛行“制度决定论”，我有时也称为“制度的乌托邦”。它的基本特点是，人类理想的政治制度可以根据若干抽象的哲学原理在书斋里设计出来，这些原理可以是某种人性论、价值论或形而上学原理；一旦它被设计出来后，就适用于所有的社会，无论该社会处于什么历史阶段，具有什么特征；历史上那些人物的思想，只要是朝向这种理想型制度的，就是进步的，反之则是落后的。牟宗三先生关于“政道”与“治道”的区分诚然很有道理，却也体现出他在某种程度上受到了制度决定论的影响，把“政道”（即政体）看得比“治道”重要。他从“理性之架构表现”与“运用表现”之别，以及“分解的”与“综合的”“尽理之精神”（亦即所谓良知的“自我坎陷”）来说明民主政治在中国的必要性，就典型地体现了从抽象人性论甚至形而上学立场来建构政治制度的做法。

然而，这种做法的最大问题就是严重忽略了一个重要事实：世界上从来没有什么超越具体社会经济结构和文化心理基础的制度；一种文化在一定阶段究竟适合于什么样的制度，不是学者良知或哲学原理所能决定的。比如人类历史上绝大多数地区曾在很长时期内实行的君主制（monarchy），之所以能在那么大范围、那么长时段内存在，应该是有其历史现实基础的。春秋时期“弑君三十六”（董仲舒《春秋繁露》说法），可每次弑君成功之后，还是要重新立一位国君。有时到了无君可立的时候，权臣们还是不得不想方设法去远方甚至别国寻找一位与国君家族有血缘关系的人来

① 王绍光先生最近对中国近代史上的“政体决定论”，批评西方学者及近代中国学者皆主政体思维，即政治问题主要归结为政体问题。他认为其问题至少有：把复杂的现实简单化为一两个指标的问题；“重形式、轻实质”；“忽略政治体制其他方方面面的变化，导致用静止的眼光看变化的现实”，导致制度决定论。我基本同意他的这一思路，不过并不认为他对政体与政道的区分合理。本文所用“政道”一词更接近于牟宗三的，是指关于政体的学说；王所谓的“政道”只相当于本文中所谓的“治道”。参见王绍光《政体与政道：中西政治分析的异同》，载王绍光主编《理想政治秩序：中西古今的探求》，生活·读书·新知三联书店 2012 年版，第 75—124 页。

继位。无论是中国还是西方，君主制都曾长期存在。我想，君主制之所以存在，并不是由于那时的人们思想愚昧黑暗，不知道解放和反抗专制（“弑君三十六”就是反抗专制最好的证明）。同样的道理，现代政治学学者们也论证了民主政治赖以运行的现实条件，包括血缘家族纽带的冲破、经济结构的转化（从农业经济到商业经济）、市民社会的兴起，还有人口（一种说法是在古代不超过六万）、教育、公共领域、价值观及生活方式等许多因素。

进一步想，可以发现，中国历史上曾经出现过的几种主要的制度，包括君主制、封建制、井田制、郡县制等，都不是哪个思想家发明出来强加给这个社会的，都有其存在的历史与现实基础，否则不可能存在那么长时段。同样的道理，现代民主政治源于公元9世纪以来西欧自发形成的城市公社或商人城镇，也不是源于思想家的发明或设计。纵观整个人类历史，可以发现，在较长时段内有效的典型政体其实并不多，包括禅让制、君主制、民主制等。柏拉图在《理想国》中分析的五种政体（民主政体、寡头政体、贵族政体、僭主政体、荣誉政体）其实可以归结为君主制和民主制两种。从历史的角度看，这几种政体中每一种的产生和演变，都是特定时代条件下的事，往往都有其内在的历史必然性，也有其相对的合理性。我们不能仅凭一种道义的立场，对于一国在特定时代背景下究竟应该实行什么样的政体凭空描画。设想一下：秦汉以后多数学者皆认同郡县制，但如果孔子在春秋时期提倡郡县制，真的有实行的基础吗？真的能给历史带来进步吗？

任何违背历史文化心理基础的政治制度都有可能会走向自身的反面。忽略经济结构、社会组织状况、权力/权威观念等一系列因素，由学者在书斋里根据抽象的思维逻辑来设计或论证一个国家的政治制度，是荒谬可笑的。“制度乌托邦”思维想当然地从抽象的价值原理或制度原理来评价古人对于君主制的“错误态度”，同时也想当然地从这一角度追求中国未来政治制度的梦想。这种超越时代社会条件、把民主政治理想化、把中国的未来寄托于政体改造的做法，不仅存在于中国，也存在于第二次世界大战后独立的印度尼西亚、巴基斯坦等南亚国家，结果导致了长期的军人专政。

可以把政体比作一个人身上的皮肤，历史—文化—心理基础则相当于这个人的骨骼、血脉、肌肉等。可以想象的是，如果我今天羡慕另一个人的皮肤，可不可以在不改变骨骼、血脉、肌肉等内在组织的前提下，单纯靠移植建立与他人一模一样的皮肤？显然不可能。也许，好皮肤容易找到标准。但它永远是皮，而不是肉；对一个民族生命肌体的运作来说并不具有本质的重要性。同时，由于各个人的内在组织结构千差万别，我们不能仅仅出于审美或价值观的偏好而为所有人定制同样的皮肤标准，同样也不能仅仅由于价值观偏好而为所有民族定制同样的制度标准。正如不同的个体有不同的理想皮肤，不同的文化应当有适合于自身的不同的理想制度。

按照美国学者白鲁恂（Lucian W. Pye，1985/1981）先生的观点，一百多年来，亚洲人对权力/权威的理解并无大变。白氏的研究，凸显了文化心理因素对于政治制度的重要性。他研究了包括印度、巴基斯坦、孟加拉国、泰国、菲律宾、马来西亚、新加坡、印度尼西亚、日本、中国、越南、韩国等许多亚洲国家的权力/权威及政治合法性概念，发现第二次世界大战以来亚洲殖民地/半殖民地国家的纷纷独立，以及对于西方现代制度理想的追随，并没有导致其权威模式的改变。相反，由于传统的家长式的（paternalistic）、以私人关系（personal ties）等为基础的制度模式继续在这些地区发挥着强大的、根本性的作用，不少亚洲领导人也认识到只有遵守自身文化的权威模式才能成功，并在实践中有意识地抛弃了西方民主制度模式。

今天，真正重要的是要研究清楚，中国文化在自我整合方式上有什么重要特点和规律？其权力/权威赖以建立并有效运作的内在机制是什么？当人们不遵守这些规律和机制时，会受到什么样的惩罚？一百多年来，我们一直在学习西方，也曾像许多亚洲国家一样模仿西方的政治制度，但是却一而再、再而三地付出代价的原因究竟是什么？这些问题的回答，我认为恰恰应该归结到遭到牟宗三先生摒弃的“治道”。这是因为，治道研究是在充分尊重文化习性的基础上，基于对某种文化中权威模式的认知，来分析权力发挥作用的有效方式。所以，它可以帮助说明某种政体在一种文化中发挥作用的条件是什么。不仅如此，我们还可以设想，在政体改革的目标尚未十分明朗的情况下，通过搞清一种文化中有效的治道，也可以帮助我们逐渐发现政体改革的方向，因为政体或政治制度的变化必须有利于治道充分地发挥作用。

从某种意义上讲，“治道”研究比“政道”研究更加重要。这是因为政体往往受制于时代条件，在经济组织、社会结构、文化权威、民众心理、历史传统等未出现巨大变化的情况下，其适合的政体形态也比较固定，不能轻易变革；几千年来人类有效的主要政体模式毕竟只有若干种，多数情况下人们面临的主要任务并不是政体变革，而是治道改进，尤其是在政体变革并非迫不及待，或风险太大、不宜过快进行的情况下。可以设想，由于人们习惯的权威模式建立于过去数百年甚至数千年的历史经验中，而人们的习惯心理又不会轻易因为制度的变化而变迁，所以政体变革不是通常情况可以轻而易举地进行的。

“治道”的重要性还体现在它对政体的巨大改造能力。虽然“政体”有其不可逾越的时代局限，但是其运作方式往往有巨大的改进空间。比如即使是同样的君主制，也可以通过不同的治理方式展现出完全不同的面貌，周代君主制与秦代不同，秦代的君主制又与汉代不同，唐、宋君主制也有较大区别，跟清代相比差别就更大。另外，君主制本身也有多种存在方式：有封建制下的君主制，也有郡县制下的君主制，还有现代宪政制度下的君主制，而宪政下的君主制也有英国模式与日本模式之别。正因为政体的僵硬形式可以通过治道的灵活方式得到巨大改善，人们有时可以在不放弃君主制形式作为象征符号对于稳定民心、满足民众心理需要作用的同时，通过“治道”找到解决克服当前政体问题的办法，从而极大地弥补由于政体局限所带来的问题。

不要小看“治道”化解“政道”局限性的能力。中国人过去在君主制下发明了宰相制度、专职文官制度、监察御史制度、征辟科举制度、地方及行业自治传统，并建立了道统学说、民本学说、君道臣道学说、王道霸道学说、以德治国学说等，都起到了极大地限制君权、化解君主专制的效果。换言之，正因为政体有极大的弹性，可以被其他制度或措施所改良或破坏，我们不应把应由治道来解决的问题归咎于政体，过早过急地对政体动大手术。这是因为政体的改革涉及社会权威模式的改变，弄不好就会造成社会的巨大动荡，引发一连串意想不到的后果。比如辛亥革命时，不少激进的青年认为清廷已经无指望，只有推翻它才是中国唯一的希望所在。但他们却没想到推翻清廷后所带来的长达数十年的内战，也没有想到君主制在日本、英国以另一种方式保持下来对于社会稳定变革的心理作用。

不仅如此，从“治道”中可以找到政体/政道的精神、方向和原则。

政体就好像一台机器，作为一套制度体系，它需要人们从治道的角度为它灌输精神。比如儒家的王道学说，等于为君主制提供了灵魂，对它几乎起到了“化腐朽为神奇”的效果。从这个角度看，治道的重要性就并不亚于政体。因为政体所代表的制度，其价值属性需要治道来确立并维护。我曾考察“民主”这一概念本身包含着价值维度与制度维度之间的深刻张力，并证明民主的制度维度并不必然包含着它的追求者们所声称的“价值”（如人民主权之类）。正是鉴于此一原因，20 世纪 70 年代以来，从熊彼特到亨廷顿，许多政治学学者们剥除了过去人们添加给民主的价值内涵，主张从一套选拔最高领导人的操作机制或程序的角度来定义民主。换个角度看，即便人们赋予民主以某种价值内涵，也是通过治道实现的，因为这种价值如何在实践中得到实现完全取决于人。总之，任何政体都不是“永动机”，都需要人的支配、维护和修理，并使之朝着人们所追求的目标前进，这些都是属于“治道”范围内的事。

反过来，我们还可以追问：如果一个民族没有确立起自己的治道原则和理想，单靠政体变革，是否足以建立一个太平盛世呢？答案恐怕是否定的。如果我们把政体当作一艘巨型战舰，而治道则好比指挥战舰的将士。政体驶向何方，如何有效应战，如何精准打击，完全取决于将士们的战略和战术。舰体及其硬件装备固然给将士们发挥作用提供了平台和限制，但战略和战术才是决定战争胜负的决定因素。由此我们发现，20 世纪以来中国人之所以在政体变革上付出了巨大的代价和惨痛的教训，原因之一恐怕就在于，过激、过快地将主要工夫花在政体变革上，想当然地认为只有政体改革了，就可以乘风破浪、无往不胜，我把这种思想称为“制度决定论”或“制度乌托邦”。这种倾向我们可以在牟宗三先生的论述中看到，也可以在包括孙中山、陈独秀等人的言论中看到，还可以在当代许多保守主义和自由主义学人身上看到。

因此，牟宗三先生关于政道与治道的区分非常有意义，但他的错误则在于缺乏社会历史眼光，将政道乌托邦化，忽视了在中国文化中有效的治道及其存在的文化心理基础。这正是本文所要做的工作。

二　中国文化的内在逻辑

白鲁恂认为，和亚洲多数国家一样，中国人真正信得过的并不是公共权威，而是自己的私人关系（personal ties），一个在政府没有私人关系的人会感到孤立无助。他认为，中国和日本之间最大的区别是：日本人虽同样重视和依赖关系，但他们公开地承认关系（on-giri，on 可译为“恩”，giri 指情义、情面、情理之类），明确提倡将这种关系作为政治运作的基础。而在中国，私人关系从国民党到共产党一直被执政者视为公共利益的敌人，认为对党、国忠诚的人就不会拉关系（Pye，1985，pp. 190 – 191，291 – 299）。正因如此，在中国历史上，一直存在着公共立场与私人关系、国家利益与小团体利益之间的对立和消长，这就是中国文化中典型的“公私矛盾”（Pye，1985，pp. 190，201 – 204）。公私矛盾实际上就是文化心理学上常常讲到的“自己人”（in – group）与“外人”（out – group）的区分，体现了中国文化中根深蒂固的帮派主义、小团体主义倾向。他认为这种公私矛盾构成了中国政治的内在动力机制（the dynamics. Pye，1981，“Preface”），在政治上表现为国家与私人团体的矛盾、中央与地方的矛盾等。①

在我看来，上述中国文化的一系列内在矛盾，从根本上说是由于中国文化的“关系本位”特征所导致的。这是因为，中国人倾向于在自己与他人的相互关系中寻找自己的安全感和人生价值；由于一个人不可能与所有人感情同样深，他们对不同人的方式也自然呈现费孝通所谓“差序格局”的方式。中国文化中的“公私矛盾”可以说正是这种层级化的人际关系所决定的：每个人都以自我为中心，“我”是私，“集体”是公，于

① 沟口雄三教授详细考察了日本与中国两种不同的公私概念，认为“公”字本有二义，一是“对于‘公’所表示的众人共同的劳动、祭祀场所——公宫、公堂，以及支配这些场所的族长的称谓，进而在统一国家成立后，‘公’成为与君主、官府等统治机关相关的概念”（第 6 页）；二是指公正，“与偏邪相对，具有正与不正的伦理性”（第 9 页）。其中第二组含义在中国思想史上占主导地位，从《礼运》篇的“天下为公”，到宋明理学家的“天理之公”（与“人欲之私”相对），“公”均体现出鲜明的“伦理性”，且“其伦理性具有不论集团内外，进一步说，也不论时间、地点、地位，而始终适用的原理性和普遍性”（第 11 页）。但是在日本，则是第一组含义占主导地位，虽然日本的“公”字来源于汉语，但是“日本的‘公’（おおやけ）和‘私’（わたくし）本身，是公开与隐蔽、对外与对内、官事或官人对私事或私人的关系，或者到了近代以后，是国家、社会、全体对个人、个体的关系等，没有任何伦理性”（第 9—10 页）。因此在中国近代，“公”的追求导致孙中山式反对专制的国际主义；而在日本，福泽谕吉的“公”“形成了极为日本式的天皇制国家主义”（第 11 页）。他对于汉语中的“公”，从词源到思想史作了考察，分析了从先秦、宋明、清代以来的思想家著作中的“公”的演变。参见沟口雄三《中国的公与私・公私》，郑静译，生活・读书・新知三联书店 2011 年版（上引为此书页码）。

是有了初步的公私对立；当两个人关系亲近时，形成两个人之间的默契和共识，把他们与“外人”区别开来，于是有了属于两个人的“小私”，这是“私”的初步发展；当一些人出于血缘、地缘、出身、身份、背景或需要等共同因素结成小团体时，就是“帮派”，古人也称为“同党”，这是“私”的进一步发展；当地方官员与他们共同的上级即中央发生利益冲突，需要共同来面对时，就形成所谓的“地方主义”。“地方主义”也是与国家相对立的新型的“私”。

中国文化的关系本位，不仅在政治上表现出上述公私矛盾，还在行政上表现为任人唯亲与任人唯贤的永恒矛盾。白鲁恂指出，尽管国民党、共产党政府都反对人们拉关系、走后门，但这丝毫不等于私人关系就不发挥作用，相反人人都时刻争相利用它为己服务。为了达到私人需要，人们拼命建立自己的关系网，从而瓦解公共权威，毁坏正式制度。所以实际情况是，不管人们口头上如何强调国家和社会利益，在用人之际，还是千方百计地把那些跟自己感情亲近的人提拔上来。

关系本位导致的另一个后果就是，“君子”与“小人”之争几乎成为中国文化中独特的现象（我们很少在其他文化中看到从道德上对人的这样一种区分，或发挥同样重要的作用）。自从孔子以来它主要是一种道德上的区分：君子就是那些能顾及他人感受、做事公正的人；小人则相反，是那些罔顾他人感受、只顾私人利益的人。尽管小人总遭唾弃，但往往再高明的君子也难免在背后被指责为小人。这是因为，即使是君子，也不可能保证照顾所有人的感受，也可能在别人心目中成为小人；即使是小人，也会照顾亲近之人的感受，成为这些人心目中的君子。因此，君子/小人在理论上容易界定，在现实中则难分辨，它深刻地体现了以人际关系为本位的中国文化需要对做人方式的讲求，正因如此，君子与小人之争在中国文化中永恒存在。

虽然说公私矛盾普遍存在，但不意味着公私矛盾双方所对应的行为主体是一成不变的。比如说，在中央和地方、公共利益与私人团体的矛盾中，国家常常是“公”的代表；而在国家与社会的矛盾中，国家则可能变成了“私”的代表。这是因为在社会与国家的张力中，国家常常被用来形容统治者或特定阶层（如权贵）所代表的私人利益，这时“社会”才有资格代表公共利益。总之，公私矛盾在不同领域、不同意义上会有不同的表现，只有从两个主体相互关系的具体处境出发才能确定谁代表公、谁代表私。

基于上述，我们发现，中国文化的关系本位特征，导致了如下几种永难消除的矛盾:(1) 公与私的矛盾;(2) 君子与小人的矛盾;(3) 任人唯贤与任人唯亲的矛盾;(4) 公共利益与私人团体的矛盾;(5) 国家与社会的矛盾;(6) 中央与地方的矛盾。也可以说,上述几种矛盾都可以概括为公私矛盾:中央是公,地方是私;公共利益是公,私人团体是私;社会是公,国家是私;任人唯贤是公,任人唯亲是私;君子公正,小人自私。

三 中国文化中的治道

如何来面对和处理中国文化中的这些矛盾呢?我认为,对这些矛盾的处理就构成了中国文化中的"治道"。不同文化面对的内在矛盾不同,是因为构成不同文化的逻辑不同,"治道"则是由文化自身逻辑决定的对症药方。中国文化的逻辑体现于以人情和面子为机制的"关系本位",以及由此所衍生出来的上述一系列矛盾。只有理解了这一点,才能真正认识中国文化的出路。下面,我们就以此逻辑为基础来总结中国文化中的治道。

(一) 德性权威

白鲁恂多次提到亚洲文化特别是东亚以德治国的现象(rule by virtuous men, or rule by moral example),认为这体现了亚洲文化中一种独特的权力/权威观,即认为只有有德性的人才让人信服,因而具有统治别人的力量(Pye, 1985, pp. 42, 48 -50)。白氏认为这其实是一种"反政治的"(anti - politics) 的政治文化,因为没有把效益和功利作为政治的直接目标。然而,如果我们认识到上述中国文化中一系列根深蒂固的矛盾,即可发现,只有以德治国才是比较好的解决上述矛盾的办法之一。所谓"有德的人",在儒家学说中就是指君子或圣贤,而君子或圣贤本身的重要特征之一就是重义轻利,因为他们的人格达到了以义的态度看待利的境界,所以他们是化解公私矛盾、君子与小人矛盾、中央与地方矛盾、社会利益与国家利益矛盾的最重要力量。

白鲁恂在书中分析了巴基斯坦、印度尼西亚等国自第二次世界大战后独立以来,曾经真心尝试全面接受西方式政治体制,特别是通过大选、议会、法治、政党等制度的引入来建立一个现代国家。然而,它们的实践最终导致了暴乱、军事政变、独裁统治等可怕的后果。原因是什么呢?用白氏的话说,这是因为亚洲人心目中的权威/权力概念与西方人不同。我们也可以想象，亚洲人发现通过民选上来的官员常常“无德”，对这些人难以认可、心中不服，所以造反就有了强大的民意基础。更重要的是，即使没有通过军事政变推翻民选领导人，这些选出来的官员的办事方式，由于不符合亚洲熟悉的心理习惯，也不能保证效率。白氏认为，亚洲人真正在心理接受的权威/权力模式是家长式的（paternalistic），以德治国模式。我想这也适合于中国。

在一个以人与人的关系为本质力量的社会中，人是最有决定性的力量，如何保证品学兼优的人掌权成为头等大事。所以古人特别强调“为政以德”（《论语·为政》）、“授有德，则国安”（《管子·牧民》）。这是因为，“关系本位”的后果之一就是在上位的人对他人的示范作用特别大。用孔子等人的话说，有德则身正，身正则民服，故能“居其所，而众星拱之”（《论语·为政》）。孟子云：“一正君而国定矣。”（《孟子·离娄上》）管子云：“御民之辔，在上之所贵；道民之门，在上之所先；召民之路，在上之所好恶。”（《管子·牧民》）《大学》云：“上老老而民兴孝，上长长而民兴悌，上恤孤而民不倍。”类似这样的话在古代经典里不胜枚举。

不要小看以德治国或贤能政治。从《尚书》开始，中国文化中以德治国的倾向已十分明显。贤能政治之所以比民主政治更适用于中国文化，一方面是因为帮派主义、地方主义等根深蒂固的文化习性，会使党派之争走向负面，导致帮派斗争和社会撕裂；另一方面是因为中国人从文化心理上更崇拜的权威或真正能信服的权威永远是有德者，而不是其他类型的人。也可以说，中国文化中有效的权威概念决定了以德治国或贤能政治的必要性。

（二）礼大于法

如果说，以个人为基础的社会适合于法治的话，那么以关系为本位的社会适合于礼治。谢遐龄先生（2012）在最近的文章中曾论述了类似的观点：中国文化中没有西方人那种追求抽象普遍性的思维，后者才是适合于法治的文化土壤。下面先论礼之义。

R. M. 昂格尔（R. M. Unger，pp. 82－104）教授分析了中国古代社会没有出现现代意义上的法律秩序的原因，其中提到了商人集团没有独立、缺乏西方那样超验的宗教以及与之相应的独立个人的概念等事实。他指出，中国历史上的儒家与法家虽然对法的看法是对立的，但它们理解法的基本前提却是一样的，都没有捍卫现代西方意义上的法治原则。那么什么是西方意义上的法治原则呢？这就是基于个人独立的普遍原则。这种普遍原则的特点，根据他的描述，是指把每一个人当作独立于他所在的身份关系网络之外的个体，而寻求其间普遍适用的共同法则；这种法则应当是理性的，可以通过合理的推理来发现，因而催生了独立于政府的专门法院、独立于法院的职业律师和独立于意识形态的法律理论。这些构成西方法治的基本原则，在中国古代的法律中都根本找不到。昂格尔（p. 96）提到："欧洲的科学和与之相同的政治哲学来自普遍原则的概念。"

昂格尔认识到中国古代社会主要是礼教社会，礼的功能大于法，或者相当于法，所以他通过对"礼"的分析来进一步说明中国为何没有出现西方意义上的法治。他提到了"礼"的三个特点，都与西方法治的观念相冲突：一是"分"。他说，"'礼'是内在于特定社会状况和地位的习惯性的行为形式"，"'礼'是特殊的、具体的行为标准，而不是普遍的和抽象的行为标准，它们适用于高度具体的情况并依人的不同身份而各异"，"由于它们不是作为脱离具体关系的东西而受到理解、规定或服从的，因而它们缺乏实在性品质"（昂格尔，p. 89）。二是习俗。他还认为，礼建立于习俗之上，是"社会活生生的、自发形成的秩序，是一种人虽有能力破坏却无力创造的秩序。因此，人们碰到的并不是明确规则的目录，而是模范行为的或多或少的隐蔽模式"（昂格尔，pp. 89－90）。所谓"模范行为"，他指《诗经》所提到的、圣贤人格的榜样。这种特征，使得他认为，礼不是基于人们个人意志的自由选择和理性分析而建立的。三是人与自然不分，也即个体的人没有从自然中独立出来（因为中国人强调天人合一）。由于中国古代人没有自然和社会相区分的观念，"也就没有一种明确规定的，作为一种由人确立，能够被人所批评和改变的关系体系的社会秩序概念。社会生活的基本结构可以通过制定法加以控制的观念，对于中国封建社会来说，基本上是个陌生的东西"（昂格尔，pp. 90－91）。

昂格尔的分析，并不仅仅停留于说明中国为何没有现代西方法治传统，更重要的是他事实上假定了只有现代西方的法治才代表真正理想的法律秩序。这是因为把人类的法律历史分为了从习惯法到官僚法再到法治这样三个阶段。

梁治平先生对礼/法在中国文化中的作用进行了不同的分析。梁认为，中国古代"并未产生出可以称之为'私法'或'民法'的那部分法律"，"数千年来，中国只有一种法律，那就是'刑律'"，在中国人心目中，法律“乃道德之器械，它以内在的道德评判与外在的刑罚等级相配合，构成一张包罗万象的大网，其中无所谓民事与刑事，私生活与公共生活”（第422页），也许“把我们由人类学和社会学立场叫作中国古代法的东西称之为‘礼法’更合适些”（第423页），它是礼与刑的融合；它的基本原则不是权利而是义、理等；所以中国古代的法是道德化的法律。由此可以理解，“何以中国古代法中少有技术性规范，即使有，也远不及西方古代法如罗马法中相应的规范、制度来得精确、复杂和系统”（第422页）。这些与西方不同的法律概念，并不妨碍礼法在中国古代社会起到了维护社会秩序的有效作用。“倘若我们曾经受罗马法养育的西方文化名之为‘私法文化’，那么在同样的意义上，中国传统文化可以被恰如其分地称之为‘礼法文化’。礼法文化中是不会有私法或者民法的地位的”（第423页）。中西方的法律文化代表了两种不同的制度模式。

我曾在有关文章中指出（方朝晖，2011，第68—102页），中国文化之所以走上了一条“礼大于法”的道路，而没有形成严格意义上的“民法”（civil law），与其关系本位的特征有关。这是因为，中国文化中人与人关系整合的机制是人情和面子，中国人天生对于非人化、冷冰冰、没有人情味的制度与规则缺乏热情和信念。所以，对中国人的人际关系从制度上约束的最好方式不是通过“法”，而是通过“礼”。因为礼是人情化的，也可理解为一种软性的制度，它的最大特点是以人情、风俗为基础，以人们在心理上广泛认可为特点。在中国文化中，当制度没有了礼的精神，就成为机械死板的框框；当社会没有了礼的精神，就变成没有灵魂的机器。礼成为衡量一个社会是文明还是野蛮的主要标准，成为决定一个文化进步还是落后的主要依据，成为导致生活繁荣还是衰退的主要因素。今天的人，在西方思想因素的作用下，或者普遍认为只有法治等制度才是决定一个社会是文明、进步还是野蛮、落后的主要标准。但若衡量中国文化则不然，因为文化的逻辑不同，制度至上、规则主义在中国文化中行不通。

孔子曰：“道之以政，齐之以刑，民免而无耻；道之以德，齐之以礼，有耻且格。”（《论语·为政》）这表达了中国人对于法与礼完全不同的评价：法不过是消极的防范措施，不能从根本上解决社会问题，要从根本上解决问题就需要德和礼。然而在西方文化中，这种判断未必有同样大的意义。因为在西方社会，民法作为基层社会最基本的约束力量早已深入人心，它实际上就是在社会生活中比礼更加强大得多的力量。法作为一种纯粹形式的规则，在西方社会的作用绝不仅仅是消极的防范机制，而是代表一种积极有效的整合力量。许烺光先生曾将法在西方人心目中的作用与上帝相比，指出西方人相信“人的世界”一定要通过“非人或超人的力量”来支配。[①] 用希腊哲学家的话来说，具体的个人好比无规则的质料，只有超越时空的理念/形式才能支配他们。柏拉图、亚里士多德均认为，人是有限的动物，应当追求无限的理念/形式或真理。

在中国文化中，“礼”的精神是人与人、与天地、与事物交接时的伦理规范，以相互尊重、彼此恭敬、和谐相处为宗旨。也可以换个说法，“礼”就是恰当的、合乎分寸和尺度的行为或行为方式，即所谓“礼者，履也”（《说文·礼》）[②]。《礼记·曲礼》一篇中所记大量日用常见的行为方式，最能体现“礼”的这种含义。典籍中所谓曲礼、典礼和礼制，实际上都可以看作这种精神的客观化或外在表现。[③] “礼”的精神在于追求和

---

① 许认为，美国人对于世俗政权的态度有时与他们对于上帝和法的态度是一致的。（Hsu，p. 226 等）他解释为什么西方式的法律思想在中国没有发展起来（Hsu，pp. 360－361）：因为法律是 impersonal 的，而中国人一切依赖于具体的处境和人的感情，而不是什么绝对的标准（“在中国的哲学里，对法律的解释是依据情境和人的感情，而不是依据绝对标准”，Hsu，p. 361）。作者还指出，中国人在发生矛盾时宁愿诉诸中间人或妥协，而不是采取无止境的斗争方式。

② 类似的说法还有：《礼记·祭义》：“礼者，履此者也。”《礼记·仲尼燕居》：“言而履之，礼也。”《荀子·大略》：“礼者，人之所履也。”《白虎通·情性》：“礼者，履也，履道成文也。”《汉书·公孙弘传》：“礼者，所履也。”

③ 礼源于祭祀或习俗礼仪，最初的主要含义是典礼，进一步可分为曲礼、典礼和礼制，其中典礼指吉、凶、宾、军、嘉等特殊场合施行的典礼（又有冠、婚、丧、祭、朝、聘、射、乡饮、军旅等礼之分），礼制指《周礼》等书中所描绘的王朝的典章制度，曲礼则指日常生活中人与人交接时的礼节规矩。严格说来，这些只是礼的形式，无论曲礼、典礼还是礼制，其主要功能之一均在于塑造行为规范，确立生活秩序。古人认为，先王害怕人欲膨胀无度，导致混乱（参见《荀子·礼论》），故制礼以“明贵贱，辨等列，顺少长，习威仪”（《左传·隐公五年》）；“使贵贱之等，长幼之差，知贤愚、能不能之分，皆使人载其事而各得其宜”（《荀子·荣辱》）；“人性有男女之情，妒忌之别，为制婚姻之礼；有交接长幼之序，为制乡饮之礼；有哀死思远之情，为制丧祭之礼；有尊尊敬上之心，为制朝觐之礼”（《汉书·礼乐志》）。礼还可从上述人间世界的规则或规矩，延伸到自然世界甚至整个宇宙，代表天地间一切规则或规矩。《左传》昭公二十五年记载郑国子大叔论礼，一方面把礼的范围大大拓宽为涵盖一切事物的规矩，有声、色、味之律，有喜、怒、哀之度；另一方面，又把礼的地位大大提高到“天之经，地之义”的地步，成为“上下之纪、天地之经纬”。另一种说法是，礼本来就源自天地。“夫礼，必本于大一，分而为天地，转而为阴阳，变而为四时，列而为鬼神”（《礼记·礼运》）；“体天地，法四时，则阴阳，顺人情”（《礼记·丧服四制》）。正因如此，礼保证了天地万物及人间社会一切事物的有效运行：“天地以合，日月以明，四时以序，星辰以行，江河以流，万物以昌，好恶以节，喜怒以当。”（《荀子·礼论》）然而，我认为这些只是对礼的含义的进一步引申，也可以说是对礼的形而上的论证，因而并不一定代表礼的本义。

谐、健康的共同体生活——人们相互尊重，彼此敬让；人人各安其分，不相僭越；人民秩序井然，有条不紊；人们彼此关爱，和乐融融。[1] 如果说礼代表的是规矩、规范，那也是为了保障这样的生活。然而，单靠规矩、规范是不能创造这样的生活的，它们可能演变成机械、死板的条条框框，不仅不受人敬重，也可能与人性的内在需要相对立。为了保障礼创造充满活力的共同体生活，古人又强调礼的如下几个方面：一是主敬；[2] 二是称情；[3] 三是养性。[4]

正因为上述原因，中国人把礼看成“人道之极”（《荀子·礼论》），“理万物者”（《礼记·礼器》），“所以定亲疏，决嫌疑，别同异，明是非也”（《礼记·曲礼》）。可以这样说，礼是中华文明成为文明的关键所在，这完全是中国文化的习性所决定的。诚然，礼的上述一系列功能，西方人也不会否认，承认它的普世价值。但是另一方面，在西方人看来，将礼这种不确定程度很高、主要基于风俗习惯的东西作为维护社会秩序的主要力量，恰恰会使一个社会的秩序陷入不确定性之中，又怎么能建成一个现代文明社会呢？所以，所谓“礼者，禁于将然之前；而法者，禁于已然之后”（《汉书·贾谊传》）这样的说法，在西方人看来过分抬高了礼的作用。显然，昂格尔认为礼基于习俗、要人们被动服从、缺乏理性认知的说法是完全不了解中国礼学思想的产物。而之所以出现像昂格尔那样带着偏见看中国法的现象，根本原因在于他们对于文化习性在决定制度特别是法

---

① 类似的说法很多。如《礼记·礼运》“父慈、子孝、兄良、弟弟、夫义、妇听、长惠、幼顺、君仁、臣忠十者，谓之人义。讲信修睦，谓之人利。争夺相杀，谓之人患。故圣人所以治人七情，修十义，讲信修睦，尚辞让，去争夺，舍礼何以治之?”《礼记·郊特牲》：“男女有别，然后父子亲，父子亲然后义生，义生然后礼作，礼作然后万物安。无别无义，禽兽之道也。”《礼记·经解》：“是故，隆礼由礼，谓之有方之士……以奉宗庙则敬，以入朝廷则贵贱有位，以处室家则父子亲、兄弟和，以处乡里则长幼有序。”

② “礼者，敬而已矣。”（《孝经·广要道》）

③ 《荀子·大略》：“礼以顺人心为本。”“事生，饰欢也；送死，饰哀也；祭祀，饰敬也；师旅，饰威也。……创巨者其日久，痛甚者其愈迟。三年之丧，称情而立文，所以为至痛极也。齐衰、苴杖、居庐、食粥、席薪、枕块，所以为至痛饰也。”（《荀子·礼论》）《礼记·礼运》曰：“人情者，圣王之田也，修礼以耕之。”司马迁谓：“缘人情而制礼，依人性而作仪”（《史记·礼书》）。

④ 荀子说：“礼者，养也”，“以养人之欲，给人之求。……孰知夫出死要节之所以养生也！孰知夫出费用之所以养财也！孰知夫恭敬辞让之所以养安也！孰知夫礼义文理之所以养情也!”（《荀子·礼论》）《左传·昭公二十五年》谓“淫则昏乱，民失其性”；“是故为礼以奉之”。《汉书·礼乐志》亦引刘向谓“礼以养人为本”。

律模式方面的重大作用，特别是对于人类不同文化可能有不同的法律模式缺乏认识。

（三）风化效应

以人与人的关系为本位的中国文化，由于不以彼岸（神或其他更加高级的存在）作为其终极归宿，使得人对人的模仿或攀比成为最常见的现象。一个人在得知跟自己有某种共同背景（比如同学、同事、同乡、同龄、同行……）的人获得一种额外利益时，可能在第一时间会感到心理不平衡。人与人的相互嫉妒和攀比，导致中国人之间相比模仿，进一步导致流行各种风气。不同时代、不同地方、不同单位、不同年龄段、不同性别等内部都可能流行各自的风气。有校风、党风、学风，有单位风气、部门风气、行业风气、社会风气，词语中有风气、风潮、风靡、风尚、风传、风闻、风俗、风声、风味、风行、风范、风向、风流，有闻风而动、望风披靡、见风使舵、闻风丧胆、风起云涌、风言风语、蔚然成风、流行成风、风行一时、风声鹤唳、风云变色、风吹草动，有中国风、亚洲风、世界风、时代风、西北风、流行风、龙卷风、五月风、四季风、都市风、文明风，还有儒风、仙风、正风、妖风、歪风……此外，还有各种“热”，什么出国热、下海热、参军热、京剧热、读书热、国学热……据说“风车轮流转”，风气若干年一变。

风气在中国社会中的力量无比强大。一旦某种行为流行成风，再强大的制度罗网也可以被它撕破。比如，改革开放之初，主张放权让利，通过让一部分人先富起来带动全社会都富起来，但是我们做梦都没有想到，在一部分人先富起来并成为官方榜样后，立即在全社会掀起了一股“一切向钱看”的风气。从地方政府到学校，从政府部门到新闻媒体，都纷纷利用职权搞起了创收。于是，整个社会的风气从过去追求政治理想、注重意识形态，转变到了追求经济利益、注重物质享受。这种风气一旦形成，就再也不受政府的左右。恰恰相反，它瓦解着政府的权威，破坏着法律的信誉，毁灭着学校的名声，败坏着社会的道德。这时我们发现，政府无论制定什么防范措施，都无法阻止坑蒙拐骗、假冒伪劣，恰如董仲舒在两千多年前在上给汉武帝的策论中所言：“法出而奸生，令下而榨起。”（《汉书·董仲舒传》）历史再次给我们上演了一出好戏，不接受古人几千年前所讲的教训，历史自然会重演。

儒家认为，好的政治以“风化”为基础。《毛诗序》有云：

> 风，风也，教也。风以动之，教以化之……先王以是经夫妇，成孝敬，厚人伦，美教化，移风俗。

孔颖达《毛诗正义》认为，先要学会运风，然后施行教化；风为化之基础，化是风之方向：

> 风训讽也，教也……言王者施化，先依违讽谕以动之，民渐开悟，乃后明教命以化之。风之所吹，无物不扇；化之所被，无往不沾。

郑玄则在《周礼·春官·大师》注中指出，风气一旦形成，将会相沿成习，保持自身惯性。他说：“风，言贤圣治道之遗化也。”故执政者不能只关注政策的暂时效应，更要关注其流风余韵，从长计议。

可以发现，古人十分重视通过引导和改变社会风气来建设理想社会。孔子认为，要改变一个社会的风气，最重要的莫过于从在位的人做起，所谓“君子之德，风，小人之际德，草。草上之风，必偃”（《论语·颜渊》）。拙文《从毛诗风教看中国社会科学的范式危机》（方朝晖，2012）中对这个问题作了较全面的论述。

另一个需要指出的事实是，风气代表的人心取向，反映出在中国文化中精神力量对于治理的作用极大。历史已经一再证明：中国社会治理中最重要也最有效的手段之一是动员强大的人心资源，形成万众一心、众志成城、意气风发、斗志昂扬的局面，即孟子所谓“可使制梃以挞秦楚之坚甲利兵”（《孟子·梁惠王上》）。而当这个社会涣散的时候，必定首先表现为人心的涣散。在中国文化中，政府能否有效地动员人心的资源，是衡量其行政效率高下的最重要标志。

（四）政教不分

白鲁恂指出，亚洲或中国政治总是过多地意识形态化。政治人物们把比较多的精力用在论证一些仅具象征意义的符号上面。我认为这说明中国人比较多地注重心理上的满足，也说明精神、思想因素在中国人的集体生活中占有比较重要的分量。（Pye，1985，pp. 186－187，204－209）中国人做事之前，需要先在思想上达成共识，在精神上进行凝聚，在心理上达成默契。这些在其他文化中不能说没有，但是对于崇拜形式化原则的西方人来说，这类做法有时会被当成是浪费时间，或舍本逐末，他们认为直截了当地提出规则意义较大。

意识形态问题的重要性在于，在中国文化中，心理或精神上的统一或一致比制度上的规范或统一更重要。这是因为，中国文化是一种高度此岸化的、依赖人的心理取向的“关系文化”。另一方面，意识形态问题的重要性还在于，它满足了中国人对安全感的追求。中国文化的关系本位/处境中心等特点，说明中国人只有生活在一个团结的集体里才会感到踏实，只有处在和谐的环境中才会感到安全；而意识形态或思想上的统一，让他们感觉自己生活在一个大的、完整的集体里，而不是孤立无助。有时即使明知这个大的集体是人为塑造出来的虚幻之物，他们也觉得比没有好。对于一个高度此岸化的文化来说，一个明确的“总体目标”是比其他任何东西都更重要的。

意识形态的重要性表明了中国文化中政教不分的现实性。关系本位的中国文化，不可能走一条政教分离的道路。诚然，在中国文化中能容许“教”脱离“政”（如佛教、道教等），但却不能容许“政”脱离“教”。中国人认为“政”必须依赖于“教”来管束，就像小孩需要家长来管教一样。像西方人那样，从中世纪以来一直信奉政教分离，结果使政治成为脱离宗教的、非道德化的系统，把功能上的功利和效益当作首要宗旨来追求，在中国文化中缺乏基础。在儒学学说史上，我们看到一再强调道统高于政统。在近代历史上演变成三民主义还是共产主义，或者说自由主义、保守主义和马克思主义之争。而在如今，也变成要通过五年一次的代表大会来确定总路线、总方针或总政策。

（五）义利之辨

与政教不分相关的一个问题就是义利之辨。义利之辨之所以在中国文化中特别重要，是因为公私矛盾以及与之相关的一系列矛盾，均可从道德上概括为义利矛盾，所以义利之辨也代表了处理公私矛盾等最重要的道德原则。“义”代表公，“利”代表私；“义”代表国家，“利”代表私人团体；“义”代表中央，“利”代表地方；“义”代表任人唯贤，“利”代表任人唯亲；"义"代表君子做人的准则，"利"代表小人做人的准则。孔子曰："君子喻于义，小人喻于利。"（《论语·里仁》）可以说，中国文化的逻辑决定了正确处理义、利之间的关系，是实现善治的最重要条件之一。

那么究竟应该如何处理义、利关系呢？儒家认为关键是要认识到：单纯的利，不一定带来幸福，也不意味着价值和尊严；只有求利的方式合乎道义与良知，才能给人带来价值与尊严；一心求利、为利而利，不仅伤害他人，也会扭曲自己的人格，戕害自己的性灵，故不合义。所以儒家的解决办法是：把"义"融入"利"之中，使求"利"过程合乎"义"，赋予"利"以"义"的分量（道义的力量）。《大学》曰："国以不以利为利，以义为利也。"儒家的重义轻利思维不是放弃了"利"，而是改造了"利"的内涵。单就理论上讲，儒家对于义利关系的理论是有普世意义的。

除此之外，还有两种处理义利关系的办法：一种办法是把完全超越一切私人之上的公共利益，作为个人的唯一宗旨。这样做会导致对私人需要的不尊重，乃至于以国家或集体需要来压制个人，摧毁人性的尊严，从而形成了历史上的专制、独裁统治。另一种办法是立法，即通过制度的方式把个人利益与公共利益、正当利益与不正当利益区分开来。西方现代的法治就是一个典型，中国古代的法家也持类似的主张。但是，由于中国人根深蒂固地不信任私人关系之外的一切非人化的规则或制度，因为它们不合人情。中国人心灵中亲切而有意义、有力量的东西必定是合乎人情的东西。中国文化中不盛行形式主义的规则、制度至上，所以也不可能像西方人那样通过私人权利制度化来化解公私冲突。

我们知道，在西方近代文化中，追求己利是理所当然，以财产权为首要私人权利。现代的个人主义、自由主义作为西方资产阶级的意识形态，正是以求利为出发点，将利与个人权利紧密挂钩，从而对中国古典理论构成巨大冲击，成为许多中国人放弃古典儒家义利之辨的主要原因。然而，也正是由于盲目崇洋，不能正视由儒家所揭示的中国文化中的义利矛盾，又导致最近30多年来中国人一味求利，结果是一切向钱看，社会风气败坏。为什么西方那一套以个人逐利为中心的财产权制度在中国行不通呢？这是因为西方的个人主义和自由主义背后有一个宗教背景，及制度至上理念下的法治，而在中国没有这些传统。西方的宗教背景及制度至上的法治精神，保证了他们的利益追求和个人财产权利，朝着合乎公义或众人之义的方向前进。黑格尔在《精神现象学》中论述从原子式个人到“普遍的个人”的转化，指的就是这一现象。除此之外，还有马克斯·韦伯新教伦理的有名论述。我们要明白，在中国，社会风气的力量比较强大，而制度至上思维不易行得通，当“利”被抬到首要位置后，就会形成一切向钱看的风气，导致人心腐烂，从而毁坏社会制度。所以孔子说：“放于利而行，多怨。”（《论语·里仁》）孟子曰：“上下交征利，而国危矣。”（《孟子·梁惠王上》）

从根本上讲，以义利关系作为中国文化中治道的一部分，本身就体现了伦理而非制度在中国治理中的特殊重要性。从20世纪50年代以后共产主义运动中以公灭私、以义灭利，导致人心压抑、人性变异；到70年代末改革开放后放权让利、崇尚功利，导致人人逐利、见利忘义，现实一再告诉我们：忘记历史是要受到教训的，中国文化的发展是有自身规律的。可以这样说：无论是激进共产主义运动所倡导的以公灭私、否认私利，还是改革开放后的崇尚功利、见利忘义，都是在不知不觉之中受到了中国文化中根深蒂固地存在的义利矛盾支配的明证。显然，中国人至今还在义、利这两个极端之间徘徊，而没有认识到儒家早在两千多年前所看到的问题，及其解决方案的合理性。这难道不再一次证明了儒家治道思想的强大力量吗？

（六）大一统

这里的“大一统”不是《春秋公羊传》中的“正始之道”，而是指通常所谓统一的中央集权的管理模式。我这里试图回答中央与地方的矛盾问题。从中国过去几千年的发展经验看，中国文化走的是一条“分久必合”的道路，“分而不合”这种西欧封建模式在中国文化中也曾经在春秋战国及魏晋南北朝时期出现过，但后来都被证明行不通。原因可能与中国文化以“关系”为本位的群体主义精神有关。

一方面，由于公与私、国家与社会、公共利益与帮派团体、中央与地方之间的矛盾，中国文化中有根深蒂固的分裂倾向，这也证明与分裂倾向做斗争是中国文化中永恒的任务。但是，另一方面，由于中国人需要在此岸中安身，具体表现为要在一个完整而和谐的集体中才能找到安全感，分裂必然导致所有人共同缺乏安全感。在不安全感支配下，从同一文化母体中分裂出来的各个分支（如诸侯国）之间就会相互窥视、彼此觊觎，争相把吞并对方作为自己最大的愿望和功业，这种钩心斗角进一步加剧了人们的不安全感。所以最终，统一成为大势所趋。这正是中国文化不像希腊或西欧那样长期保持分而不合而能安然无恙的重要原因。

但是，中国文化的一大问题在于，这种追求“合”的本能的无意识心理，也导致专制甚至极权容易出现，“大一统”有时会耗尽整个社会的活力。对于中国政治来说，如何避免“一统就死，一放就乱”的悖论是始终要面对的一大问题。在中国历史上，“大一统”并不意味着不尊重地方特殊性和民族多样性，而把分与合、地方自治与中央集权处理得比较好的是西周封建制。但是自从秦统一之后，就再也无力真正恢复。也可以说，春秋战国把封建制那种地方自治模式的弊病彻底地、淋漓尽致地暴露了出来。郡县制比较好地解决了“分”的问题，但又容易导致专制和极权。于是，人们发明职业文官制度（包括科举制），通过将为官之道建立在一定的法则之下，在一定程度上极大地限制了专制和极权；地方乡绅制度（包括乡约）则为保护地方特殊性做出巨大的贡献。从这个角度看，宋朝确实是一个值得研究的案例，尽管它的国家力量比较弱。

四　今日中国文化的出路

有了上述一系列对中国文化内在矛盾及治道的探讨，下面我试图从若干方面提出今天中国文化的方向和根本出路，具体来说包括：

（一）道统

本条是从前述治道中的“政教不分”条衍生出来的，即政府必须从精神上引导全社会，明确全社会的最高精神价值理想是其中的首要问题，这个理想我称之为今日之“道统”，亦可以牟宗三所谓“宇宙之本源”称之。

“道统”之说，倡自韩愈，自朱熹以“执中”释道统以来，学者多从之。梁涛考察了儒家思想史上“中道”传统的流变，其中有以仁义释中，以礼义释中，以公平、公正释中，还涉及中正、中庸、中和等概念；作者得出“‘尧舜以来确有中的传授，儒家内部存在一个中道传授谱系”，认为应当将宋儒以仁义释中，和荀子等以礼义释中结合起来，提出“统合仁学与礼学，‘合外内之道’才是儒家道统所在”（梁涛，2012）。我以为，中道传授的谱系，与“道统”一词的本义还当区别对待，即不能将道统等同于“中道”的传承。因为，“中道”主要是针对道的应用而言（应用于人生，应用于治国，应用于社会），而非针对“道”的本体而言。就应用言，道指行道之道；就本体言，道指终极价值。故牟宗三从“道德宗教之价值”“孔孟所开辟之人生宇宙之本源”来理解道统，乃是从本体言（参见牟宗三，1985，“序”）。如果我们不受朱熹等人思想的局限（即不将道统理解为中道），也不受韩愈影响（即不从判教立场出发讨论道统），立即可以发现“道统”的含义大为丰富起来，因为诸子百家几乎无不以“道”为宇宙最高价值，无不在讨论道统问题。本文所谓“道统”一词即然，是从本体上着眼，故讨论的是中国文化的终极价值或最高理想。

从道统角度讲，今日中国社会的最大问题就是失去了信仰。20 世纪中国人在抛弃古代道统以后，另寻他途，一错再错。其中最大的、最有代表性的意识形态包括民族主义、国家主义、自由主义、无政府主义、民主主义、社会主义、共产主义等说法。历史已经证明：抛弃古人的思想传统，自作聪明，以为自己能给全体国民提供一种新的信仰，而事实上根本不可能做到。信仰错误泛滥的结果，就是人们越来越失去信仰。

换言之，道统重建并不是指去人为地接受某个“主义”，无论是左的或右的，无论是儒家还是他家，严格说来都是为道统而存在，而不代表道统本身。不要错误地以为，信仰就一定是信仰某种宗教或“主义”。长期以来我们思想上的一大误区就是：在精神信仰领域，把大量精力用之于探讨该信什么主义、什么宗教，而忽视每一个普通、正常的人，无论他属于什么教、什么派，都还应该有更基础的信仰，即对人性尊严与价值的信仰。多年来，我们所犯的最大错误之一，恰恰在于用各种“主义”蒙蔽了双眼，在道德教育和社会引导上严重违背道德教育的基本规律，先入为主地将若干政治价值当作信仰对象，这样做的结果正是我们今天所看到的，人们变得什么都不愿相信，变得不再有任何信仰。

必须认识到：在所有“主义”之上，“最高的主义”只有一个，即人性和天道，[①] 这就是今天我们要建的道统。我们必须明确：人性的逻辑高于社

---

① 这一点，早在两千多年前为孔子点破。子贡曰：“夫子之文章，可得而闻也；夫子之言性与天道，不可得而闻也。”（《论语·公冶长》）历代儒家亦多以性与天道为道学中之最高深部分。

会的逻辑，社会的逻辑高于国家的逻辑。这是在世俗社会中重建中国人信仰的最基本条件。诚然，一个有宗教或主义信仰的人，或有助于捍卫其人格尊严与价值。但是反过来，一个人确立人生价值与尊严的信仰，并不必然要接受某种宗教或主义的信仰。我们必须明白：在我们的生活中，最基本、最值得我们去信仰，且无可争议的信仰对象就是人性的价值和尊严。

让我们来分析一下为什么我们迷失在“主义”之中而不能自拔。原因很简单，把国家目标看得太重，尤其是在国难当头的情况下。长期以来，出于种种可以理解的原因，我们被各种国家目标、国家拯救计划所缠绕，每天都在设计国家战略、强国梦想，反而忘记了这些计划的终极目的，结果导致用这些国家目标把全民的私人空间全都占据，导致现实生活中具体生动的个人作为完整生命的尊严和价值被剥夺，走到了初衷的反面。尤其是近代以来，当国家变得无比强大时，可以打着全民利益的旗号对个人私生活进行肆无忌惮的进攻和没有底线的侵占，个人的生命遭受不应有的摧残。诚然，制定国家战略和国家目标是合理的，但是为什么这些国家战略和目标有时会走到初衷的反面？其中一个重要原因恰恰在于文化终极理想——也就是本文所说的道统——没有搞清，结果误把“主义”当成所有人的最高理想，于是认为这些理想对私人生活的侵占可以不受任何限制。

今天，尤其是改革开放后，我们的国家目标、国家理想不再像过去那么强大、那样无孔不入，但不等于过去那种倾向、那种思想误区已经被认清。正因为如此，当我们从过去那种浪漫的革命理想转向务实的经济建设时，却出现全民追逐利益乃至一切向钱看的疯狂局面。在这股潮流中，一切崇高的理想都威风扫地，一切神圣的价值都消失得无踪无影。为什么一种出于良好初衷的经济建设，却会导致全民信仰的迷失呢？因为在经济建设为中心这一思维推动下，当各级政府和部门都推行“GDP 主义”，尤其当权贵们运用特权与民争利、金钱财富成为衡量人的主要标准时，自然地导致了全民的逐利潮。一方面，正如后面要讲的，这与国家在引导社会时，没有处理好义利之辨、自身急功近利、缺乏道统信仰有关；另一方面，如果我们的社会、我们的各行各业在国家意志之外有基于对人性价值与尊严的基本信仰，建立起自己的自治和理性化系统，自然也不会过度受国家意志影响、轻易为浮躁情绪左右。只有当社会自治、自立时，才不会轻易受国家左右。但后面我们会说到，行业和社会的自治，前提是必须树立自身独立的价值，这些价值也必须是以人的尊严和价值为基础建立的。

这些都说明，以人性的尊严与价值为基础重建道统是多么重要。

孔子曰："谁能出不由户？何莫由斯道也？"（《论语·雍也》）

孟子曰："得道者多助，失道者寡助。寡助之至，亲戚畔之；多助之至，天下顺之。"（《孟子·公孙丑下》）

荀子云："人主不务得道而广其势，是其所以危也。"（《荀子·仲尼篇》）

今日道统的重建，就是找回那个为千千万万所共同信仰的"道"，它就是中国文化最高理想的重建，我曾经把这个理想表达为八个字："保合太和，各尽其性。"因此，道统问题就是信仰问题，但不是宗教意义上的信仰，而是世俗意义上的、所有人的普遍信仰。

（二）核心价值

本条的重要性同样来源于前述治道中的"政教不分"，从根本上则是由关系本位决定的。因为关系本位，制度主义行不通，加上中国文化高度"此岸化"（this - world orientation），导致这个社会主要靠价值观维持秩序。据此我们可以说，中国社会是一个典型的"伦理社会"（借用黑格尔在《精神现象学》中的术语）。由此我们可以理解，为什么朱熹等一大批学者把"三纲五常"抬到至高无上的地步。①

中国文化作为一种靠人伦关系维系的文化，人与人之间形成牢固的联系，是维持这个社会正常运转的必要条件。由于它崇尚以人情为基础的动态关系远胜于崇尚制度或法律，所以一旦人与人的关系缺乏有效的束缚，将出现人欲横流的局面，人心涣散，一盘散沙，任何制度都无济于事。过去几千年来，中国人维系合理人伦关系的主要途径有二：一是靠核心价值，主要是"三纲"和"五常"；二是靠礼。前者是更主观的力量，后者

---

① （宋）朱熹《文集》卷七十"读大纪"："宇宙之间一理而已，天得之而为天，地得之而为地。而凡生于天地之间者，又各得之以为性。其张之为三纲，其纪之为五常。盖皆此理之流行，无所适而不在。"（明）薛瑄《读书录》卷六称"天地间至大者莫过于三纲五常之道"。（元）吴澄后学韩阳亦谓"三纲五常之道""在天地间，一日不可无者"（《吴文正集·原序》）。（宋）真德秀《西山先生真文忠公文集》卷四"召除礼侍上殿奏劄一"称"三纲五常"为"扶持宇宙之栋干"。

是更客观的力量。

现代中国人在核心价值问题上常常在两个极端之间徘徊，即国家主义价值观和自由主义价值观。国家主义价值观强调无私奉献、爱国主义、民族情感等，演变成对人性的压抑、个性的丧失、人格的扭曲。自由主义价值观追求个人独立、自由、人权、民主等，结果演变成自我中心主义、个人主义、唯我独尊。如果我们从中国文化中的公私矛盾来看，就很容易看出，为什么这两种价值观容易为中国人所接受。

首先，国家主义价值体现了在公私矛盾双方中站在“公”一边的特点，满足了中国人害怕以私害公的心理，所以在中国文化中满足了领导尤其是希望别人服从的领导的本能愿望。但它把“公”抬到极端，完全否认“私”的合理性，也就适得其反，这就是今天那么多人把爱国主义教育当成洗脑教育的主要原因。

其次，自由主义价值体现了在公私矛盾双方中站在“私”一边的特点，满足了中国人不愿接受压抑人性、个性乃至以公灭私的实际需要。因此，近代以来一直有不少中国人提倡自由主义。然而，中国的自由主义者往往想不到，为什么他们提倡的自由主义在中国文化中总是会变质，变成自我中心主义。问题并不是出在自由主义本身，但是提倡者们忘记了一点：在关系本位的中国文化中，每个人最大的安全感都是来自人与人关系中的和谐与平衡。因此，尊重、理解、包容、牺牲这些品德之所以千百年来一直为中国人所提倡，不仅因为它们是普世价值，更因为它们极大地满足了中国人在心理上的安全需要。人们意外地发现了这样一种有趣的现象：20 世纪以来在中国文化中提倡个人自由的大学者，往往本质上都是爱国主义者，比如鲁迅、胡适之类，他们的精神归宿从来都不是他们所声称的个性自由之类。

因此，中国文化的核心价值，应当是与中国文化的习性紧密相连或者说是针对中国文化的需要而来的。这个问题古人已经给出了答案：它们就是“三纲”和“五常”。我曾在多处论述：“三纲”不是指无条件服从或绝对的等级关系，而是指一种从大局出发、从国家民族大义出发、从做人的良知和道义出发做人的精神。和自由、平等、人权等西方价值观一样，“三纲五常”也是普世价值。但是在中国文化中更具有针对性的普世价值，是在中国文化的习性中“让人成为人”的价值，所以才成为中国文化的核心价值。今天关于核心价值的讨论很多，然而其中许多都没有抓住这个要领，有的学者将儒家经典中的一系列道德范畴进行统计、归类，确定哪些是核心价值、哪些是基本价值、哪些是普通价值，这样的研究没有搞清为什么“三纲五常”在过去两千多年里一直是中国文化的核心价值。

现代中国人对以三纲五常等为代表的中国文化价值的全面批判，导致的一个可怕后果就是：今天，我们看到人们在权力面前不能挺直腰杆，而是将自己当成了奴才。电视连续剧《乡村爱情小夜曲》中刘大脑袋在王大拿面前、王长贵在齐镇长面前，就是这种现代中国人格的典型写照。这种没有精神自立的奴才人格，在今天的现实中遍地皆是，难道与我们长期宣扬对权力的崇拜无关吗？然而，这绝不是儒家的态度，儒家从来都强调臣子们的人格独立性。孔子曰：“以道事君，不可则止。”（《论语·先进》）现代中国人一方面成天批判“三纲五常”是下对上的无条件服从，另一方面他们自己在日常生活中天天强调无条件服从，尤其强调对于权力/权威的服从。这难道不是很有趣吗？问题的根源恰好在于：当我们丢掉了曾使中国人在权力/权威面前勇敢地站起来的“三纲五常”之后，在现实中就只能强调以权力/权威为中心，结果导致人们拜倒在权力的面前，卑躬屈膝，直不起腰来。

现代中国文化失去方向的一个标志就是核心价值的沦丧，具体地说就是“三纲”“五常”的丧失。今天，所谓民族文化的核心价值问题，其实就是如何认识“三纲”“五常”的问题，也是如何在现实中将其激活的问题。要认识到，“三纲五常”是中国文化中“人成其为人”的正常方式，也是中国文化中重建人伦关系的必要条件。“三纲”与“五常”的崩溃，导致中国文化中人与人的关系彻底失去基础，人心被撕裂，人欲横流，行为失范。这是今天中国家庭、男女、同事、上下级等各种关系中严重扭曲的重要根源。①

（三）社会风气

今天的中国已到了人心近乎糜烂的地步，对于中国社会来说，没有比这更可怕的问题了。人与人的关系堕落到除了简单的生物性需要、利益需

---

① 相关的论述参见本人系列拙作：（1）《怎么看“尊王”、“忠君”和“三纲”——读刘泽华、张分田国学论文有感》，《中华读书报》（国学版）2010 年 2 月 10 日；（2）《走出历史迷雾重铸中国文化价值》，《中华读书报》2010 年 5 月 26 日；（3）《“三纲”真的是糟粕吗？——重新审视“三纲”的历史与现实意义》，《天津社会科学》2011 年第 2 期；（4）《重建核心价值的三条思路》，《中华读书报》2012 年 1 月 11 日；（5）《人伦重建是儒学复兴必由之路——兼论中国文化的核心价值》，陈炎、黄玉顺主编《当代儒学》（第 2 辑），广西师范大学出版社 2012 年版，第 46—72 页。

要等个人需要之外，几乎再没有任何崇高和神圣的内涵。在这个世界上，我们每天所看到的一切，除了冷冰冰的脸之外，几乎没有温情，没有尊重，没有敬意。除了利益还是利益。在我们的生活中，几乎到处是陷阱，处处有机关，假冒伪劣盛行，坑蒙拐骗吃香。人与人之间缺乏起码的互信和尊重。我们在这个社会中几乎连最起码的安全感都找不到。

导致这一可怕局面的根本原因，绝不是由于人们道德境界不够高这么简单，而是一系列客观现实原因所致：

其一，义利问题。正如前述，今天全社会追求利益不择手段的风气，与多年来指导思想上一味追求经济发展、未能正确对待义利关系有极大关系。董仲舒说："尔好义，则民向仁而俗善；尔好利，则民好邪而俗败!"(《汉书·董仲舒传》) 如前所述，义利关系倒置，导致了信仰的失落，反过来进一步加剧风气的败坏。国家要从根本上把每个人的尊严和价值，而不是经济利益当作首要目标来追求，才能真正改变当前这种好大喜功、功利浮躁的局面。古人说得好："国不以利为利，以义为利也。"(《大学》)

其二，均寡，即社会公正问题。今天社会风气败坏的另一根源是社会财富的分配失去公正，穷者益穷而富者益富。孔子曰："有国有家者，不患寡而患不均。"(《论语·季氏》) 当人们看到特权阶层疯狂地与民争利，他们就会觉得法律不过是为权贵而设的，从而失去了对于国家权威和法律应有的敬意。在这种情况下，人们会认为遵纪守法就是傻瓜；因为他们争夺不过权贵，只有通过违法乱纪、铤而走险的方式才能攫取自己的利益。董仲舒在给汉武帝的对策中指出，与民争利问题不解决，是导致欺诈横行、犯罪违法的主要原因（参见《汉书·董仲舒传》）。

其三，正己问题。今日中国道德风气败坏的另一重要根源，就是为官者失德。孔子云："其身正，不令而行；其身不正，虽令不从。"(《论语·子路》) 我们成天说人民群众的眼睛是雪亮的，可是又在实践中常常向人民隐瞒真相。"尧舜帅天下以仁，而民从之。桀纣帅天下以暴，而民从之。其所令反其所好，而民不从。"(《大学》) 要想改变民风，首先从当官的做起。"是故君子，有诸己，而后求诸人。无诸己，而后非诸人。所藏乎身不恕而能喻诸人者，未之有也。"(《大学》)

其四，养人问题。以强制的手段逼迫别人服从，会造成整个社会对权力的畏惧，摧毁人们的人格独立性和自由意志，造成精神的矮化和人格的萎缩，造成道德的沦丧和风气的败坏。多年来，我们总倾向强迫别人接受自己认为正确的意识形态或政治立场，殊不知人格尊严受到摧毁的代价，比一个“正确的”意识形态或政治立场未被接受要严重得多。孟子曰：“以善服人，未有能服人者；以善养人，然后能服天下。”（《孟子·离娄下》）

其五，纳谏问题。打击人品正直、敢讲真话、敢于批评政府的人，必然造成人们良知的麻木，导致社会正气得不到伸张，久之会使越来越多的人学会昧着良心说话、昧着良心做人，社会道德走向沉沦。哀公问曰：“何为则民服？”孔子对曰：“举直错诸枉，则民服；举枉错诸直，则民不服。”（《论语·为政》）治国者要学会辨认什么是忠奸。鲁穆公问于子思曰：“何如而可谓忠臣？”子思曰：“恒称其君之恶者，斯可谓之忠臣矣。”（《郭店楚墓竹简》）

其六，教育方式。长期以来，我们把爱国主义当作不容置疑的首选内容，错误的教育方式引起无数年轻人对道德的误解和反感。当他们成年后，他们可能毫不犹豫地选择背叛道德，变成一心为己的“动物”。真正有道德力量、能唤起千千万万人的正气的教育，是把每个人的尊严和价值当作最高目标，让他们从小学习如何捍卫它们。我们不能再用政治教育来绑架道德教育了。

今天中国文化的方向之一在于，必须从根本上调整人心的普遍取向。

（四）礼乐重建

美国学者南乐山（Robert Cummings Neville）认为，一个精致发达的文明必定也是表征符号发达、意义丰富且彼此和谐的系统。因此如何保证符号系统的一致、和谐及有效运作，就成为文明成败的关键，或者说文明好坏的标志。他所谓的“表征符号”，是指各种人为发明的，具有一定意义，或成文或不成文的习惯、规则或价值。他认为，儒家的“礼”（civility/ritual propriety）就是一种典型的表征符号，因为它代表一种习惯，一种人与人之间的相互尊重、相互爱护的行为规矩或规范。

今天中国文明的重建，从某种意义上讲就是礼乐的重建（本文只谈礼）。礼的重建，绝不是在各行各业设立一系列新的文明的行为规范这么简单的事，而是从整体上重新思考中国文化中的制度建设问题，即从清末以来，中国人抛弃了过去的礼教，在不知不觉中接受了法家的路子，一切制度的建构都是就制度谈制度，而不是依礼乐谈制度。我们前面说过，礼是中国文化中衡量文明与野蛮、进步与落后的主要标准，没有了礼，中国文化就会像一台没有灵魂的机器一样，失去生命力。

多年来，我们在社会制度建设过程中，总是认识不到：从制度谈制度，而上升不到礼的高度，制度就会成为压抑人性的工具。前面说过，中国人不适合于形式至上的制度主义，所以不可能像西方人那样来追求法治。只有回复到“礼”的角度建设制度，制度才会变成合乎人性、温暖人心的东西，起到激发人心的效果。梁漱溟（1990）先生早在70多年前开展乡村建设时就已提出，中国文化中的制度建设不适用于西方那一套以人与人相互限制、相互抗争以及自我中心、权利本位的方式；因此，乡村组织构造的重建，从根本上讲就是“新礼俗”的重建，并采取“伦理情谊、人生向上”的方式。

长期以来，在一种错误思路的支配下，许多领导都认为，竞争、利益激励和奖惩机制是调动员工积极性、促进单位活力的最主要措施。然而，这种思维方式严重违背了中国文化的习性。在中国文化中，竞争可能导致钩心斗角、人心狡诈；利益激励会导致唯利是图、风气败坏。凡此种种，都是在西方思想影响下，不自觉地接受了性恶论，用法家的方式管理中国。在过去的中国历史上，儒家贤士大夫从来都主张治理的最大任务在于“得人”。而“得人”的最大关键在于懂得尊重人。性恶论的大忌是不把人当人，把下属当动物来激励，当小人来防范。

我们今天讲从礼的角度进行制度建设，就是指本着顺人之情、养人之性等激发人心活力的方式来引导社会，塑造规矩，形成传统。这绝不是可以靠颁发条文、下达文件等行政手段实现的，而是需要真正从尊重人的角度设计我们的制度，推动我们的工作。今天我们的大学之所以失去了灵魂，是因为没有真正把人当人看待，没有真正调动每一个人追逐生命价值和意义的积极性，没有找到让人全面发展的道路，所以也只有能靠一个又一个政策、一道又一道命令来控制，这才是礼失落的体现。[①]

需要明确一点：无论是国家制度，还是学校制度、公司制度、地方制度，只有当它们不是压人、约束人的法则，而是养人、敬重人的规矩时，

---

① 今日清华园里仍然流传着许多昔日大师与学生们一起共患难、同欢乐的动人故事，这些人用他们的人格激活了大学的体制、诠释了大学的礼制；因为他们与学生们一起的过程，从教学到生活，从读书到娱乐，无时无地不体现着礼。《诗》云：“礼仪卒度，笑语卒获。”此之谓也。礼制的塑造，主要依赖于人，依赖大师们。

才是活泼的，才能转化为礼制。强调它们是法则，乃是法家的态度——不遵守就会有惩罚。于是人们绞尽脑汁、争相规避，人心日益狡诈，世风日益败坏。追求成为礼制，才是儒家的态度——遵守是出于自重。于是人们学会自尊、懂得自重，人性得以复苏，人心得以向上。因此，今天的主要任务也许不是彻底重建新制度，而是赋予旧制度以新意义；今天制度改革的首要任务就是为之输入精神、找回灵魂。具体地说，就是对人从不信任到对信任，从不尊重到尊重，并以此为宗旨确立行为的法则，塑造集体的规矩，形成优良的传统，这就是礼制的建设过程。这需要先确立行业的崇高价值，形成大师的示范，引导人们从职业行为中体验神圣，从集体生活中找到自尊，从辛勤劳动中感受生命。

今日之中国，礼仪的缺失已到了不能容忍的地步。人与人之间利益多，温情少。人们彼此冷漠多，爱心少；人们相互争抢，缺少礼让。用顾炎武《日知录》“正始条”亡国与亡天下之辨来看，则可以说，当礼仪丢失殆尽时，人们就彼此缺乏应有的尊重和敬意，人们都以他人为手段，甚至干尽伤天害理之事。

“隆礼尊贤而王，重法爱民而霸，好利多诈而危，权谋倾覆幽险而亡。”（《荀子·强国》）必须彻底改变一种思路，即靠法律、制度和政策来治国，这是西方法治的影响，在中国只能流变成压抑人性、摧残活力的法家式管理。我们要实现一种转变：从主要依靠法律、政策、制度治理，转变为主要依靠礼俗、礼制和礼乐治理（当然不是不要前者）。必须从根本上反思我们的政治制度、社会制度、单位制度等。它们究竟是制度，还是礼制？当一套体制把人当作追求利益的动物，处处防范，时时警戒，它就体现了制度的特征。这时人们相互争抢、毫无退让，而整个体制也成了失去了精神的机器、丧失灵魂的躯壳。反之，如果一套体制把人当作高贵的生命，处处引导，时时激励，它就体现了礼制的特征。这时人们相互尊敬、彼此礼让，感受到集体的神圣与和职业的自豪，这就是礼治。

今日之中国，礼乐的重建已到了刻不容缓的时候。要彻底解决问题，必须首先改变认识问题，必须从中央到地方，从国家到社会，在社会生活的各行各业、各个领域全面开展礼乐重建的重要工作。为此，首先必须实现观念的转变，认识到社会制度重建主要是礼乐重建；其次，必须在公共生活领域实现礼乐重建，包括通过“三祭”（祭天地、祭始祖、祭先师）来确立敬畏，通过“五礼”（吉、凶、宾、军、嘉）来培育自尊，通过行仪（公共礼仪、社交礼仪、人生礼仪等）来塑造规范；最后，必须在各行各业内部进行礼乐共同体的塑造。总之，只有通过在社会生活的各个领域“正风俗，明人伦”，才能真正建设礼制。

礼的重建与乐的重建要同时进步。礼和乐的关系可以这样来理解：它们是中国文化中理想共同体生活的两个必要方面；如果说礼代表行为的规矩，乐则代表行为的境界；礼代表共同体生活的秩序，乐代表共同体生活的情调。礼是乐的基础，乐是礼的提升。乐（音约）者，乐（音洛）也，有感化人心的效果。

（五）任贤使能

本条来自治道中的“德性权威”，即如何保障有德的人掌权。贤能在中国文化中不仅可以更好地发挥作用，更重要的是身在高位的人，其言行举止会成为全社会的风向标，极大地影响着全社会的潮流。孔子曰：

> 文武之政，布在方策。其人存，则其政举。其人亡，则其政息。人道敏政，地道敏树。夫政也者，蒲庐也。故为政在人。……凡为天下国家有九经，曰：修身也，尊贤也，亲亲也，敬大臣也，体群臣也，子庶民也，来百工也，柔远人也，怀诸侯也。（《中庸》）

一个多世纪以来，我们把古代的选官制度视为封建糟粕而彻底抛弃，没有想到的结果是，到今天为止，我们的官僚制度只能靠裙带关系来运作，所有重要官员的选拔往往只能靠私人关系在幕后进行。殊不知，古代的科举制度，就是一种打破裙带关系的利器。通过定期举行的最高规格的科举考试，让全天下的人才有一条不必靠拉关系、走后门即可走上政坛最显要位置的道路，从而达到这样的效果：不断打破现有官僚体制中盘根错节的人际关系网的束缚，不断给朝廷输入新鲜的血液。今天中国官僚体制方面的最大问题，与其说是来自缺乏民主宪政，不如说是来自人际关系、裙带关系、官官相护等。多年来，我们总是在宣传竞争上岗、择优录用，而在实际工作中，我们看到整个政坛弥漫的就是靠裙带关系当官。多年来，我们一直在高谈民主作风、群众路线，在政治实践中，我们发现现代东亚的民主实践进一步强化了裙带关系，成为民主体制所永远无法解决的毒瘤。

今日中国必须立即省思、改变现有的官员选拔方式，必须放弃过于意识形态化的审查标准，必须彻底打破现有的以裙带关系为基础的选官体制，采用一系列新的办法来选拔官员，包括采用古人采用过的策论、公开招标、社会推荐、考试考核等一系列新方式。只有不断打破常规，用各种新的方式突破裙带关系、人脉纽带，才能真正发现人才。国家的希望在于人才，而人才的发现一定要不拘一格，不断粉碎后台和背景的作用，有效保证人品正直、信仰坚定的人当选。

我们长期认识不到：好官的标准不是听话或与上级保持一致，而是正直、敢谏、敢说真话、有坚定信仰。古人讲君有君道、臣有臣道，君道相当于如何做上司，臣道相当于如何做下级，其核心内容之一是十分重视做臣子的人格独立性。孔子曰：“所谓大臣者，以道事君，不可则止。”（《论语·季氏》）孟子曰：“惟大人为能格君心之非。”（《孟子·离娄上》）只有抛弃高度意识形态化的择官标准，才能不自欺欺人；只有摆脱那种出于霸道愿望、误把奴才当人才的选官办法，才能真正发现人才。

（六）行业自治[①]

这是对前述治道中“大一统”条的回应，也是儒家王霸之辨的现代含义之一。

20 世纪中国政治的最大悲剧之一就是用政治的逻辑摧毁了行业的逻辑。它忽略了社会自身的逻辑，忘记不同行业、不同部门严格说来并没有什么共同的目标，如果有的话也只有一个，那就是人性的价值与尊严。然而恰恰是在这一点上，我们往往严重地忽略了。我所谓的社会自治，与行业自治相伴，是其中的一部分，指同一职业或同一单位的人们在国家之下、家庭之上建立的自己的团体、协会或实体。

我在美国旅行期间，看到许多一两百年前的建筑，给人以历经沧桑的厚重之感。我当时就在想，解放前大学校园里的建筑还给人一些回味的味道，为什么现在大学里建的房子，虽然豪华气派，却没有一点厚重、沧桑之感呢？因为人没有赋予这些建筑以这种感觉。为什么今天的人不能给建筑这种历史感呢？恐怕是因为今天的中国人没有这个能力，而之所以没有

① 有关这方面的论述，参见拙文《王霸之辨、行业自治与儒学》，载拙著《文明的毁灭与新生：儒学与中国现代性研究》，中国人民大学出版社 2012 年版，第 186—203 页。

这个能力，就跟今天的教育急功近利一样，他们的精神世界并没有对自身事业的神圣感和发自内心的敬畏。也就是说，他们的行业价值被掏空了。

今天，衡量一个国家是否真正进入了文明之列，主要标准之一就是看行业与社会是否实现了自治。行业自治首先是指行业拥有独立于一切国家、政治和社会需要的自身的价值。每个行业都有自身的逻辑，而人性能否在某个行业中实现自身的价值，也是由这个行业的逻辑所决定的。一句话，人性的尊严和价值因行业逻辑受到尊重而受到尊重。比如科学，其本质逻辑是满足人性求知的欲望。一个国家从富国强兵这一角度来发展科学固然无可厚非，但是当它们把本国历史上的科学家都打扮成爱国的典范，把爱国等实用目的当所有青年学科学的至上目标来灌输时，就严重违背了科学自身的逻辑要求。由于爱国不是科学这门学科内在具有的必然要求，所以当爱国长期被强行纳入科学探索的首要动机中去后，就会容易消耗人们从事科学探索的热情，导致科学研究陷入停滞，也难以出现真正的、有世界意义的科学家。现代世界上很多发展中国家都把国家荣耀当作本国科学家最大的荣耀来对待，固然有其现实历史多重因素的综合作用，但对科学的误解也是重要原因之一。

又比如，教育的本质逻辑是成人，即培养人格独立、心智健全、专业精通的人，也可以说是培养全面发展的人。但是在现实生活中，我们把所有的中小学教育都变成了应试教育。在高等教育中，我们从苏联继承来的教育传统几乎把技能教育放到了主导一切的首要位置。

又比如，无论是工业还是商业，都不能仅仅从赚钱、发展生产力、提高生活水平、国家社会需要等实用功利的角度来理解。我们应该引导人们认识到：这些行业都是人们发掘自身潜能、实现自身价值的方式。它们是人性的价值与尊严得以展现的场所，它们存在的首要逻辑依据也在于此。至于对国家、对社会、对民族的贡献，虽然也是各行各业赖以存在的价值依据，但不能把它们当作首要价值；换言之，这些外在的价值目标是以前者——行业本身对于人性的普遍价值——为基础的。如果两者的关系颠倒了，在追逐国家社会需要等实用功利价值的过程中，忘记或歪曲了行业对于人性尊严和价值的意义，就成了舍本逐末，直至摧毁行业本身的意义。

总而言之，今日中国社会价值混乱的重要原因之一，恰恰是由于多年来我们在自己最重要的生活、学习和工作中，都忘记了人性本身。凡此种种，都严重违背了《周易》“生生之谓易”及《中庸》“尽其性”的要求，也可以用本文的话说，背弃了“道统”。所以我们生活在道统迷失的时代，而其根本原因则是由于霸道代替了王道。因为行业与社会自治的问题，用儒家的话来说就是在王道与霸道之间作出选择的问题，王道是在中国文化中“人人各尽其性”的必然要求。

（七）教育立国

本条也是对前述“政教不分”的回应。中国既然是一个以人际关系为本位的伦理型的社会，人的力量是这个社会中最强大的力量，如何培养人、塑造人自然成为其永恒的最高任务。在中国历史上，虽然也有类似于基督教那样独立于政治的佛教、道教等宗教存在，但是从国家的官员到社会的贤达，都有一套与现实政治密不可分的教化体系存在。过去承担这一任务的是儒家，现代以来中国政治家也曾试图努力发明很多新的意识形态来代替儒家在这方面的功能，但往往归于失败，其中教训不可谓不深刻。

人的精神、道德教育，从来都不可以按照政治家主观设计的方式来进行，而有其自己的规律；从来都不能依靠行政手段来推行，而只能通过社会和宗教机构的自治来完成。真正的道德教育，必须以人的尊严和价值为最高目标，而不能把社会需要和政治需要凌驾于道德教育之上。认为道德教育的目的在于为社会服务，于是想当然地根据自己对社会需要、国家需要乃至政治需要的理解提出若干目标或价值，让道德教育围着它转，这是一种完全错误的、想当然的道德教育方式。只有承认人性的尊严和价值是道德教育最神圣的目标，才能培养千千万万健康的人格，成为全社会取之不尽、用之不竭的道德资源。

儒家认为，真正的教育不是强制性灌输，即《孝经》所谓“非家至而日见之也”，而是通过自己的行为潜移默化地影响别人，故称为“教化”。用行政手段、出于政治目的人为地教育别人，往往都会造成适得其反的效果。

> 先王见教之可以化民也，是故先之以博爱，而民莫遗其亲；陈之以德义而民兴行；先之以敬让而民不争；导之以礼乐而民和睦；示之以好恶而民知禁。……其教不肃而成，其政不严而治。(《孝经》)
>
> 仁言，不如仁声之入人深也；善政，不如善教之得民也。善政民畏之；善教民爱之。善政得民财；善教得民心。(《孟子·尽心上》)

导之以政，齐之以刑，民免而无耻；导之以德，齐之以礼，有耻且格。（《论语·为政》）

应当把教育特别是精神、道德教育交给社会，支持和发展那些在历史上已经被证明是伟大的教育传统，包括尤其是儒、道、释甚至基督教的教育传统，广泛地促进各种宗教机构的自治和理性化发展。鉴于儒家传统在中国文化中的特殊重要性，应当大力重建儒家学统，把“四书五经教育”纳入现有教育体系中去；应当广泛地恢复以传统教育为特色的私立教育体系，包括各种书堂、书院。

另一个现代教育的失败教训就是，盲目学习西方教育体制，把一切知识化，把科学当成解决一切的法宝。清末以来通过废除经学、废除古代书院教育模式所造成的现代中国教育体制，其典型的特点就是应试教育、知识教育和课程教育，把中国古代儒家在世俗世界里进行人格道德教育的成功经验全部抛弃，结果是我们的思想品德教育变成我们成天口口声声反对的、缺乏人性的教条说教。

本来，在西方，知识教育是有“灵魂”的。因为西方人不认为知识教育的目的在于灌输知识，而在于满足人的好奇心、激发人探索未知世界的欲望、开发人生命的潜能、扩充人的心智。所以特别强调尊重和发现个人兴趣，强调所谓 liberal arts。西方大学本科的课程设置和开设方式的重要特色之一就是专业性模糊、选课余地大、专业更换自由大。这些代表知识教育灵魂的东西，在中国的教育体制中受到了不应有的忽视。今天中国的教育体制，作为 20 世纪 50 年代从苏联引进模式的产物，最大的问题之一就是，专业划分过细，它另一个致命的问题就是完全为实用性追求所主宰。这些使我们的教育体制失去了灵魂，使人成为技能的奴隶而失去了自主性。这样的教育模式，怎么可能培养出一流的大家呢?

五　余论:如何研究中国?

需要强调的是，本文所论述的解决中国文化的问题和出路的途径，是试图论述儒家王道思想的现代意义。几千年来，儒家一直倾向于以“王道”作为政治和社会改革的根本有效途径。什么是王道?就是反对霸道，反对以力服人；就是以民为本，仁者无敌。用现代汉语来表达，“王道”

就是以每个人的尊严和价值为最高目标，就是尊重行业和社会的自治，就是社会的公平与正义。我们在前面所讲的七个方面，正是试图说明现代的王道。

（一）大一统问题

让我们再从“大一统”的角度来看王道。前面我们说了，中国文化中的“治道”包含“大一统”，但是大一统也容易导致扼杀社会的活力，破坏行业的自治。怎么办呢？儒家认为“王道”就是解决问题的最好办法（在中国历史上据说通常都是用“霸王道杂之”来处理这个问题）。儒家的观点在孟子那里得到了最经典的表达，即王道政治由于仁政爱民，人民归之如水；由于尊重人性，百姓从之如子；由于以善养人，天下顺之如风。这就是所谓“仁者无敌”（《孟子·梁惠王上》）。易言之，王道政治彻底解决了“大一统”可能带来的“一统就死，一放就乱”的困境。孟子云：

> 得道者多助，失道者寡助。寡助之至，亲戚畔之；多助之至，天下顺之。（《孟子·公孙丑下》）

又说：

> 今王发政施仁，使天下仕者皆欲立于王之朝，耕者皆欲耕于王之野，商贾皆欲藏于王之市，行旅皆欲出于王之涂，天下之欲疾其君者，皆欲赴愬于王。其若是，孰能御之？（《孟子·梁惠王上》）

历代的统治者之所以在这个问题上处理不好，是因为他们放不下，突破不了自身思想上的误区。他们总是认为，一旦放松了控制，人民就会我行我素，天下就容易大乱。殊不知，放松控制不等于失去控制；如果当局能以德化民、以善养人，人民自然会心悦诚服；如果分配能公平正义、顺乎民意，人民自然会遵纪守法；如果人们能各尽其能、各遂其性，社会自然会秩序井然。如能做到这些，自然会形成上下一心、同心同德的局面，哪里用得着害怕失控？儒家从性善论的立场出发，认为合法性的真正基础在于：公平合理的治道能激活千千万万人内心深处的良知，唤醒他们维护公共秩序的自觉意识，成为一个国家取之不尽、用之不竭的精神资源。《诗》云："肃肃兔罝，椓之丁丁。赳赳武夫，公侯干城。"（《诗经·兔罝》）孟子曰："以佚道使民，虽劳不怨。以生道杀民，虽死不怨杀者。"（《孟子·尽心上》）

因此，在本文中，我也希望通过对王道的重新阐释，来找到解决大一统困境的办法，以及现代中国政治合法性的真正基础。今天之所以出现了信仰失落、道德沦丧、风气败坏、人心糜烂等一系列严重失序、失控等方面的严重问题，也是因为没有按照王道思想来治国。读者应该注意到，我并没有像牟宗三那样从政体（政道）的角度来寻找现代中国政治合法性的基础，尤其是没有主张现代中国政治的合法性基础来源于民主。

（二）民主问题

现在我们回到本文开头的政道问题。也许可以发现，一百多年来中国人在政体特别是民主政治问题上浪费了太多宝贵的时间，而真正值得关心的事却没有做。

从治道中的大一统困境可知，民主制度在中国文化中的最大挑战之一就是如何克服地方分裂。我们都知道，世界上很多国家都因为无法处理这个问题，由民主化导致了分裂，包括20世纪50年代的印度（分裂为三个国家），90年代的南斯拉夫、苏联都是典型的例子。在多民族国家，这个问题尤其严重；但即使是单一民族国家，如果存在较为明显的地区差异，也可能引起分裂（美国南北战争即其例）。

我们发现，中国文化过去几千年的一大困扰就是中央与地方的矛盾。西周的封建制之所以曾在相当长时期内摆脱了这一困扰，正因为中国的封建制不同于西欧之处在于，它的诸侯是由中央直接"分封"的，而且以"封建亲戚"为重要特征。易言之，"分"是在"合"的前提下进行的。但是，分封久后，诸侯也就有恃无恐了，出现了春秋战国五百多年的战乱。如果中国今后走民主政治道路，这个问题就完全不一样了。因为民主政治条件下，地方诸侯不是由中央"分封"的，从一开始就可能有恃无恐。如何解决在民主制下有健全、独立的法治，确保分裂和内战不会发生，地方与中央的矛盾得以解决，显然是一个巨大的考验。然而，那些口口声声提倡民主的人，对于如何在中国未来的民主实践中解决分与合、地方自治与中央集权的矛盾，迄今没有拿出更好的办法。他们所倡导的联邦制，是以独立而强大的法治为前提，而这一点，在中国文化中恰恰很难做到。

另一个相关的问题是，如果中国实行自由民主制（liberal democracy），中国的政治精英乃至国民可能会因政治立场不同而分为不同的派别，出现所谓的“族群撕裂”。在非民主的中央集权制下，这一问题没有那么激化；即使激化了，中央政府也不会允许它表面化。但是在民主制下，这个问题可能在大选中被不断激化，日益表面化。族群撕裂一旦大面积、大范围地发生，就会让整个国民的心理安全感丧失殆尽，容易造成巨大的社会动荡。同时，政党恶斗、国民内斗和政治内耗的公开化，将极大地降低政府的行政效率，伤害国计民生。中国人自古说，“家和万事兴”。如果民主导致中国这个大“家”不和，中国就再也无法兴旺发展了。

除此之外，自由民主制还会导致如下一系列与中国文化中的治道相悖的问题：（1）核心价值的困境。民主的核心价值包括自由、平等、人权等，这些价值虽然很好、值得引进，但一旦占主导地位，就会代替“三纲五常”，破坏中国人相互关系的牢固基础，反过来伤害到民主过程。（2）社会风气的败坏。民主竞选导致巧言令色大行其道，忠诚、老实、本分、憨厚等做人的美德受人唾弃，使民风走向虚伪、狡猾、自私和势利。（3）任贤使能的困境。民主竞选以选票为选拔人才的主要标准，不能保证贤能之人当选；民主竞选无法打破中国人的裙带关系，也会导致人才的流失和官场的黑暗。（4）法治的问题。民主政治必须极大地依赖法治，但我们知道中国文化中法治不如礼治那样有深厚的基础；当法治在中国文化中被人们不断地用各种方式瓦解时，民主政治的稳定性也无法保证了。

上述从治道出发发现的问题，都将对在中国实现民主政治构成严重挑战。我认为目前还得不出自由民主制是当代中国走向王道的必然选择；尽管我绝对坚守人民主权、人性尊严、个人权利等王道价值，但是不认为自由民主制是在中国文化中实现这些价值的最佳手段。当然，这些不足以使我们得出民主制度在中国必须放弃的结论来。关键在于，我们不能在上述问题还没有拿出合适办法的情况下，贸然地推行民主；我们更不能罔顾近代史上无数血的教训，在无充分准备的情况下推行民主。

本文所讲的以德治国或贤能政治，如果单纯从自身看，与现代民主政治并不是对立的。因为它们更多地代表的是治道，而不是政体；正因为民主和宪政主要是政体问题，并不必然排斥以德治国。换言之，即使是民主宪政之下，也需要领导人以德治国和任用贤能。但是，如果换个角度看，以德治国或贤能政治也与民主和宪政的理念相对立，或至少有张力。这是因为一方面，民主和宪政在很多人心目中也代表了一种治道，或者说可以涵盖治道。所以他们认为，有了民主和宪政，不需要再谈什么以德治国或贤能政治。另一方面，也有必要认识到，以德治国或贤能政治的原则也可以对民主和宪政问题发生冲击。这是因为以德治国或贤能政治的最高理想是通过禅让来确立最高领导人，其最高理想可以上升成为一种与民主政体不同的政体。不仅如此，以德治国或贤能政治也可能代表了另外一种选拔官员的方式，它认为民主选举或党派竞争并不代表对国家官员最好的选拔方式，替代的方式包括征辟、策论、推荐、自荐、科举等，后者可以说反映了以德治国或贤能政治对选拔方式的程序要求。

（作者单位：清华大学人文学院历史系）

思想政治教育与国家治理[①]

杨　威

党的十八届三中全会指出："全面深化改革的总目标是完善和发展中国特色社会主义制度，推进国家治理体系和治理能力的现代化。"[②]国家治理逐渐成为学术界关注的重要议题。如何从国家治理体系的视角审视思想政治教育的地位、作用，如何从国家治理现代化的视角看待思想政治教育的现代化，便成为思想政治教育学研究中的重要课题。本文拟对这一问题进行初步思考，以求教于方家。

一　思想政治教育是文化意识形态治理的特殊方式

国家治理不仅包括对经济活动、政治活动、社会生活等物质生活领域里的治理，而且包括对道德、宗教、文化、意识形态等精神生活领域里的治理。一个国家的治理体系，不仅应该包括物质技术体系、制度规范体系，同时还应包括思想文化体系、意识形态体系。有学者指出，意识形态是国家治理要素结构的有机组成部分。[③] 意识形态体制与国家政权体制、国家财政体制和社会体制一道构成了国家治理支持体系的重要组成部分。[④]从一定意义上说，制度规范体系是治理体系的"硬件"，属于政治上层建筑；文化意识形态体系则是治理体系的"软件"，属于思想上层建筑。前者是"硬治理"，而后者则是"软治理"。完整的治理体系，应该

---

① 本文系国家社科基金《思想政治教育根源问题研究》（项目编号：13CKS043）的阶段性成果。

② 《中共中央关于全面深化改革若干重大问题的决定》，《人民日报》2013 年 11 月 16 日。

③ 徐湘林：《转型危机与国家治理：中国的经验》，《经济社会体制比较》2010 年第 5 期。

④ 戴长征：《中国国家治理体系与治理能力建设初探》，《中国行政管理》2014 年第 1 期。

是硬件和软件的有机统一；有效的治理之道，应该是硬治理和软治理的相互协同。只有把硬治理体系和软治理体系都建设好，才是有中国特色的社会主义治理体系；国家治理能力的现代化，既包括硬治理能力的现代化，也包括软治理能力的现代化。

（一）文化意识形态体系是国家治理体系的重要构成

从古今中外国家治理的经验看，文化意识形态体系一直是统治者实施有效国家治理的思想基础。注重思想文化和意识形态控制，是传统中国国家治理之道的鲜明特色。艾森斯塔德认为，中华帝国的政治目标属于文化传统取向型,[①] 帝国的政治得以维护的重要因素是注重文化传统的延续，同时这种取向的政治制度极其重视通过文化建设来维护统治合法性及进行社会整合。从西周时期的礼治，到孔子的德治，再到西汉时期儒学的制度化，都表明了文化意识形态在中华帝国统治体系及其延续中的重要地位。以儒学为核心的政治教化，成为中华帝国统治者治理国家的重要内容。西方中世纪，基督教作为一种主流文化和国家意识形态，不仅发挥着维系政治统治的重要职能，而且也形塑着社会的思想文化秩序，成为罗马帝国治理体系的核心精神资源。近代资本主义社会开创了以民主宪政为代表的国家制度体系。但是，在这些制度体系背后，凝结着资产阶级的核心价值观和意识形态，其确立离不开资产阶级启蒙运动的精神滋养，其巩固和深入人心也是资产阶级意识形态不断合法化、普遍化的结果。苏联的解体，折射出文化意识形态的混乱、失序对国家治理体系的毁灭性打击。而在俄罗斯国家转型的过程中，从叶利钦的“寻找失去的俄罗斯思想”到普金的“俄罗斯新思想”，历任政府都力图对文化意识形态的真空进行填补，为国家统一和社会整合提供思想基础，缩减国家治理中存在的高昂的政治交易成本。[②]凡此总总，都表明了文化意识形态体系在国家治理中的重要地位。

在马克思主义看来，政治上层建筑与思想上层建筑密不可分，国家治理不仅体现着行政管理的社会职能，而且也体现着阶级统治的本质和意识

① ［以］艾森斯塔德：《帝国的政治体系》，贵州人民出版社 1992 年版，第 230—232 页。

② 张慧君：《俄罗斯转型进程中的国家治理模式演进》，经济管理出版社 2009 年版，第 229 页。

形态诉求。马克思主义认为，国家的社会管理和治理功能是以政治统治功能为归宿的，而任何政治统治，都离不开思想统治，即意识形态的统治。国家作为一种管理机构，履行社会治理的职能，从根本上讲，还是为统治阶级服务的。对资本主义国家制度的批判，必须以对资本主义意识形态的批判为思想前提。“现代的国家政权不过是管理整个资产阶级的共同事务的委员会罢了。”① 资产阶级一方面运用国家机器、法律制度等，行使“刽子手”的职能，加强政治统治的“硬权力”；另一方面利用文化、意识形态行使“牧师”的职能，巩固国家治理的“软权力”。马克思主义注重透过资本主义国家治理的制度规范体系，剖析其内在的意识形态体系；注重从对资本主义国家治理体系的意识形态批判，进入对新型社会主义国家制度规范体系的重构。而在新型国家制度以及治理体系的接力探索中，一代又一代的马克思主义者不仅注重在实践中建构以社会主义民主法治为核心的制度规范体系，而且也丰富发展了以马克思主义为主导的文化意识形态体系。社会主义国家建设的实践告诉我们，无产阶级要建立一种与以往一切剥削阶级主导的国家制度截然不同的社会制度，必须首先提出充分体现无产阶级以及一切劳动人民群众根本利益的国家制度构想和治理战略。而这种制度构想和治理战略，必须以马克思主义为指导，必须建立在人类所创造的一切文明成果基础之上，必须内化到社会主义国家治理的文化意识形态体系中。因此，将以马克思主义为指导的文化意识形态体系纳入国家治理体系之中，是社会主义国家治理的本质要求，是社会主义国家治理体系优越性在意识形态领域里的重要体现。

（二）思想政治教育在文化意识形态治理方面的特殊作用

既然文化意识形态体系是国家治理体系的有机组成部分，那么文化意识形态治理便成为国家治理的题中应有之义。文化意识形态治理的目标，就是实现一个国家在文化意识形态领域里的有序发展。而文化意识形态的有序发展，离不开主流文化和主导意识形态的引导和规约。主流文化和主导意识形态是凝聚不同阶级、阶层和群体的“思想水泥”，统摄着其他意识形态和亚文化，构成了社会精神文化的主体结构和有机内核。②要实现

① 《马克思恩格斯选集》第1卷，人民出版社1995年版，第253页。

② 杨威：《社会控制视野中的思想政治教育》，《武汉大学学报》（社科版）2012年第3期。

对文化和意识形态的有效治理，关键在于加强主流文化和主导意识形态建设，发挥其在文化意识形态整合中的重要作用。思想政治教育是一定社会群体特别是统治阶级传播主流文化和主导意识形态的实践活动，它能够为国家治理提供强大的文化意识形态资源，并有效整合这些资源。思想政治教育还能够通过文化内化和意识形态教育，增强社会成员对国家制度规范体系的认同感，为国家治理提供内在的合法性基础。因此，从国家治理的角度看，思想政治教育发挥着重要的文化意识形态治理功能，是国家治理体系的重要构成和治理能力的重要表现，是一种特殊的国家治理方式。

作为一种特殊的国家治理方式，思想政治教育不能简单地等同于"思想控制"。传统社会注重通过思想统治、意识形态控制的方式来管理社会的精神文化生活，治理社会的文化和意识形态秩序。这虽然有利于在短时段内强化国家在意识形态领域的统治地位，但是从长时段来看却会产生消极影响。中国封建社会长达几千年的礼治文化和德教传统，固然为中国封建社会的"超稳定结构"锻造了坚实的文化基核，为国家治理提供了有力的精神工具。但是，这种以王权代替民主、以人治代替法治、以道德教化代替制度规范的帝国治理方式，压抑了人性和文化创造性，不仅滋生了巨大的文化"惰性"，而且也使得其在应对近代以降的治理困局时迅速溃败。历史的教训表明，文化意识形态的治理不能采取简单的思想控制方式。一旦思想政治教育异化为"思想控制"，就可能蜕变为文化意识形态体系中的"毒素"，进而侵蚀整个国家治理体系。

作为一种特殊的国家治理方式，思想政治教育不能简单等同于"思想管理"。新中国成立以来，中国共产党在探索新型国家治理体系过程中，一方面建立了社会主义的国家制度，实现了制度规范体系的根本转换，推动了国家硬治理体系的现代转型；另一方面形成了以中国特色社会主义理论为核心的文化意识形态体系，实现了国家文化意识形态体系方面的吐故纳新，促进了国家软治理体系的现代转型。不仅如此，中国共产党人还探索出了思想政治工作这一治党、治军、治国的有效方式，并赋予其"生命线"的重要意义。纵观中国共产党的发展历程，思想政治工作始终是中国共产党人治国理政的重要法宝之一，是我国社会主义国家治理体系特别是文化意识形态治理体系的重要方面。但是，一段历史时期里，在错误思想路线的指导下，思想政治工作成为阶级斗争的工具，成为党和政府在文化意识形态领域履行行政管理职能的"附属品"。在以行政权力为中心的一元治理架构下，思想管理的功能被不正常地放大了。思想政治教育成为自上而下地灌输党的方针政策以及行政指示的传声筒，成为你说我听、你打我通的命令式操作。这种思想管理方式，从一定意义上看，是泛政治化、泛意识形态化的国家治理方式在精神生活中的体现，它表面上似乎造成了对主流意识形态的“高度认同”和齐一化的思想秩序，但是却漠视了蕴藏在广大人民群众中的文化权利和创造力，封闭了主流文化、主导意识形态与其他文化意识形态之间互动发展的空间，从本质上是同社会主义文化意识形态发展规律背道而驰的。

（三）文化意识形态体系的变迁与思想政治教育治理功能的调适

注重思想控制和思想管理，是传统社会和计划经济体制下国家管控文化意识形态秩序的重要特征。在这一理念指导下，形成了以单向灌输、意识形态教化为代表的传统思想政治教育模式。而这种模式又是与高度同质化、泛政治化的社会结构特别是文化意识形态结构相适应的。由于社会在文化意识形态方面缺乏充分的分化与对话，因此包容性、开放性不足。改革开放以来，伴随着政治经济结构的变迁，文化意识形态结构呈现出分化发展的趋势。文化意识形态结构的异质化和多元化，使得不同文化意识形态之间的冲突日益激烈，过去那种“包打天下”的文化意识形态体系对社会思想秩序的管控功能逐渐弱化。而在文化意识形态体系的转型和冲突中，社会往往会出现某种精神脱序、道德失范的现象。当下中国社会各种信仰缺失、道德迷失、文化失调等“精神症候群”的出现，无疑昭示了这一点。

社会在精神生活领域里的失序、失范现象，既说明了进行文化意识形态治理的必要性和紧迫性，同时也提出了重构适应现代社会要求的文化意识形态治理体系的时代课题。而这种文化意识形态治理体系，不是对过去那种封闭保守、一元独大体系的简单复制，而应该是一种包容多样、尊重差异、强调对话，同时又具有强大感召力、说服力、吸引力的体系。与这种体系相适应，现代思想政治教育应该发挥在思想文化、意识形态领域里的沟通、凝聚、主导、整合等功能，而不是重新回归到控制、管理的轨道上。以治理为导向的思想政治教育，更加强调自主、平等、对话，而非控制、指令、独白。这既是现代国家治理结构变化的必然要求，又是思想政治教育本质特征的必然体现。思想政治教育既是用马克思主义的文化意识形态武装人民群众的过程，同时也是无产阶级和广大人民群众自我教育、自我管理、自我发展的重要方式。它是用民主说理、协商沟通的方法，使不同社会群体充分地表达利益诉求，协调彼此的利益矛盾和思想冲突，从而形成思想共识、价值认同的过程。而这一过程又是调动社会自身在思想文化和意识形态发展方面自组织能力的过程。因此，从这个意义上说，思想政治教育的本质属性是与社会治理的内在要求相契合的。

改革开放以来，中国共产党不断在文化意识形态建设方面进行探索，不断在思想政治教育的理念、内容、方法等方面进行创新，其实质就是巩固马克思主义主流文化和意识形态阵地，建构中国特色社会主义的文化意识形态体系，从而为国家治理提供强有力的精神支撑和政治保障。思想政治教育要根据国家治理结构、治理需求、治理职能的变化，对其在国家治理体系中的地位进行正确定位，要根据文化意识形态发展的需要，对其在国家治理中的功能进行充分挖掘。一方面，要发挥思想政治教育在文化意识形态建设方面的主导、整合作用，加强主流文化和主导意识形态建设，夯实国家软治理体系的根基，构筑国家软治理体系的内核；另一方面，要适应多元治理、社会自治的新形势，增强思想政治教育对多元文化和多样意识形态的包容性、统摄力，丰富国家软治理体系的内容，拓展国家软治理体系的功能。另外，还要根据现代国家治理体系和文化意识形态体系的发展趋势，不断推进思想政治教育自身的现代化。

二 思想政治教育是国家治理价值体系建设的重要途径

价值体系在国家治理体系中具有重要地位。美国学者普莱特纳指出："如果不努力澄清我们所谓的善治，我们就无法认真地思考治理。"[①]国家治理体系不仅包括治理手段、治理方法、治理技术等工具体系，而且也包括治理目标、治理原则、评价标准等价值体系。前者解决“如何治理”的问题，后者解决“为何治理”的问题；前者涉及治理的工具理性问题，后者则关涉治理的价值理性问题。从两者的关系看，国家治理的价值体系决定着国家治理工具体系运用的方向、原则和标准，国家治理的工具体系

① ［美］马克·普莱特纳：《反思治理》，《国外理论动态》2014 年第 5 期。

则是实现国家治理价值体系的途径、方法和手段。一个国家的治理体系是不是有效，关键取决于其治理工具；而一个国家的治理体系是不是“善治”，关键取决于其背后赖以支撑的价值体系。治理的有效性和治理的价值性都是国家治理体系建设的重要方面，两者不可偏废。

（一）思想政治教育有利于建构和传播国家治理所需的主流价值体系

国家治理需要某种主流价值体系为其提供价值合法性和权威性基础，而这种主流价值体系的形成又离不开国家特别是统治阶级的自主开发、有效汲取和广泛传播。思想政治教育是汲取国家治理价值合法性资源、传播主流价值体系的重要方式。有学者认为，维系中国封建社会帝国治理体系有效运转的结构性特征之一，就是在基本价值方面的全面主导性，这主要体现为儒学作为国家意识形态而成为历代王朝统治的价值基础和合法性依托。①借助统治者的治理理念、各级官员的道德表率、士绅阶层的礼乐教化、科举制的文化传承，儒家价值观得到了自上而下、不断绵延的阐发和生长，为帝国治理提供了来自主流价值体系的强大支撑。新中国成立后，新的政治形态以及经济、社会发展不得不要求新的价值体系的有效支撑，社会主义意识形态承担了这个历史任务。②中国共产党人在推动国家治理体系的历史转型过程中，不仅实现了治理制度体系的根本转换，而且实现了治理价值体系的巨大变革，逐渐破除了沿袭几千年的封建传统治理体系和治理文化，确立了社会主义的治理体系和马克思主义的治理文化。而以传播和内化社会主义主流价值观为目标的思想政治教育，在推动这一历史变革方面发挥了不可磨灭的作用。在中国共产党领导的国家治理体系建设中，思想政治教育发挥着推动主流价值观建设，为国家治理提供价值合法性和权威性基础的重要作用。无论是革命军队的政治工作、执政党的思想建设、新生政权的统一战线工作、改革开放初期的思想解放运动，都反复说明了这一点。

当前，我国治理体系建设正处于关键时期，治理体系的现代化是国家制度建设方面的重要任务，治理价值体系的现代化显得尤为必要和紧迫。习近平指出，推进国家治理体系和治理能力的现代化，必须解决好价值体

① 林尚立：《中国共产党与国家建设》，天津人民出版社2009年版，第16—20页。

② 林尚立等：《政治建设与国家成长》，中国大百科全书出版社2008年版，第263页。

系问题，尤其要加快构建充分反映中国特色、民族特性、时代特征的价值体系。[①] 思想政治教育既要从我国传统和西方的治理文化中汲取有益的价值资源，更要立足于我国的治理实践，探索中国特色社会主义的治理文化，熔铸主流的治理文化价值体系，并将这些优质的价值资源汇聚为指导现代国家治理体系建设的价值依托和精神动力，内化为治理主体和广大人民群众的价值信念和行动指南。

（二）思想政治教育有利于整合和培育国家治理所需的核心价值体系

推动国家治理的价值体系，往往是一个多元、流动的结构，其中核心价值体系发挥着强大的价值整合和价值引领作用，是支撑国家治理价值体系的灵魂。思想政治教育是推进社会主义核心价值体系建设，整合国家治理价值资源的重要方式。当前我国治理体系转型的过程，既是一个国家、社会、公民之间的利益关系深刻调整的过程，同时也是社会价值体系不断变化的过程。随着改革进程的深入推进，不同社会阶层和群体在价值观方面的摩擦、冲突不断显现出来。社会价值体系方面的某些缺失、断裂、扭曲等现象，不仅是我国文化意识形态建设方面的重要问题，而且也成为制约国家治理的“价值瓶颈”，为国家治理提出了深层次的挑战。社会价值体系方面存在的这些问题，不仅会消解国家治理过程中的价值共识，而且会模糊国家治理中的价值导向和价值标准。在此背景下，建构社会主义核心价值体系，培育社会主义核心价值观，以此引领不同价值体系的发展，充分整合国家治理中的价值资源，不仅是一个文化意识形态建设的问题，而且也是一个事关国家治理的重要议题。刘奇葆指出，从推进国家治理体系和治理能力现代化要求看，培育和弘扬核心价值观，有效整合社会意识，是国家治理体系和治理能力的重要方面。[②]推进国家治理体系和治理能力现代化，必须把培育和弘扬社会主义价值体系和核心价值观作为凝魂聚气、强基固本的基础工程，确保国家治理体系的价值取向与核心价值体系相一致。[③]从这个意义上讲，大力倡导社会主义核心价值观，不仅是文

① 《习近平在省部级主要领导干部专题研讨班开班式上发表重要讲话》，《人民日报》2014年2月20日。

② 刘奇葆：《在全社会大力培育和践行社会主义核心价值观》，《人民日报》2014年3月5日。

③ 赵周贤：《以“国之魂”引领“国之制”不断完善》，《求是》2014年第8期。

化建设的重要内容，更是国家治理的制高点。

思想政治教育是传播和巩固社会主义核心价值体系，培育和践行社会主义核心价值观的重要途径。思想政治教育有利于党和政府在准确把握人民群众的根本利益和价值诉求基础上，将其凝练和提升为社会主义核心价值观，并通过各种有效的载体和方式，开展深入持久的核心价值观培育和践行活动，从而整合和引领不同阶层、群体和社会成员的价值观念，为国家治理提供价值主导和价值支撑。将思想政治教育贯穿在国家治理中，还能够引导来自不同领域、阶层的治理主体，自觉地将社会主义核心价值体系融入、内化到治理活动中，毫不动摇地坚持国家治理的社会主义方向，充分彰显国家治理的基本价值目标，从而形成治理效能和治理价值相互促进的正向效应。

（三）思想政治教育有利于凝聚和发展国家治理所需的价值共识

国家治理不仅是不同治理主体利益博弈、利益协调的过程，同时也是价值商谈、价值共识形成的过程。国家治理价值体系的发展，都需要经由一个由多元价值对话走向价值共识形成的过程。从国家治理价值体系的互动发展看，思想政治教育是实现价值沟通、价值对话，凝聚国家治理中的价值共识的重要方式。伴随着治理格局的变化特别是社会治理力量的发展，多元治理成为现代国家治理体系的必然趋势，这就要求执政党和国家必须最大程度地吸纳和整合来自社会各方面的治理资源。现代国家治理价值体系的建构也必须与这种多元治理格局相适应。

其一，现代国家治理价值体系应该体现足够的包容性，思想政治教育有利于在包容与对话中凝聚价值共识。在现代国家治理价值体系中，不同社会阶层、不同治理主体合理的利益诉求和价值诉求，都应该得到平等地尊重和充分地表达。这是充分调动蕴藏在社会自身和人民群众之中的治理资源的基本条件。思想政治教育具有了解民意、吸纳民智、协调矛盾、调解冲突的重要功能，是新时期中国共产党推进协商民主、协商治理的重要手段。它在国家治理中扮演着促进各阶层人民群众诉求表达、利益沟通、价值对话的角色。充分发掘思想政治教育在新时期国家治理价值体系建设中的诉求表达功能、价值商谈功能、协调沟通功能，有利于最大程度地吸纳和汇集不同层面、不同层次的治理诉求，激发社会自身的治理活力，促进自治和共治，形成治理的最大公约数，从而推动包容性治理的发展。

其二，现代国家治理价值体系还应该有一定的超越性，思想政治教育有利于在超越与引领中发展价值共识。多元治理必然包含着多元的利益表达、多元的沟通渠道、多元的协商机制，也必然包含着利益差别、价值冲突。如果缺乏一种超越差异、凝聚共识的治理价值体系，社会就有可能陷入恶性的治理博弈中，导致治理内耗的产生甚至治理失败的悲剧。杰索普认为，治理失败的风险来自各种治理力量不能在谈判与反思过程中达成共同目标。[①] 要达致差异化基础上的治理共识，必须使治理各方在共同的利益、意愿、价值观等问题上形成最广泛的认同，超越个别或局部利益的分歧。思想政治教育是利益协调和沟通的重要方式，同时也是开展价值对话、发展价值共识的重要手段。思想政治教育在国家治理中不仅是利益的调解器、冲突的缓冲器，同时也是价值的整合器、共识的发生器。思想政治教育不仅能够帮助不同群体在协商沟通过程中寻求到利益和价值观的共同点、汇聚点，谋求治理共识，而且能够用整体利益、长远利益、集体价值、社会价值引领人们超越狭隘的利益观和价值观，实现共同的治理愿景，最终达致善治。

三　思想政治教育是提升国家治理能力和国民素养的重要方面

国家治理体系不仅包括物的要素，而且也包括人的要素。治理主体的能力和国民素养的状况，直接决定着治理成败和治理效果。在国家治理体系和治理能力现代化过程中，人的现代化也是不可或缺的组成部分。美国学者科恩认为，一个国家方方面面的治理水平，如法院与立法机关的表现、媒体的表现、公民对宪法的尊重程度等，归根结底都取决于“公民的特性”[②]。而国民素质的现代化，很大程度上离不开符合现代化要求的思想政治教育。思想政治教育是开发国家治理中的人力资源，提升国家治理能力和国民素养的重要实践活动。

---

① ［英］鲍勃·杰索普：《治理的兴起及其失败的风险：以经济发展为例的论述》，《国际社会科学杂志》1999 年第 1 期。

② ［美］卡尔·科恩：《论民主》，聂崇信等译，商务印书馆 1988 年版，第 172 页。

（一）思想政治教育是提升执政党和政府治理能力的重要方面

一个国家要实现善治，首先必须实现善政。[①] 而善政要求我们有一个强有力的执政党和优质政府。实现优质政府的关键，是必须有一支高素质的政府工作人员队伍，无论是在道德素质还是在文化素养和专业能力方面，政府官员都应当是社会中一个较高素质的群体。在中国古代的治国理念中，视“修身”为“齐家”“治国”之前提，特别强调用清正廉明的政治文化加强官员自身德性修养的重要性，甚至将国家兴衰之命运系于官员身上。现代西方治理理论亦将政府官员的清廉指数作为衡量国家治理能力的指标之一。这些都说明了政治精英、政府官员的治理素养在国家治理能力中的关键作用。在中国，中国共产党的领导对国家现代化发展和国家治理具有决定性的作用，这一点已经被历史和现实反复证明。依法治国，关键在党。党的领导、现代化发展和国家治理具有内在的一致性，党的领导作用的发挥决定着国家建设的全局与长远。[②]

从思想上建党，是中国共产党发展的重要历史经验和基本原则。邓小平指出：“改善党的领导，其中最主要的，就是加强思想政治工作。”[③] 在中国共产党领导人民治理国家的历史进程中，思想政治教育一直是加强党的建设，巩固执政基础，对党员干部进行执政理念、执政价值观、执政方法等方面教育的重要途径。在全面深化改革的新时期，党所面临的执政环境更加复杂、执政任务更加繁重，进一步推进党的执政能力建设和执政方式的现代化，成为提升国家治理能力、促进国家治理体系现代化的关键。习近平在省部级主要领导干部学习贯彻三中全会精神专题研讨班上指出，只有以提高党的执政能力为重点，尽快把我们各级干部、各方面管理者的思想政治素质、科学文化素质、工作本领都提高起来，尽快把党和国家机关、企事业单位、人民团体、社会组织等的工作能力都提高起来，国家治理体系才能更加有效运转。[④] 开展以领导干部为重点对象的思想政治教育，有利于增强党员干部的理想信念，提高党员的思想道德素质，巩固党

---

① 俞可平：《增量民主与善治》，社会科学文献出版社 2005 年版，第 146—152 页。

② 林尚立等：《政治建设与国家成长》，中国大百科全书出版社 2008 年版，第 31 页。

③ 《邓小平文选》（第二卷），人民出版社 1994 年版，第 365 页。

④ 《习近平在省部级主要领导干部专题研讨班开班式上发表重要讲话》，《人民日报》2014 年 2 月 20 日。

的思想理论基础，从而不断提升中国共产党治国理政的能力。

（二）思想政治教育是促进国民素养现代化的重要方面

实现国家治理体系现代化和社会全面现代化的条件之一，就是必须有具备现代意识和现代素养的公民。思想政治教育是培育公民意识、模塑公民品格，促进政治文化与国民素养现代化的重要方面。美国社会学家英格尔斯认为："人的现代化是国家现代化必不可少的因素。它并不是现代化过程结束后的副产品，而是现代化制度与经济赖以长期发展并取得成功的先决条件。"① 国家治理体系的现代化，需要每一个具体的公民来参与，其实现程度和推进程度都与人的现代化状况密切相关。人的现代化是国家现代化的轴心和内核。没有人的现代化，治理体系现代化只能是空中楼阁。

由于复杂因素的影响，我国的国民素养状况与现代化要求之间仍然存在不小的差距，人的现代化在中国现代化过程中面临着更加复杂的挑战。要彻底消除中国历史上所形成的臣民文化和公众对公共事务漠不关心的政治心理的消极影响，实现公民文化、公民人格的现代转化，仍然需要一个长期的过程。千年传递的"皇权观念"、无处不在的"官本位"、单位体制中极为强健的权力型行政文化和时常被片面利用的所谓"组织观念"，都与臣民文化有着千丝万缕的联系，② 同时也构成了国家现代化进程中的消极因子。在一个公共精神孱弱的社会，在公民文化不易生长的地方，国家治理的行政代价必然极为高昂。在中国现代化进程中，培育公民文化、营建公民社会，必须认真治理臣民文化，对公共管理中的"臣民治理"模式进行彻底的变革。③因此，培育与现代治理文化相适应的现代公民，推进人的现代化，是国家治理体系和治理能力现代化的迫切任务。在我国，人的现代化目的，就是培育有理想、有道德、有文化、有纪律的社会主义新人。人的现代化建设，与社会主义精神文明建设紧密相连。人的现代化建设要靠精神文明建设来带动。思想政治教育是精神文明建设的重要内容，是培育"四有"新人，实现公民素质和公民人格现代化的重要

① ［美］英格尔斯：《人的现代化》，四川人民出版社 1985 年版，第 8 页。

② 秦德君：《中国公民文化：道与器》，东方出版中心 2011 年版，第 51 页。

③ 同上书，第 54 页。

方式。

（三）思想政治教育要为国家治理培养社会主义新型公民

通过提升公民的思想道德素质，培育现代公民，使每一个公民都成为推动国家治理和国家建设的社会主义新型公民，是现代化语境下思想政治教育的重要功能。在新的历史条件下，思想政治教育要根据国家治理体系现代化的趋势和要求，首先实现自身的现代化，积极探索与现代治理文化相适应的教育理念、教育内容和教育方式，着力使公民形成与现代化相适应的思维方式、价值观念、行为方式，积极而有序地参与公共生活。

首先，思想政治教育要为国家治理培养积极公民。有学者指出，公民参与是实现善治的必要条件，所有民主的价值和意义，只有通过公民参与才能真正实现。只有通过公民参与，民主政治才能真正运转起来。[①] 思想政治教育应着力培育社会主义的积极公民，激发人民群众参与国家治理的积极性、自主性，不断提升他们的政治素养和技能，从而更好地参与公共事务、共同管理国家。马克思主义的思想政治教育，旨在为社会主义的国家治理培养具有主体意识和现代素养的新型公民，为人民真正当家做主、行使管理国家的权利提供思想政治基础。列宁曾指出："无产阶级的或苏维埃的民主不是把重心放在宣布全体人民的权利和自由上，而是实际保证那些曾受资本压迫和剥削的劳动群众能实际参与国家管理，实际使用最好的集会场所、最好的印刷所和最大的纸库（储备）来教育那些被资本主义弄得愚昧无知的人们，实际保证这些群众有真正的（实际的）可能来逐渐摆脱宗教偏见等等的压迫。"[②] 从这个意义上说，思想政治教育是型塑社会主义新公民的重要实践活动。要通过思想动员、政策引导、实践参与等多种方式，使公民真正具有当家做主的主人翁意识，保持高涨的参与热情，成为积极公民。

其次，思想政治教育要为国家治理培养责任公民。国家治理既需要积极公民，也需要责任公民。培育责任公民的要义在于法治精神、规则意识的养成，从而推动其有序地、负责任地参与国家治理和社会建设。要通过法制教育、制度规约等方式，努力培育公民的法治意识，使"有序参与"

① 俞可平：《思想解放与政治进步》，社会科学文献出版社 2008 年版，第 225 页。

② 《列宁选集》第 3 卷，人民出版社 1995 年版，第 745 页。

的观念深入人心，使公民养成自觉遵守国家法律的习惯，从而使公民的社会参与符合宪法和法律的规范，成为守法公民和责任公民。

最后，思想政治教育要为国家治理培养道德公民。当前，重利轻义、道德冷漠、诚信缺失等道德疲软现象，不仅成为一个严重的道德问题，而且也成为公共生活治理的迫切问题。公共生活的治理是国家治理的重要方面。它离不开公民对公共规则、公共伦理的遵循，离不开公民对公共精神、公共道德的敬畏，也离不开社会对公共素养、公共文化的培育。要解决当前我国公共生活中的治理难题，必须加强公民道德建设，培育与现代化相适应的道德公民，从而为国家治理提供道德支撑。思想政治教育要在涵养公民道德品质，推进公民道德建设方面发挥更加重要的作用。

综上所述，思想政治教育不仅是国家治理体系的有机组成部分，而且也是提升国家治理能力的重要方式。国家治理体系和治理能力的现代化，需要思想政治教育发挥更加积极的作用，同时也提出了思想政治教育现代化的现实课题。思想政治教育必须紧密结合国家文化意识形态建设、社会价值体系建设、人的素质建设等重大现实问题，回应国家治理现代化进程中的热点、难点问题，从而充分彰显思想政治教育在国家治理中的功能。

（作者单位：武汉大学马克思主义学院）

国家治理与依法治国

在法治轨道上推进国家治理现代化

刘武俊

在法治轨道上推进国家治理现代化，应当成为理论界的基本共识，应当纳入建设法治中国和推进国家治理现代化的路线图。从一定意义上讲，法治体系的完善程度、依法治国的能力水平和进展快慢等都与国家治理体系和治理能力现代化成正比，法治体系越完善、依法治国能力水平越高、越有序推进，那么国家治理体系和治理能力现代化的推进也就会越顺利、效果越明显。相反，法治建设领域存在的问题越突出、依法治国进程越徘徊滞后，那么国家治理体系和治理能力现代化的推进也就会阻力重重。一般而言，国家治理现代化领域存在的不少问题都可以在法治领域找到相应的症结或者病灶，推进国家治理现代化就必须直面和解决法治建设领域的突出问题。尽管从党的十五大提出“依法治国”基本方略至今 17 年以来，我国在法治建设上取得了有目共睹的成就，不过，我们也必须清醒地认识到，当前依然存在诸如立法质量欠佳、法律漏洞缺失、社会法治观念比较淡薄等问题，官员权力滥用、司法不公等严重个案问题时有发生，领导干部干预司法问题突出，司法责任追究制度难以落地等，全面推进依法治国的任务依然任重道远。

在法治轨道上推进国家治理现代化，让法治成为促进国家治理现代化的引擎，是一个非常复杂而又精细的系统工程。笔者认为，要围绕建设社会主义法治体系，着力从树立与国家治理现代化相适应的科学的法治观、打造法律体系升级版、加快建设法治政府、深化司法改革维护司法公正、提高普法实效推动全社会树立法治意识等关键环节入手，凝聚共识形成合力。

一 树立与国家治理现代化相适应的科学的法治观

在法治轨道上推进国家治理现代化，让法治成为促进国家治理现代化的引擎，首先必须树立与国家治理现代化相适应的科学的法治观。法治就是良法善治，法治的基本内涵，就是党的十八届四中全会提出的“形成完备的法律规范体系、高效的法治实施体系、严密的法治监督体系、有力的法治保障体系，形成完善的党内法规体系，坚持依法治国、依法执政、依法行政共同推进，坚持法治国家、法治政府、法治社会一体建设，实现科学立法、严格执法、公正司法、全民守法，促进国家治理体系和治理能力现代化”。法治建设的基本路径就是“三个共同推进、三个一体建设”的原则，亦即“坚持依法治国、依法执政、依法行政共同推进，建设法治国家、法治政府、法治社会一体建设”。

科学的法治观，要求高度重视法治在国家治理体系中的重要地位和作用。所谓国家治理体系主要是指党领导人民管理国家的制度体系，包括经济、政治、文化、社会、生态文明和党的建设等各领域的一系列制度安排和法律安排。在全面推进依法治国进程的时代背景下，国家治理能力主要是指运用法治思维和法律制度治理国家和社会各方面事务的能力。现代化的国家治理体系是以法治为基础建构的，更加强调对公共权力的合理配置和依法制约，把治理纳入法治轨道，按照法定权限和法定程序进行治理。

在现代社会，法治是治理的基本方式。无论是国家治理、政府治理还是社会治理，其基本方式必然是法治，是法治轨道上的治理，是重视运用法治思维和法治方式的治理。法治的可预期性、可操作性、可救济性等优势在治理上具有其他手段所不具备的优势。国家生活和社会生活制度化、规范化、程序化运行的法治程度，是衡量国家治理体系和治理能力现代化的重要指标。

国家治理体系首要的是建立制度体系、规则体系和法律体系，建立一套科学、合理的公共权力体系，依法科学配置公共权力。法治是推进国家治理体系和治理能力现代化的强有力的引擎，国家治理应当纳入理性的法治轨道。

科学的法治观要求始终坚持“市场经济就是法治经济”的逻辑和理念，更加自觉地运用法治思维和法律手段解决市场经济发展中的深层次矛盾和突出问题，正确处理好政府与市场、政府与社会的关系。市场经济的本质是法治经济，行政权力必须在法律和制度的框架内运行，同时也要依法规范企业、社会组织和个人的行为。简政放权，关键就是要处理好政府与市场、政府与社会的关系，把该放的权力放掉，把该管的事务管好，激发市场主体创造活力，增强经济发展内生动力，把政府工作重点转到创造良好发展环境、提供优质公共服务、维护社会公平正义上来。

科学的法治观要求在全面深化改革的进程中，克服将改革与法治对立起来的错误观念，树立“凡属重大改革都要于法有据”的依法改革观念，善于运用法治思维和法治方式依法推进改革。这就要求切实加强立法工作，确保改革事业在法治轨道上推进，用立法及时巩固改革的成果。需要修改法律的可以先修改法律，先立后破，有序进行；重要改革举措需要得到法律授权的，必须按法律程序进行。

二　打造与国家治理现代化相适应的法律体系升级版

在法治轨道上推进国家治理现代化，让法治成为促进国家治理现代化的引擎，就需要进一步提高立法质量，打造与国家治理现代化相适应的法律体系升级版。党的十八届四中全会提出，完善以宪法为核心的中国特色社会主义法律体系；法律是治国之重器，良法是善治之前提。建设中国特色社会主义法治体系，必须坚持立法先行，发挥立法的引领和推动作用，抓住提高立法质量这个关键。要恪守以民为本、立法为民理念，贯彻社会主义核心价值观，使每一项立法都符合宪法精神、反映人民意志、得到人民拥护。要把公正、公平、公开原则贯穿立法全过程，完善立法体制机制，坚持立改废释并举，增强法律法规的及时性、系统性、针对性、有效性。这意味着，促进国家治理现代化，必须发挥立法的引领和推动作用，抓住提高立法质量这个关键。

法治的基本含义是“良法善治”。《决定》强调“法律是治国之重器，良法是善治之前提”。“良法”是实现法治的基本条件。尽管中国特色社会主义法律体系已经形成，而完善这一法律体系依然任重道远。以市场经济法治建设为例，完善与市场交易有关的民商事法律，尤其是加快民法典的制定势在必行。新时期的立法工作将致力于打造中国特色社会主义法律体系升级版，提高立法质量、实现科学立法将是打造升级版的关键所在。

立法是分配和维护社会正义的第一道防线，提高立法质量，维护立法公正，防止部门利益法治化，是全社会对立法工作的共同期待，也是打造法律体系升级版的基本思路。法律质量的优劣，这个笼子是否牢靠、这道防线是否坚固，直接关系到法律的权威、尊严和公信力。法律质量的优劣，立法部门说了不算，还是要听人民群众的，以民意满意度为首要标准。当前在立法领域依然面临一些突出问题，如法律法规的针对性、可操作性还不够强，立法效率需要进一步提高，立法的部门化倾向和地方保护主义、争权诿责现象突出。

立法质量的衡量标准主要是确立的制度是否彰显民意、符合实际、符合国情社情；规定是否明确、具体，有可操作性；规定是否有针对性，能解决实际问题；法律之间是否衔接、互相协调；法律规范是否处理好了权利义务关系等。简而言之，立得住、行得通、切实管用的法律就是高质量的法律，就是优法、良法。

法律草案公开征求民意，扩大人民群众有序参与立法，是提高立法质量的重要条件。党的十八届四中全会提出，深入推进科学立法、民主立法，完善立法项目征集和论证制度，健全立法机关主导、社会各方有序参与立法的途径和方式，拓宽公民有序参与立法途径。全国人大常委会就环境保护法修订草案两次公开征求意见，这在立法史上还是头一次。这一做法就是充分吸纳民意的体现。扩大公众对立法的有序参与，除了扩大一般群众对立法的参与，也要适当扩大专家学者、学术团体、高等院校、科研院所等智囊团对立法的参与，尤其是一些专业性较强的立法工作，确保实现科学立法。不仅让相对利益超脱的中立的第三方作为立法后评估主体，也要让第三方提前介入作为立法起草主体、立法论证主体。

民意是衡量立法科学与否、公正与否的首要标准。所立之法是不是"良法"，立法质量如何、立法公正与否，不能由立法机关自己说了算，而应接受科学的立法民意测评。笔者建议，立法民意测评应该制度化、常态化、标准化和规范化，在国家立法和地方立法工作中广泛推广。建议有关部门制定法律法规民意测评的评估指标体系，将评估工作定量化、精细化和指标化，同时参与民意测评的民间人士要尽量多吸纳一些律师、法学家等法律界人士以及相关专业人士、利益相对人参与，以使民意测评更为科学和专业。

目前，《立法法》的修订已经提上议事日程，建议全国人大将近年来积累的好的立法经验吸纳进《立法法》，以法律的形式固定下来常态化。在十二届全国人大常委会立法规划中，《立法法》的修改排在首位。诸如法律草案出台前评估、网上二次公开征求意见等，都是提高立法质量的重要经验，可以通过修改《立法法》固定下来，成为具有法律效力的立法规范。

制定出彰显民意、民众认同，好用、管用、解决问题的"良法"，这是社会各界对进一步提高立法质量的殷切期待，也是从法治轨道上推进国家治理现代化的基本前提。

三 深化司法改革，筑牢国家治理的司法防线

司法是维护社会公平正义的最后一道防线，也是国家治理的重要防线。党的十八届四中全会提出，公正是法治的生命线。司法公正对社会公正具有重要引领作用，司法不公对社会公正具有致命破坏作用。必须完善司法管理体制和司法权力运行机制，规范司法行为，加强对司法活动的监督，努力让人民群众在每一个司法案件中感受到公平正义。

值得欣慰的是，新一轮司法体制改革正在紧锣密鼓地推进之中，上海等地的司法改革试点也已拉开序幕且亮点频出。

笔者认为，司法改革的核心目标就是要勘定司法权力的边界，规范权力的运行，让审判的归审判、行政的归行政，司法必须去行政化和去地方化。期待司法改革试点在宪法和法律的框架内沿着法治的轨道遵循司法规律顺利推进、依法推进，真正革除影响公正司法的体制之弊，让人民群众在每一起司法案件中都感受到公平正义。

新一轮司法体制改革必须坚持从国情出发，尊重司法规律、遵循司法规律，在承继中国法律文化、借鉴人类法治文明的基础上，探索建立并不断完善中国特色社会主义司法制度，科学的司法规律是司法改革必须遵循的基本路径，违背司法规律的改革容易走弯路甚至误入歧途。相对于前几轮司法改革，新一轮司法体制改革终于回归体制的轨道，真正触及体制问题，而不再局限于工作机制的改革，比如人财物由省级法院统一管理，就是司法体制上的一个重大变化。

开展司法改革试点是探索司法规律和积累改革经验的有效途径。2014年6月，中央决定就完善司法人员分类管理、完善司法责任制、健全司法

人员职业保障、推动省以下地方法院检察院人财物统一管理这四项改革，在东、中、西部选择上海、广东、吉林、湖北、海南、青海六个省市先行试点，为全面推进司法改革积累经验。作为司法改革试点中的唯一直辖市，上海的司法改革试点颇为引人关注。上海司法改革试点工作有望形成可复制、可推广的经验，为全国的司法体制改革担当“探路先锋”。

司法人员分类管理是司法人力资源合理配置的基本要求，既要考虑司法人员的特殊职业属性，也要符合人力资源配置的科学性和经济性。所谓分类管理，就是将司法机关工作人员分成三类：法官、检察官；法官助理、检察官助理等司法辅助人员；行政管理人员。不同的类别扮演不同的角色，履行不同的职责。设置法官助理，可以把法官从繁杂的事务性工作中解脱出来，真正集中精力一心审案。以前法官做一些接见当事人、调解、整理文件等大量事务性工作，现在都由法官助理来承担。实行员额制，就是将法官、检察官的数量控制在一定的合理比例范围。上海提出法官、检察官要缩减至员工总数的33%，剩余52%的人将成为司法辅助人员，15%的人将成为行政管理人员。这样的员额制比较科学合理，意味着可以确保85%的司法人力资源直接投入办案工作。分类管理和员额制无疑是上海司法改革试点的一大亮点，但也是说起来容易做起来难的难点。

与此同时，实行法官、检察官单独职务序列管理，法官、检察官将主要从一线法官助理、检察官助理中择优选任。上级司法机关的法官、检察官主要从下级司法机关中择优遴选。值得关注的是，上海版司法改革方案提出法官、检察官也可以从优秀的律师、法律学者等专业人才中公开选拔或调任，这就为优秀的律师和学者进入司法官队伍打通了制度化的通道，为构建良性互动的法律职业共同体创造了有利条件。

行使司法权的法官、检察官不同于一般的行政类公务员，不能照搬一般公务员的管理模式。对法官、检察官应当实行单独职务序列管理，提供符合法官、检察官职业属性的晋升通道和职业待遇。法官、检察官不必都要去做行政领导，只要安心把案件办好办精，就可以获得晋升和选升，享受相应的职业待遇。高等级法官、检察官掌握对办案的主导权，其工资待遇也可以高于院长、检察长。正如高校的知名教授其工资待遇完全可以超过校长。

实行主审法官责任制，体现了审判权力的权责统一原则，既让主审法官真正全权负责案件审判，也同时承担相应的责任，真正实现“让审理者裁判、由裁判者负责”。主审法官责任制是形成权责的司法权力运行机制的重要制度设计。主审法官责任制要求在适用简易程序审理案件中，主审法官依法对案件审理全程、全权负责；在合议庭审理案件中，主审法官承担除应当由合议庭其他成员共同担责部分之外的所有责任。主审法官责任制就是要把审判权集中到优秀法官手中，构建以主审法官为中心的审判团队，实现让审理者裁判、由裁判者负责。主审法官应当对办案质量终身负责，一旦出现错案，将追究主审法官的责任。

司法改革不能搞“一刀切”，而要坚持从实际出发，尊重基层首创精神，鼓励在具体措施上积极探索实践。各地要根据中央统一部署，结合不同地区、不同层级司法机关的实际情况，分类分层研究提出具体实施方案，不搞一刀切、齐步走。

以法官员额制为例，各地法官员额制不能照搬上海的比例，而需要根据当地的人口数量、经济发展水平、案件数量、案件的复杂难易程度、法官办案量的生理承受极限等确定每名法官的工作量，进而根据案件总量确定法官员额。同时还要考虑到经费装备、交通环境条件等因素。各个具有代表性的试点地区要根据本区域的实际情况在确定员额标准上下功夫，设定富有弹性的员额确定方案，而非统一确定员额设置比例，避免用指标式“一刀切”的办法确定法官员额。

司法改革必须依法推进。要强化依法改革的观念，树立“凡属重大改革都要于法有据”的依法改革观念，善于运用法治思维和法治方式依法推进司法改革，确保司法改革事业在法治轨道上推进，用立法及时巩固司法改革的成果。习近平同志曾在主持召开中央全面深化改革领导小组第二次会议时强调，“凡属重大改革都要于法有据”。与法律制度密切相关的新一轮司法体制改革，同样必须恪守“于法有据”这一原则，绝不能以改革的名义抛开法律另搞一套。司法改革要依法进行，在法治的框架内推进，以立法的形式赋予司法改革的合法性、确立司法改革的重大举措和巩固司法改革的重大成果。

司法改革必须依宪进行、依法进行、于法有据，不能随意突破宪法和法律的规定，司法改革与立法保障和法律的立改废必须同步进行、协调推进。推动省以下法院、检察院人、财、物统一管理，探索建立与行政区划适当分离的司法管辖制度，对于破除司法地方化无疑具有积极意义，但的确与现行《宪法》的一些规定存在冲突。现行《宪法》规定，地方各级人民代表大会产生各级人民法院院长、人民检察院检察长，这里规定的“各级”是指县、市、省三级，不是专指省级，如果实行地方法院、检察院人、财、物省级统管，那么地方的人民代表大会是否还拥有地方人民法院院长、人民检察院检察长的任免权？建议在不违背现行《宪法》的前提下，修改《人民法院组织法》《人民检察院组织法》《地方各级人民代表大会和地方各级人民政府组织法》中有关法院院长、检察院检察长提名权的相关规定，从提名权而非任免权角度推进改革，由省级法院、检察院统一行使县、市法院院长、检察长的提名权。

本轮司法改革方案如有涉及《公务员法》《法官法》《人民法院组织法》《人民检察院组织法》等，必须在统筹相关法律修改之后再予以改革。例如，现行《公务员法》已将法官纳入普通公务员进行管理，而本轮司法改革明确提出将法官按有别于普通公务员的制度进行管理，建议抓紧修订《公务员法》等相关法律为司法改革扫清法律障碍。在司法改革试点过程中，有关部门应及时就改革所触及的法律修改问题向立法机关提出意见，或者取得立法机关对改革试点单位的法律适用授权，以确保司法改革在法律框架内推进并取得预期效果。

司法责任制必须落实到位。完善司法责任制是本轮司法改革四项改革的重要内容之一，落实司法责任制尤其是建立领导干部干预司法活动、插手具体案件处理的记录、通报和责任追究制度尚未真正到位，缺乏相关的具体规定。

党的十八届四中全会明确提出建立领导干部干预司法活动、插手具体案件处理的记录、通报和责任追究制度。这一制度可以有效保障司法权力依据法定程序在不受外界不当干预的阳光环境下顺畅运行，对于“确保依法独立公正行使审判权、检察权”具有极其重要的现实意义。不当干预司法之风，已经严重影响了司法的公信力。老百姓对形形色色的说情、走后门等不当干预司法之风深恶痛绝、怨声载道。对违反法定程序干预司法个案的单位和人员，无论级别多高的领导、即便是办案司法机关的内部领导，都应当一视同仁登记备案，予以公开曝光、公开通报，予以坚决问责，否则就无从维护依法独立公正行使审判权、检察权这一宪法原则的严肃性。一旦将违反法定程序干预司法的登记备案通报制度和责任追究制度真正落实到位，对说情和干预司法现象动真格的，像中纪委通报违纪干部一样在司法系统公开曝光和通报一批违法干预司法审判活动的单位和人员名单，那么干涉司法的歪风邪气必然会明显收敛，司法环境必然得到有效的治理。

力推司法公开，实现阳光司法，是司法改革的基本要求。以裁判文书公开为例，裁判文书就应当上网公示，接受公众的检阅和评价。除法律有特殊规定的以外，生效裁判文书应当全部上网。裁判文书是司法领域的公共产品，承载着促进司法公正、统一法律适用、开展法制教育等多重功能。每一份上网的裁判文书都是正在接受网民拷问和检阅的司法考试答卷。裁判文书上网公布，让亿万网民“围观”，其实是司法机关接受广大网民监督和拷问的开放性司法考试，也是对司法公正的考验和司法能力的考核。从这个意义上讲，裁判文书上网堪称倒逼司法公正的网络推手，司法公正需要这样的网络推手。一般而言，越复杂的案件社会关注度越高，越应充分满足公众对案件审理的知情权，越应主动接受社会的监督。越复杂的案件受到说情、施压等不正当干扰的可能性越大，司法机关内部协调甚至暗箱操作的可能性也越大。越复杂的案件法官自由裁量权也越大，夹杂法官个人主观臆断、私欲私情的可能性也越大。因此，唯有更加强调公开，才能排除各种不正常因素的干扰，保证复杂疑难案件真正自始至终得到公正的审理。

四 深入推进依法行政，加快建设法治政府

法律的生命力在于实施，法律的权威也在于实施。各级政府都是行政执法主体，有责任保证法律严格实施。

依法行政原则要求各级行政机关不得法外设定权力，没有法律法规依据不得做出减损公民、法人和其他组织合法权益或者增加其义务的决定。依法行政原则要求健全依法决策机制，把公众参与、专家论证、风险评估、合法性审查、集体讨论决定确定为重大行政决策法定程序，建立行政机关内部重大决策合法性审查机制，未经合法性审查或经审查不合法的，不得提交讨论。推行政府法律顾问制度，充分发挥法律顾问在制定重大行政决策和督促依法行政中的作用。依法行政原则要求建立重大决策终身责任追究制度及责任倒查机制，对决策严重失误或者依法应该及时做出决策但久拖不决造成重大损失、恶劣影响的，严格追究行政首长、负有责任的其他领导人员和相关责任人员的法律责任。

决策是一种非常重要的公权力，必须从法定程序、追责制度、追责措施等方面把政府的决策权关进制度的笼子里。重大决策必须增加公众参与，真正做到凡是涉及群众切身利益的决策都要充分听取群众意见，凡是损害群众利益的做法都要坚决防止和纠正；重大决策也应当纳入政治协商程序，政府重大决策出台前向同级人大报告，接受人大的监督或审查，都有利于提高重大决策的民主性、科学性，最大限度地避免决策失误。重大决策终身责任追究制度和责任倒查机制贵在落实，从技术上讲并不存在问题，只要将重大决策的每一道程序和环节、每个决策者实际的指令和作用都客观地记录在案，将来一旦发生重大责任事故自然就有迹可循、有案可查，关键是要不折不扣地落实到位，不能因为责任人的所谓背景或者关系网而使得责任追究制度和责任倒查机制出现人为的“失灵”。

五 强化全社会法治意识，为促进国家治理现代化营造法治氛围

党的十八届四中全会提出，法律的权威源自人民的内心拥护和真诚信仰。人民权益要靠法律保障，法律权威要靠人民维护。必须弘扬社会主义法治精神，建设社会主义法治文化，增强全社会厉行法治的积极性和主动性，形成守法光荣、违法可耻的社会氛围，使全体人民都成为社会主义法治的忠实崇尚者、自觉遵守者、坚定捍卫者。推动全社会树立法治意识，深入开展法治宣传教育，把法治教育纳入国民教育体系和精神文明创建内容。这对新时期的法治宣传教育提出了更高的新要求，要求普法宣传更加注重实效，重在强化全民尤其是各级领导干部的法治思维，坚决克服“权大于法”的人治思维，提高领导干部运用法治思维和法治方式的能力，进而提升全社会的法治意识。

2014 年 8 月，备受瞩目的“镇政府起诉县政府”案一审镇政府胜诉。湖南益阳镇政府为 6000 亩渔场所有权告县政府，这一全国罕见的案件引发了各方关注和赞赏，有学者甚至称之为体现国家法治建设进步的标志性事件。南县法院对此案做出一审判决：撤销被告南县县政府和南县国土资源局颁发给三渔场的《集体土地所有权证》，并判令被告在判决生效后重新做出具体行政行为。当地主要领导益阳市市委书记魏璇君对此评论，官告官是法治进步，地方政府要特别重视运用法治的手段来解决好人民群众

最关注的权益保障问题。

以打官司的方式化解基层矛盾，应当成为常态而不仅仅是特例。下级政府依法起诉上级政府是政府依法行政的标志性事件，是运用法治思维和法治方式解决纠纷的具体实践，有望进一步激活行政诉讼在基层治理中的正能量。这一典型案件表明：诉诸法律比行政干预、行政调解更加规范公正，有利于基层问题和纠纷的解决。

提高全社会的法治意识是依法治国的一个基本要求。建设法治社会必须营造“全民信法、全民守法”的社会氛围。无论是各级领导干部，还是普通百姓，都应当养成通过法律途径解决问题、运用法治思维和法治方式解决问题的良好习惯，如此循环往复，整个社会“学法、尊法、守法、用法”的良好氛围就自然会蔚然成风。

在法治轨道上推进国家治理现代化，必须让法治成为促进国家治理现代化的强有力的引擎，从树立与国家治理现代化相适应的科学的法治观、打造法律体系升级版、加快建设法治政府、深化司法改革维护司法公正、提高普法实效推动全社会树立法治意识等关键环节入手，实现科学立法、严格执法、公正司法、全民守法，凝聚共识形成合力，那么“法治中国”的宏伟蓝图终将成为现实，国家治理现代化的愿景也终将得以实现。

（作者单位：司法部《中国司法》杂志社）

以“国家治理现代化”为取向推进全面改革

——从“60 条”精神到“法治化”要领的解读

贾　康

在我国全面推进改革过程中带有顶层规划意义的《中共中央关于全面深化改革若干重大问题的决定》（以下简称《决定》）公布之后，各方感觉这一“60 条”文件新意扑面，国内外好评如潮。大家都在学习理解整个决定的精神实质。其中，改革的操作举措排列起来多达几百条，但如果说最浓缩、不可忽视的精神实质，我领会应是三个概念合在一起的一个最重要的逻辑联结。

一　第一个概念是“现代国家治理”

——《决定》中表述为“国家治理体系和治理能力的现代化”

“现代化”是一个基于比较的取向，是世界民族之林横向比较才能得出的判断和结论，中国作为文明古国落入越来越丧失现代特征、越来越落伍的境地，是在鸦片战争之后，一路积贫积弱、被动挨打、内忧外患，甲午惨败后，又有很快失败的戊戌变法。再至 20 世纪，百年间出现了三件大事：第一件大事是辛亥革命，推翻千年帝制，孙中山先生作为当时的政治领袖，有一个非常清晰的取向，叫“振兴中华”。这是明显带有现代化取向的愿景表述，而且孙先生还有具体的一套建国大纲，高瞻远瞩又务实地设计了三个阶段“走向共和”：军政——扫平各路军阀以强力打出一个统一基础；训政——开发民智，提升国民素质，让百姓知道民主法治为何物；宪政——革命党功成身退，最后还权于民实现共和。但是很遗憾，孙先生身后，很快陷入了内战、军阀混战，还遭遇外族入侵，曾走到了亡国灭种的边缘。第二件大事是1949年中华人民共和国成立，这解决了孙先生所说的三民主义的第一条——“民族”，在中华基本版图上一个清晰的民族国家框架形成、站立起来了，摆脱内战后一旦站稳脚跟，便迅速开展大规模经济建设——以“一五计划”为标志，逻辑上是要解决“民族”之后的第二条：“民生”与发展的问题，但其后的进程曲折坎坷。第三件大事是改革开放，同时确立了“三步走”现代化战略，这才在种种铺垫因素之上，真正进入解决“民生”的实质性阶段。2000年的前“两步走”战略目标提前实现，我们基本解决了温饱问题，下一个阶段性目标是2020年在民生上实现“全面小康”，社会生活中也合乎逻辑地包含着三民主义的另一条——“民权”概念——真正解决人民群众“当家作主”的问题，要靠“依法治国”“依宪行政”体系的建立来实现。

共产党人执政阶段，对于实现现代化的历史性、战略性取向，其实是坚定不移的。启动“一五计划”之后，毛泽东主席曾经在1956年前后反复讨论怎么样发展更快更好些，他就是在讨论过程中形成了《论十大关系》。在1956年听取财政部党组汇报时，他明确指出必须建立财政部的科研所，培养自己的专家，培养一批博士，几十年以后这已成为现实。他说搞社会主义必须发展起来，如果搞了多年社会主义，还是没能发展起来，是要被开除“球籍”的。1964年后，告别了“三年困难时期”，在人民代表大会上，周恩来总理明确宣布了总体奋斗目标，即本世纪末（指2000年）我们要实现工业、农业、国防和科学技术的现代化，简称“四个现代化”。这样的目标引领，确实对全体社会成员产生了莫大的影响，明确地给大家一个向往，给人民一个盼头。但后来非常遗憾进入了“文化大革命”，但即使在“文化大革命”之中，1975年年初召开五届人大，毛主席让复出的邓小平牵头给病中的周恩来总理起草一个不超过5000字的政府工作报告，邓和周一致认为要重申本世纪末（指2000年）实现四个现代化的奋斗目标，这个“四化”目标再次宣布出来之时，我正在北京门头沟矿务局当工人，和身边所有工友听到这一“四个现代化”号召都感到欢欣鼓舞——大家都心知肚明，不把国民经济搞上去是没有希望的，只有这样才有奔头——“四个现代化”在那个年代，可谓凝聚了亿万人心。当历史终于给了机会，1979年邓小平可以主导大局时，很快正面设计勾画现代化伟大民族复兴“三步走”战略，提出到2050年前后中国实现现代化——一下看出去70年。后来的种种技术性修正，都是服从这个基本思路表述的，无伤于这个伟大战略构想的总体水准。邓小平看准了中国的潜力所在，实践雄辩证明了这一决策的高水准。当2000年之前的两步（“翻两番”）提前实现之后，现在我们的问题，是在有了世界经济总量“老二”之位后，2050年的第三步目标怎样实现？这也是党的十八届三中全会提出“现代国家治理”所面对的最实质性的问题。为解决好这个问题，要在治国理念上有一个重要提升，就是强调“治理”，而不是沿用过去说惯了的调控“管理”，调控管理是表述政府居高临下、自上而下的架构，而治理是要求有多元主体充分互动而形成最大包容性的制度安排和机制联结：这个治理体系里面有管理，也有自管理；有调控，也有自调控；有组织，也有自组织。中国共产党从革命党转变为现代社会一个合格的执政党，一定要有最豁达的心胸，秉持人类文明发展中已形成的包容性增长前沿理念，调动起所有的积极性和能量，释放出所有的潜力与创造性、建设性。

习近平总书记已把中国的现代化“三步走”战略目标，凝结为“中国梦”这种接地气的用语，与百多年志士仁人的主流追求和邓小平的战略思维一脉相承。我认为，在多年的探索和奋斗之后，应清楚地看到，“伟大民族复兴”的中国崛起，基本概念内涵已有了充分的提升和明确的理性原点：第一，“中国梦”是从人本主义立场出发的，就是总书记所说的“人民群众对美好生活的向往就是我们的奋斗目标”，即实现中国梦，是为人民群众谋幸福，而且在决策者那里，定是要寻求正确处理眼前与长远、局部与全局利益关系的实质、可持续的幸福；第二，“中国梦”不是狭隘民族主义的，是寻求世界各民族的多赢、共赢，是在全面开放中以经济手段为主，走“和平崛起”之路。邓小平当年有一个全局性的基本判断，即我们现在所处的时代是“和平与发展的时代”，我作为研究者一直在体会，他这个判断何所指，否定的是什么？可以说，这一论断实际上是否定了毛泽东时代关于我们处在“战争与革命的时代”的基本判断，也就是说，我们的时代主题已不是要解决“谁战胜谁”的问题，而是要解决如何共赢发展的问题。在这个大背景下，邓小平提出2050年前后我们国家的主要人均指标，要达到当时中等发达国家水平——当时各方听来并无多大震撼力，一点儿也不咄咄逼人，但在前几年我们走上了总量世界老二的台阶以后，再看看我们的人均GDP，还只是排在全世界第100位左右！这几年还在98位、97位，缓慢地向上爬升位次——那么可知，如果中国再经过三十几年的奋斗，作为世界第一人口大国，主要人均指标能排到约20位的中等发达国家水平，再综合其他一些现代性要素，综合国力在世界民族之林中一定会名列前茅，也就是与美国这个头号强国一比高下的问题了。这个由追赶而最终力求“后来居上”“后发先至”的现代化赶超战略，是中国“和平崛起”不可否定的实质内涵。“中国梦”的战略设计，就是从“韬光养晦”“不争霸”连接追赶的过程，追赶之后实现伟大民族复兴——同时再次强调一下，后来居上绝对不是狭隘的民族主义，而是要寻求多民族的多赢、共赢。

但中国现在站在历史发展的新起点上，却有无可回避的矛盾，外部面对国际竞争的同时，内部从“物”的角度遭遇的资源环境制约（如雾霾式的环境危机因素）和“人”的角度面临的人际关系矛盾制约（如收入分配、财产配置方面普遍感受和引起了强烈不满的不公与紊乱）日趋明显，要想如愿跨越“中等收入陷阱”阶段，我们就必须依靠《决定》里“60条”所规定的实质性全面改革来化解矛盾，在2020年实现全面小康的同时使全面改革“取得决定性成果”，这就是我理解的这“60条”所有内容落到最关键点上的精神实质，即攻坚克难推进全面改革。否则，中国是难以再往前继续发展实现现代化的。这是黄金发展特征仍然存在的同时我们面对的化解矛盾、消除种种陷阱威胁的非常严峻的挑战和历史性考验。

总之，“现代国家治理”这个核心理念，是在中国人过去所有的追求和逐步形成的现代化认识基础之上，承前启后、聚焦到全面改革取得决定性成果追求上的。那么与全面改革取得决定性成果相关联，必然要讨论总体资源配置的机制问题，以及制度建设问题，也就是党的十八大《报告》所强调的政府与市场关系这一改革的“核心问题”。

二 《决定》中逻辑链接的第二个核心概念
——文件中多次出现的“现代市场体系”

在相关表述上，第一次于中央最高层文件中明确要求“使市场在资源配置中发挥决定性作用”，这是极其来之不易的。邓小平在改革开放之初1979年接见英国外宾时，就明确提到：社会主义为什么不能搞市场经济？我们也要搞市场经济，但这个谈话当时在内部没做传达，秘而不宣——对此我的解读是邓小平意识到传达后会吵做一团，而他当时特别关注的是“不争论”，至少要少争论，说“不争论是我的一大发明”，争来争去把时间全都耗费掉了，要赶快做实事。务实的事情主要有哪些？他先容忍、后鼓励了农村的“分田到户”家庭联产承包责任制，几年之内使农村面貌改观；同时他以“杀出一条血路”的决心和魄力在深圳建特区（当时对深圳不制定一个特别办法不行，因为跟香港毗连，偷渡成风，人只要跑过去马上收入不是几倍、十几倍而是几十倍地往上升，采取所有堵截措施都无效。邓小平认为这不是管理问题，是我们自己的政策有问题，实际上政策优化必须要靠体制框架的改造）。此外，在宏观层面上邓小平寻找突破口，要求摸着石头过河，渐进改革，因为中国不可能搞“大爆炸”式突变改革“停车检修”，不可能一夜之间取消指令性计划。于是决定1980年从财政开始实行分灶式吃饭，在向地方放权的同时，明确要求权力要继续下放到企业，让企业活起来。打开这个空间以后，后续的计划改革、投资体制改革、劳动人事制度改革、金融制度改革等逐步推出。到了1984年，才通过中央全会的形式正式作出关于经济体制改革的决定，总体上定位为“有计划商品经济”。这一表述中并没有“市场”二字，但是具有一般经济知识的人都知道，既然讲商品经济就离不开市场，那么市场取向改革在这里就可能有个名正言顺的包容性表述了。当然那时候还有人强调前面的三个字，认为再怎么讲商品经济，还是以计划经济为本质，其实这还是传统思维。邓小平认为这个文件说了一些我们的老祖宗没有说过的新话——这是不可避免的推进过程。1986年，邓小平还考虑经济改革必须配上政治体制改革，否则经济改革就走不远，但后来1989年后邓小平基本不提原来力主的政治体制改革，可能他感觉需留给后人来解决这个问题了。在思想比较开放的情况下，1986年前后曾经把“有计划商品经济”进一步表述到“国家调节市场，市场引导企业”，这是一个很清晰的符合市场化改革逻辑的关于“间接调控”体系的要求，即政府不再是一竿子插到底管控企业，而是使用法治化环境中规范的经济参数手段（如利率、税率、折旧率）影响生产要素的价格信号，给出微观主体自主作出生产经营决策的空间，以解放生产力，使千千万万分散的市场主体的聪明才智可以得到最大的选择空间真正地释放出来。但是这两句话的表述，在1988年“价格闯关”时机不对，导致经济问题政治化、触发学潮演变为1989年春夏之交的政治风波之后，邓小平在内部不得不做出一个妥协，说如果认为那两句话（“国家调节市场，市场引导企业”）不合适，可以先不提，但他同时又给出一个十分强硬的态度，说十三大的政治报告一个字都不能改，要把人民群众公认为力主改革的人放到领导岗位上。再往后，邓小平所做的是等待时机，经 1991 年“皇甫平”系列文章之后，1992 年年初有决定性的南方谈话。陪同他的老同志现在写文章直言不讳地说，南方谈话是邓小平有生之年的天鹅之舞，他以此奋力一推，几个月之内使最高决策层在最高层文件中确立了社会主义市场经济目标模式，而后 1994 年财税配套改革，就是紧跟南方谈话而打造社会主义市场经济中的间接调控体系的重头戏。不客气地讲，这些年我们一直在吃南方谈话和 1994 年改革的制度红利（如果算总账，南方谈话和 1994 年之后我国的经济增长速度是两位数以上，已被称为“中国奇迹”）。但即使是在确立市场经济目标模式之时，文件中的表述也只能说到使市场在资源配置中“发挥基础性作用”。又经过二十余年，现在终于有了《决定》所说发挥市场在资源配置中的“决定性作用”，这是把汉语语境里的“市场经济”和相应的资源配置说到位了，学理上形成一个理顺逻辑关系的规范化表述。当然这个“决定性作用”是对于资源配置总体来说，不是市场决定一切，不是在每一个场合、每一个具体领域特别是非经济领域都决定，所以后面跟了一句话，还有“政府更好地发挥作用”。习总书记关于《决定》的说明中有很长的话对这个“决定性作用”作专门解说，中心意思是，之所以要做“决定性”的表述，是因为这有利于实质性地解决好十八大所提出的政府和市场的关系是改革的核心问题，有助于实质性地推动攻坚克难配套改革。

“决定性作用”的表述对于今后中国长远发展的影响一定是不可忽视的。特别是在“决定性作用”概念后，还强调提出了市场经济基石——产权制度方面值得大书一笔、具有突破性意义的表述——要大力发展“混合所有制”。对于混合所有制的理解还有分歧，有的专家学者说，多种经济成分并存就是混合所有制，我认为这不对，“并存”问题在改革开放初期就早已解决，现在所强调的实际上在于：混合所有制的内涵是在一个个企业体内，以股份制这种现代企业制度形式，联结于企业治理结构，以最大的包容性，把所有的产权都混合、涵盖在里面，寻求多赢共赢（更实际的问题是有效解决国有股“一股独大”等问题）。

萨缪尔森《经济学》中提炼的“混合经济”概念，刻画到股份制这个产权基石形式上，实际上与此是相通的：如以通用等跨国公司为代表来作观察，其股权结构已高度分散，找不到谁是资本家的代表，不像过去，提到洛克菲勒财团，就马上可知其中资本家的代表正是有血有肉的洛克菲勒家族成员。通用公司最大的股权份额只有区区几个百分点，不少普通劳动者和产业工人都有股份，就是我们早早就听说的所谓“人民资本主义”。这种混合所有制的运行形式是在高度法治化的情况下，使所有纠纷都能够低交易成本地依法解决的标准化股份制。股份制的现代企业制度，对于市场经济中产权制度基石的处理，提供了顺应社会化大生产的发展、工业革命后人类文明提升过程的良好制度载体。我认为，实际上混合所有制在我们观念上所要求的突破，就是要淡化和摒弃过去面对企业股权层面是“国进民退”还是“国退民进”，穷追不舍地问到底是姓“公”还是姓“私”、到底是姓“社”还是姓“资”的思维。

近年来影响全球经济运行的调控大事件，一是亚洲金融危机，二是这次世界金融危机。亚洲金融危机在我们身边最有冲击力的有“港元保卫战”，索罗斯在东南亚屡屡得手之后，在香港市场布局以后启动他那一套动作。当时特别行政区政府的应对措施是把隔夜拆借利率一下提高百分之三百，使索罗斯们游资的运作成本一下高得难以想象，当然这也加剧了股市的急跌，但是特别行政区政府又动用外汇基金和土地基金入市托住股市，结果没有发生索罗斯预测的那么深度的跌落情况，这就是混合所有制框架下特有的调节调配空间。“港元保卫战”的结果是索罗斯在香港没有得手。当香港在金融市场恢复稳定后，港府又以盈富基金模式，逐步有序地出售手中“官股”，尽量减小对市场的影响，而且还可以卖个好价钱，溢价部分成为公共收益。这是混合所有制框架下的调控产生了很好正面效果的案例。美国爆发金融危机后，政府实际上跳出主流教科书和“华盛顿共识”的套路，在供给侧区别对待地出手调控，美国当局开始没有救雷曼公司，局面迅速恶化后总结经验，再往后分别出手为“两房”、花旗、通用注资。没有任何美国官员提到这个操作中姓“社”还是姓“资”的意识形态色彩，也就是认为，在这个特殊的调控阶段，需要有这样的操作，使混合所有制的包容力对于以后整个经济全局产生了明显的正面效应。倒是国内有人评论说，美国人的实践是在说明“社会主义救资本主义”，资中筠老师马上写文章指出，这里绝无此种“姓社姓资”的问题。目前中国一个迫切需要解决的认识问题，其实就是我们不要再陷入前面几年实际讨论水平不高的“国退民进”还是“国进民退”的简单化争议，特别是不要再简单地贴上姓“社”姓“资”的标签。

混合所有制是社会主义市场经济基本经济制度的重要实现形式，这是中央在过去已有关于“股份制是公有制的重要实现形式”认识基础上的新的提升，并一定会助推民企发展中真正冲破“玻璃门”“旋转门”“弹簧门”，使公的、非公的股份共赢发展。我们当年学马克思《资本论》，印象特别深刻的一段话是，如果没有股份制，铁路的兴建还将是不可想象的。马克思已敏锐意识到股份制的包容性对于公众的影响，指出它是对原来私有制的一种“扬弃”，但是它还没有体现如何总体冲破资本私有制的外壳，所以马克思称为“消极扬弃”。现在又有一百多年过去了，随着人类社会发展、文明提升，我们的认识应与时俱进，是不是已有了“积极扬弃”？比如上市公司作为标准化的股份制公司模板，在上市环节英文表述为 go public，不是私的去向，而是“走向公共”，成为公众公司。这种产权非常清晰、充分披露信息、体现社会责任、对公众产生正面效应的公众公司，其实已不能再以严格的私有制一言以蔽之，它既带有混合所有制的框架形式，也往往有不同成色的“混合实质”。未来中国要在“社会主义市场经济”中继续“大踏步地跟上时代”，混合所有制一定会打开空间。现在，原铁道部已经变成了铁路总公司，下一步铁路系统的改革中，我认为不仅是铁路总公司简单发铁路债券的问题，而是应该设想铁路总公司如何进行股份制改造。大量吸收民间资本、社会资金“混合起来”，是一起“私”还是一起“公”呢？实事求是地看，主要是一起“公”了啊。但是使一个个的私“共赢”地结合、作用到了一起。混合所有制概念下创新空间的打开，对中国今后几十年完成“中国梦”的影响，一定是非常深刻和长远的。

三　第三个重要的逻辑链接点，是把“现代国家治理”“现代市场体系”以及“使市场在资源配置中起决定性作用”“积极发展混合所有制经济”结合在一起，又引出了作为基础支撑的“建设现代财政制度”的要求

文件中明确指出，财政是“国家治理的基础和重要支柱”，这在如此高规格的文件中是第一次，但完全符合学理，是严谨的表述。财政可称为

政权体系“以政控财”“以财行政”的分配体系，处理的是公共资源配置问题，而公共资源配置的优化一定会拉动和影响整体资源配置的优化。财政预算体现国家政权活动的范围、方向、重点和政策要领，以财力安排规范政府该做什么、不做什么，既不越位、也不缺位，使政府能“更好地发挥作用”——这种公共资源配置中政府职能的合理化，当然要成为现代国家治理的基础，这完全符合所有的经济学知识和逻辑演绎分析，没有任何夸大。因此，推进现代财政制度的构建，也是要对应“60 条”的主旋律，为全面改革做支撑。这是对财政服务全局的重大考验，也是对整个中国完成现代化转轨的历史性考验。

面对 2020 年，我们要使全面改革取得决定性的成果，否则全面小康有可能变得没有意义，因为只讲全面小康并不足以解决跨越中等收入陷阱、转型陷阱的现实挑战性问题。我们应该更多地把握住问题的实质——目前改革已经推进到“攻坚克难”阶段，所有容易做的事已经做完了，好吃、容易吃的肉吃光了，剩下的都是硬骨头。总书记反复说的“要冲破利益固化的藩篱”，就是学者常说的要冲破既得利益的阻碍。在此背景下，任何一项改革都可能称得上千难万难。中央已经成立了深化改革领导小组，对所有改革的事情作出一元化的统筹指导和协调。在讨论对于现在改革阶段特征的基本判断时，我提出三个基本概念。第一是矛盾凸显期，前面已提及矛盾最主要凸显为两点：一是资源环境的制约，比如大家都能感受到雾霾的打击；另一个是人际关系的紧张，比如中国现在谈到收入分配，几乎人人都认为不公平、有问题。这些矛盾如果不能有效化解的话，“中国梦”前景中的阴云会越来越重。第二是深水区，换句话说就是总书记所说的“好吃的肉吃光了”，现在到了深水区，牵一发而动全身，要动真格的，特别需要配套、统筹规划。第三是关键时期，中国的整体转变虽已到了“新权威主义”的尾巴阶段，仍不可能设想全社会完全分散的布朗运动式地实现社会制度安排的全套更新，所以在中国共产党作为执政党可以有效组织各种资源的情况下，未来一段时间这种所谓新权威主义的组织能力，有可能使我们相对便捷地去自我革命和贯彻后来居上的发展战略，但是新权威主义是递减曲线，并且不能天然地保证我们如愿走到伟大复兴现代化目标实现的境界，也有可能走岔道。今后十年是决定中国能不能在度过 1840 年后的低落时期和终于走到面对 2020 年目标的新起点之际，继续大踏步跟上时代完成“中国梦”轨迹的关键时期。

在这样的情况下，接下来的思索一定需要居安思危，要有紧迫性。这种紧迫性可以用"两只老虎的赛跑"来比喻，就是如祁斌同志借"两只老虎"儿歌所说，中国现阶段整体的形势就像有两只老虎在赛跑，一只叫"改革"，另一只叫"社会问题"。这两只老虎各自要素齐全，都在往前跑，似乎也看不太清楚对方，但哪只老虎跑得更快一点，将决定中国的命运。有一些市场人士直言，其实是"改革"和"革命"在赛跑，因为"社会问题"积累到一定程度总要有个了结，如果处理不好，只能通过外部暴烈冲突的形式来了结，那就是"革命"了。"改革"和"革命"赛跑这个说法更带刺激性，但比喻的内涵我认为是可取的，至少是要居安思危。这个居安思危的思考角度，据我观察是得到了高层回应的，王岐山同志推荐的托克维尔的《旧制度与大革命》，长居畅销书榜，分析法国暴烈的大革命。学者们为此撰写的长篇文章我看到许多，但回到岐山同志的推荐语上就可以基本理解：前一句是说，中国毕竟前面三十几年走得还比较顺，后一句话则是说，我们的学费可能交得还不够，这就叫老成谋国、居安思危。"两只老虎赛跑"认识方式的最新表述是周其仁教授，他还指出中国的这两只老虎还有"改革"和"新生代的主流诉求"在赛跑。今天的新生代，是"80后""90后"（以后还会算上"00后"），很多人可能将不知道"文化大革命"意味着什么，可能也没有兴趣讨论"一五时期"为什么要勒紧裤腰带搞150多项建设，可能也很难理解陈毅元帅当年说"当了裤子也要搞原子弹"，但是新生代的诉求又是实实在在的，在社会公众终将成为主流的诉求后面，有着历史的规律。

辛亥革命后，孙中山先生在海宁观潮后曾题写："世界潮流浩浩荡荡，顺之则昌，逆之则亡。"我曾在中国历史博物馆看到他的这一墨宝，非常感慨。这样一个伟大的政治人物，在中国满目疮痍、设想《建国大纲》寻求振兴之时，可以高屋建瓴地看到一两百年以后。我们作为研究者，要学习这种前瞻性的开阔眼界，看到什么是不可逆转的客观规律，认清顺势则昌、逆势则亡。关于这种只能顺应的世界潮流，我认为现在可以归纳为这样几条：第一是工业化。这别无选择，中华民族作为世界上唯一的几千年古老文明没有中断的民族，落伍就是从工业革命开始的。第二是城市化。工业化必然伴随城市化，过去我们曾经荒唐地让几千万人上山下乡，逆势操作，最后得到的是客观规律严酷的惩罚。第三是市场化，即市场取向改革。第四是国际化或全球化，已表现为以"入世"锁定全面开放格局。小平同志的判断非常清楚：不改革开放是死路一条。正是有了这样巨大的扭转，我们的路才越走越宽。第五是信息化，或者说是高科技化，也即所谓第三次产业革命浪潮。除此之外，显然还有另外一个重要的不可逆转的要素，即依法治国、法治化、民主化。新生代的主流诉求一定会是在上述这些轨道上综合体现的。

党的十八届四中全会，以“法治”为主题，鲜明强调了“依宪治国”“以宪行政”的总原则，并给出了法治建设的全面指导和推进制度建设的部署。我们知道，要想实现全社会可预期的稳定环境与健康发展，就要有现代文明范畴里的法治。比如，从法律的角度分析财产权问题，将有一系列的逻辑节点可以展开。转轨中，其实我国《宪法》还必须不断修订。对于1982年在彭真同志主持之下修订的《宪法》，现在很多人是给予高度评价的，但其后仍不可避免多轮修订，最近一轮修订给我印象特别深刻的，就是在原来《宪法》里表述的“公有财产神圣不可侵犯”的旁边，增加了“合法的私人财产不受侵犯”，我当时就意识到增加这样的表述有进步，但还不到位，以后还得修宪。“公有财产神圣不可侵犯”，在表述上“神圣”两个字只是渲染意义的，关键在“不可”两个字，这意味着公有财产受侵犯的情况下，一定要有惩戒措施跟上；而到了私有财产，只是说合法的私有财产不受侵犯，并没有交代受侵犯怎么办。如果这个表述是在平时文章或者口头言说里出现，无伤大雅，但是写入庄严的宪法，我认为还是不够格的，它没有解决在“私有财产权入宪”这一重要问题上，“受侵犯了以后怎么办”的问题。但是从另一个角度来说，这句话写进去总比没有好，所以要承认上一轮修宪有进步，但是水平尚不太高。现实生活中合法的私有财产受侵犯的情况还是不少，如对于“重庆打黑”已揭露出来的各种各样侵犯合法私人产权的案例。现在虽然薄熙来已经被判刑了，却还没有很好地追究对私人财产侵犯的违法行为。

最近一份报纸第一版上有一个醒目的大标题也有问题，是说“党内不能形成贵族阶层”——看着正确，但它只反映了简单的价值取向。有品位的文章必须接着说这个“不能”后面的一套防范机制是什么，光说“不能”在比较高端的文献里，只是非常初级的“引语”，这时往往并没有在人们的思想材料里增加哪怕一丝的新贡献。如果说党内不能形成贵族阶层，跟着要讨论的就应该是，怎么样让党内形成贵族阶层这个空间被封住，如何进行有效的防范。顺着这个思路，我们马上可以想到习总书记的一句话：“把权力关进笼子”，这就有建设性了。共产党是执政党，执政党是有权力的，这个权力就是公共权力，公权由一个一个具体的私人执行，肯定会扭曲，立法的关键是把权力关进笼子，力求最大限度地减少扭曲。如果笼子是法律，那么就还要说到一个我们的治国理念——法治，注意不是法制，翻译成英文不是 rule by the law，而是 rule of the law：现代文明要想实现健康的民主化，一定要用“法治”的治理概念，真正“走向共和”。在严重缺乏法治传统的中国，法治体系的建立，首先要优化《宪法》。《宪法》是根本大法，最上位的法，在经济社会转轨中，看来中国的《宪法》还需要一轮一轮地修改。《宪法》下面要有完整的法律体系。这段时间，我国法律体系建设理念上最值得称道的一个进步，是在“法律”和“法规”的发展中形成两个方向，即负面清单和正面清单。负面清单列上去的是不能做的事，这是对企业、对市场主体最适合的“高标准营商环境”的打造，以上海自贸区为代表首先明确提出，其后党的十八届三中全会《决定》提出要全面实施负面清单，对于企业和市场主体来说，“法无禁止即可为”——只要是负面清单上没有的，什么事情都可以做。正面清单则适用于公共权力，即“法无规定不可为”，政府作为公共权力的主体在没有法律规定予以授权的情况下是没有权力做任何事的——“权为民所赋”。这一逻辑隐含的实际内容是抑制官员动机中内在的“权力最大化、责任最小化”不良匹配，权责约束清楚到位，把对市场主体的负面清单和对调控主体的正面清单合在一起，显然是比现在状况更理想的法治环境。如此笼罩着、覆盖着的法规体系，第一重要的事项是有法可依，无论是负面清单还是正面清单，最好能够一步一步推到全覆盖。当然这只是一种理想，比较成熟发达的经济体，比如英国、美国，也不敢说自己浩如烟海的法律条文把所有的事情都穷尽了，也需要不断动态地优化，中国作为一个转轨国家更是如此。在有法可依的起点上再往下走，还有人们过去说惯了的“执法必严”“违法必究”，这和现实生活的差距还很大。我认为在有法可依后面其实应先别讲执法必严，中国现在特别需要强调的是在“有法可依”后面加上一条：有“良法”可依。目前尚有很多“法”的水平是相当低下的，甚至可说合法不合理的情况比比皆是，另一方面合理不合法的事情也相当多。改造恶法、不良法，是全民族无可回避的任务。白纸黑字未必代表着公平正义，对于一些有争议的问题，如果简单“依法执行”，并不一定能很好地得到解决。中国要走向现代国家，走向“国家治理现代化”的境界，不建设法治社会是注定没有出路的，总书记强调“司法腐败是最大的腐败”，是直指这一问题对我们现在执政党“自然法”式合法性意义的严重销蚀和挑战。总书记在司法工作会上提出要清除我们司法队伍中的“害群之马”，取向是“让人民群众从每一个案件中看到公平正义”，这个方向完全正确。但是实际生活中，不可能让中国天文数字的每个案件都真正符合公平正义，我们是要尽一切努力使不公平正义案件判决的比重下降到最低限度。

邓小平在改革开放初期提出，要把党和国家的制度建设问题放到非常高的地位上，制度设计好了，坏人就不可能任意横行，制度设计不好，好人也会被动犯错误。只有制度才有稳定性、长期性和有效性，才能摆脱依靠以领导人的个人精力、注意力、偏好决定党和国家整体运行轨迹的风险。习总书记提出的“依宪行政”下的全套规范制度建设，与之是一脉相承的。但这些在现实中还是会遇到一些很有挑战性的问题，举两个具体的例子：一是上海自贸区。自贸区所需的众多新规则和现行法规都有所冲突，但现实中所有和自贸区所需新规划发生的矛盾，明确了在处理上都要给自贸区让路。二是当年我国加入 WTO，所有和 WTO 规则相抵触的法规都要以“清理文件柜”而被清理掉，这与严格执行法规的理念看上去有所冲突，但如果要使法治能够达到一个合格的境界，是必须要考虑鼓励先行先试因素和“变法”革新的，必须给出弹性空间。先行先试的意义是积累经验，不能说试验无懈可击、非常完美，就是成功了，而以后出现调整就失败了——可以此视角看待房产税的“两地试点”。总书记已非常明确地表示，今后的改革要继续鼓励先行先试，要继续鼓励摸着石头过河。

在把握潮流、创造历史的关键时期，我们要掌握的就是如何化解矛盾以及跨越种种陷阱，在这个过程中，除“中等收入陷阱”“转型陷阱”“福利陷阱”，具体的陷阱形式中，还有已经被很多人意识到的“塔西佗陷阱”。2000 多年前的历史学家、政治学家塔西佗指出，在社会生活中存在着一个政府公信力的临界点，过了这个临界点，政府的所有决策，即使是正确的，也会无济于事，局面将变得不可收拾。我们在某些局部场合（如瓮安事件），已经看到这样的威胁。政治局会议讨论住房问题时，已提出“福利陷阱”问题，虽然我们应该从人民群众最关心、最涉及直接利益的事情做起，但作为调控主体，还必须考虑在眼前利益与长远利益、局部利益与全局利益之间，怎么样权衡，否则福利陷阱会把我们拖入中等收入陷阱，最典型的前车之鉴，就是一些拉美国家。一百多年前，阿根廷跟美国的经济指标不相上下，但现在美国已经成为头号强国这么长时间，阿根廷则在进入中等收入陷阱后一蹶不振，智利等国曾大同小异，“民粹主义”基础上的福利赶超，结果不仅是福利不可持续，发展的后劲也全没有了，引出多少社会动荡、多少血泪辛酸。中国经过前面三十几年的发展，有了历史性的新起点，已进入中等收入阶段，但绝不是以后自然而然地就能实现“中国梦”，如何真正避免这些陷阱，是有重大实际意义的真问题。

西方主流意识中的“现代化”是和中世纪切割，在告别“黑暗的中世纪”后进入一个新的境界，转折点是文艺复兴。文艺复兴有很强烈的人本主义色彩，引导形成的主流意识是法国大革命和美国《独立宣言》追求确立的自由、平等、博爱、民主、法治。党的十八大提炼的三个层次二十四个字的核心价值观里面，实际上包容了所有自文艺复兴以来人类文明不断提升的主流要素。必须承认无论是西方还是东方，某些属于人性的东西是相通的，比如孔孟之道里的“己所不欲，勿施于人”就完全立得住，是普世的，只要明确这个立场，就一定会联系到博爱，一定会联系到按照人类社会文明发展的取向来处理人际关系。所以从另外一个角度来说，虽然“现代化”这种主流意识带有一定的西方色彩，但却不能简单地认为是西方中心论，不能在文明比较的情况下认为西方的都立得住、东方的都立不住，这是需要具体分析的。东方的一些东西，在我们合理地发掘它的积极因素之后，要使之更好地跟外部世界互动，形成“美美与共，天下大同”的境界，虽然道路很漫长，但是趋势越来越清楚：在全球化时代、互联网时代，如果不寻求多赢共赢，可能会处处碰壁，甚至头破血流。相反，如果更多地强调“己所不欲，勿施于人”，讲民主法治和相互尊重，那可能就是增加朋友、减少敌人。人们说到的“现代化”横向比较的概念，是不断动态推进的组合，这个动态推进也需要依靠一些基本原理去实现，比如“自由”应是法治限制之下的，否则无法处理个体自由间的冲突；“民主”要走向共和，否则可能引出“多数人的暴政”。共和是承认所有参与主体的诉求都应该得到尊重和表达，然后做理性的讨论，寻求最大公约数。辛亥革命以后，我们中国人苦苦探索，但一直没有走到真正的共和境界。所以我不认为“现代化”是一个可以贴东、西方标签的问题，应该在全球化新阶段东、西方互动的过程中不断提升综合境界。

我很赞同冯仑的一个实际上是讲共性的比较概括性的表述——人类文明提升的过程可分为几个阶段：公共资源、公共权利的配置即公共事务是在哪个阶段都躲不开的，比较初级的解决形式叫作“宫廷解决”，氏族公社后期私有制因素开始影响公共权利使用之后，带来了冲突，宫廷解决就是宫廷政变式的你死我活，比如中国历史上大大小小几十次的改朝换代，很多的皇帝就是在你死我活之中把对手包括亲兄弟统统杀光，自己才能坐稳江山，这种残酷的宫廷解决显然不符合人类文明发展趋向。第二个阶段的解决方式叫作“广场解决”，更多的人知情，在广场上大家一起来做“群体事件”式的解决，但是广场解决的实际结果往往达不到一个平衡点，无法解决后，就会由广场解决转变为“战场解决”，当下最典型的就是前些时候在中东和埃及发生的一系列事件演变，广场的派别对抗演变成夺人性命的流血事件。现代人类文明最值得推崇的解决方式是“会场解决”，最典型的是美国酝酿宪法，在费城会场里讨论一百多天，从议事规则一点一点抠起，最后抠出美国宪法。“会场解决”后没有简单的谁输谁赢，或者说输方不注定永远是输方，下一轮可以按规则继续再来，这有点类似于奥林匹克，大家遵从一个中立的公正裁判。华人社会里会场解决的现实案例就是蒋经国在他有生之年废党禁、废报禁，下决心实行大变革，形成了台湾权力制衡的框架，虽然再往后仍有很多荒唐局面，但毕竟总体文明程度是在波动中有上升。中国要真正走向现代社会，不是贴东、西方标签的问题，是在看到前边的探索之后，把各种各样人类文明提升的要素，真正综合在一个现代国家治理的制度联结里，形成一个可持续的制度安排，这其中有很多重要的探索，也有种种细节的问题。一句话概括：我不同意简单的单线文明论、西方中心论，但要承认文艺复兴直接引导了带有偶然性，但实际上决定了其后世界全貌的工业革命，以及和一些特定的因素汇集支撑美国形成一个世界头号强国的全套要素组合。中国的伟大民族复兴，要认同“顺之则昌，逆之则亡”的世界潮流，争取达到把中西方所有的文明要素组合在一起、融合在一起的可持续发展状态。

2014 年是十八届三中全会决定全面改革后的开局之年，两会上具体的贯彻、解读两会精神，显然是以抓住改革、寻求释放最大红利作为主基调，有人统计总理的政府工作报告中提到 70 多次“改革”，其实质是要抓住可做的事情不放，把改革做好。有些说了多年的事，现在已经在部署，比如说公车改革，框架方案公之于世，当然，较朱镕基同志在任时的未行方案作了一个让步调整，就是变成自副部级以上不参加取消一般公务用车的改革，中央层面的改革是从司局级开始，地方层面随后进行，也给出"一把手"不参加等明确规定。

要想寻求以改革释放最大红利，就必须得到运行状态的配合。前面两年，我们已主动下调年度 GDP 增长目标为 7.5%，2014 年仍然延续 7.5%，但加上了"左右"二字，更好地体现了这个指标只是一个规划性的、引导性的预期值，"左右"是要使大家不要太看重指标的具体表现，而把量值放宽为一个"区间"，更多地把注意力聚焦到提高经济增长质量、优化结构、加快转变生产方式上。我们在研究中可以推测左和右的量值范围，至少可以说 2014 年 7.0% 一定是底线，实际上下行到 7.3% 或者到 7.2% 可能就要有调控动作。决策集团和政治家们一定要关注景气水平所能托起来的就业水平，这决定了"稳定压倒一切"的临界点。2013 年 GDP 增速只达到 7.7%，但新增就业岗位 1310 万，这很不错，但主要满足的还是粗工、壮工、农民工，而高等教育毕业生则面临了"最难就业年"，并有可能持续几年，所以对景气—就业临界点是不可掉以轻心的。注意整个景气维持、提升的同时，实际上还要特别注意优化人才培养结构、对应社会需要。教育部副部长鲁昕同志明确宣布，高等教育要走两个轨道——学术型和务实型，职业教育要结合国际经验，是要在我国建立通联结构，改变考不上正规大学的人不得已才走上职业教育轨道的社会观念，让人才培养结构更适应社会就业要求。景气水平上限，要考虑的则是物价在合理区间，不要过高。对于现有经济下行压力，不要慌慌张张去做大力度短期刺激。强化调控艺术方面"让市场充分起作用"的哲理支撑，完全是与这几年探讨的现代市场体系，以及前面提到的释放各种潜力活力的现代国家治理导向有内在联系的。年度经济运行区间的调控，服务于整个长期变革，即服务于力求按照我们意愿中的轨道，把全面深化改革一步步往前推，今年如此，明后年仍然如此。目前一些指标不如意，各方特别看重的房地产市场已经给出了分化信号。房地产市场过去有泡沫，但是现在挤泡沫一定要用柔性手段，我们国家的经济生活承受不了迅速挤泡沫带来的冲击波。上半年，已经可见一些措施发力准备把景气水平往上托，比如发改委批准的高铁项目建设和中心城市的基础设施建设。但另外一方面，如果我们不能深化改革，有效化解制约我们发展的各项矛盾，有效打开弹性空间，这个"区间"瓶颈还可能越收越紧，这是我们必须注意的一个中长期考验。目前物价的社会承受度已经非常脆弱，2011 年年中 CPI 持续走高时，温家宝总理在国务院常务会议上明确给出了 20 条稳定物价措施，把控制物价作为重中之重，实际上提到了“稳定压倒一切”的高度，就是避免“经济问题政治化”的发生，可谓如履薄冰，而对比一下，在 1994 年物价走高到月度增幅高达 24%、2007 年 CPI 月度增长到 9% 以上，那时也没有出现如此紧张的气氛。

陆续展开的一些改革重头戏，显然需要我们加以关注。比如，中央政治局已对财税改革作出明确指导和部署。“营改增”实际是倒逼整个财税改革的，而财税改革一定是作为重头戏为全局改革做配套的；资源税、消费税年内将有改革动作出台；另外，2014 年要加快关于房产税和环境税的立法工作，即使顺利通过一审、二审、三审，估计也要一年时间，换句话说，年内不要设想能够看到房地产税在住房保有环节的改革。但这绝不意味着前面两地试点失败，动态优化过程中需要鼓励先行先试积累这种本土经验。环境税在现实生活中总让很多企业心存畏惧，因为企业认为会因此增税，这需要做工作让企业理解“费改税”而消除畏惧。跨年度预算，即多年滚动预算，现在明确要从中央到地方推动起来，这至少要求有相匹配的预测能力，一编三年，不是靠简单拍脑子，而要有对经济方面三年的预测，中央层级要联系国际市场对全国预测，地方政府辖区内要考虑和周边地区与全局的互动对地方层级预测。预测水平高低，直接关系到编制预算水平的高低，不可能只靠财政部门的工作人员，但可以通过政府购买服务，向智库购买预测结果，比如通过招标选至少两家或者三家，将几家预测出来的指标数字比较，至少可取平均数，这也是基于现实的考虑来一步一步地推进。对于预算法的修订方方面面已投入了很多精力，如上一年度在一审稿里正面提出了关于地方债经过什么程序，接受什么约束，怎么样让它在现实生活中于多重监督之下来发挥作用，但因为人大内部有争议，到了二审时一笔勾销，回到现行预算法的一句话（一个字都没变），这种处理实际上可以归结为立法上的不作为。立法解决的问题是对现实生活给出规范和指导，有争议就按现行的条文只字不改这属于面对地方债重大问题的鸵鸟政策。未来中国动态优化法律体系，肯定还有很多地方不能如人所愿，需有思想准备，但 2014 年《预算法》的修订，最后终于按照十八届三中全会中的明确要求，给出地方债登堂入室阳光化制度建设的一套正面表述。另外信息系统构建也是非常值得重视的问题，朱镕基同志当年就非常看重金财、金税工程，楼继伟部长也一直强调要做好，经过这么多年都已经进入第三期了，实际的进展并不令人满意，信息孤岛没有真正被打破。但以不动产财产登记、信息联网为标志的其他所有的金字号工程大联网一定要做到位，从而以技术创新支撑管理创新和制度创新。

（作者单位：财政部财政科学研究所）

不能曲解“立法在先，依法改革”

周天勇

中央提出，建立法治国家，党要以法执政，政权要依法治国。改革也不例外，应当立法在先、依法改革。但是，如何对待这一原则，却直接影响到党的十八届三中全会决定部署改革大业的进程和成功与否。

一　狭义“立法在先、依法改革”会使改革遥遥无期

目前，学术和政策界对“立法在先，依法改革”有一种狭义和错误的理解，就是所有具体的改革，如果与现有的宪法、法律和法规相冲突，都必须先清理，再通过人大和行政程序进行废除，然后调研、草拟、提出、讨论、提交、立法排队、辩论和通过新的修改草案或者新法草案，等有新法后，才能按照新法的精神进行改革。如果是这样理解，则改革定会以失败而告终。

清法、废法、排法、修法、立法的时间很长，改革任务繁多，等立法后再改革，客观上使改革遥无期限，也根本完不成全会所述的改革大业。截至2013年11月底，我国现行宪法及法律共计534部、行政法规490部、司法解释194部、部委规章及文件7767部、地方性法规8600多件。从这些法律法规的特点看：一是大多数是部门立法，不是第三方立法，部门权力利益（具体如审批、年检、收费和罚款等）的色彩很浓厚。二是基本上是改革转轨过程中的立法，许多法律和法规中，含有很多重行政管制、轻市场规则的意图；越早的立法，越限制产权和市场，已经形成改革的最大障碍，根本不可能完全按照这些法律法规去推进改革。三是从国际、国内新的投资贸易规则要求以及行政体制改革精神看，过去都是按照对企业和居民正面清单管理的思维方式所立的法律法规，而且对政府和行

政的约束性立法很少和不严，许多法律法规在新的形势下，都不能再用。四是许多法律和法规由部门立法或者部门制定，部门利益使然，都想拥有审批权和收费权，都不想承担责任，法律法规间相互冲突、重复交叉问题并存；许多法律法规原则性太强，操作性太差，重审批轻监管，被处罚者违法成本很低，执法者由于处罚上下线空间太大而寻租机会太多。因此，相当一部分法律和法规，需要推倒重来。我们的《预算法》《住宅法》等许多法律，立了十几年，甚至二十多年，还没有出台。如果这样庞大而繁杂的法律法规，要清理、废止、修改、起草、充分讨论、立法排队、提交人大、开会辩论、大会通过，仅此一项，短则10年，长则20年。如果再依新法而改革，所用时间为6年，则改革完成的时间早是2030年，晚则是2040年。这样的过程和结果，根本不符合十八届三中全会改革以2020年为限的时间表精神。

二　曲解“立法在行，依法改革”将陷改革于失败

片面地理解和解释“立法在先，依法改革”，并以此为推进改革的原则，则会形成拖延、推诿、反对、打击改革势态，并且有改革意图者，特别是省地县干部，普遍以不触及法律法规底线为准，不违法为工作准则，创新的事放一放，对改革抱谨慎、观望、等待之态度。一是可能成为不锐意进取，或者改革总是没有进展，或者到预定的时间也没有完成改革的理由，最后把责任推到“立法在先，依法改革”上。二是出于部门、垄断等利益，不愿意放权和放弃收费等利益，以“立法在先，依法改革”为由，能推则推，能拖则拖，拖到改革流产为止。三是对一些改革方案的先行先试，推广执行，以“立法在先，依法改革”为由，加以阻碍。四是改革者风险很大，如果狭义地解释“立法在先，依法改革”，许多改革实际上就是违法，任何人都可以举报提起诉讼，按照法律定以渎职罪或其他罪名，投入监狱。历史上许多改革者不能善终，就是因被触及利益者后来以违法的罪名而将其绳之。

从束缚和阻力看，如果狭义地曲解“立法在先，依法改革”，改革根本就无法进行。如商贸投资仲裁机构，按照事业单位改革方案的要求，要么改革为政府的收支两条线事业单位，要么改为政府国资委管理的国有企业，这两条改革出路都会使这类机构无法与世界仲裁机构的设立和运行原

则接轨，受到业界仲裁不会公平的诟病，并严重影响我国仲裁在国际经济中的话语权，及其此类高端服务业在我国的壮大发展。再如，推进创新战略，亟须建立科技金融体系、风险投资、科技信贷、国企并购、资本市场退出、互联网金融等，要么与许多法律法规相抵触，要么根本就没有法，按照现行的法律法规办，根本就没有能建成科技金融体系的可行性；如果等这些法律法规，按照清法、废法、修法、拟法、讨论、提交、排队、辩论、通过等漫长过程去消耗时间，发达国家，特别是美、欧、日的科技创新，不可能等待我们修改完法律法规后，再和我们一起进行科技进步的竞争。再如，按照农村土地承包法律法规，目前农村农民的土地承包经营权，也就剩有10年左右的时间期限。一个真心投资于农业的企业，签订合同出资建设现代化农场，水渠、道路、地力、农机等投入了大量资金，快到期时，农民如果依目前的法律毁约，将有出无回、鸡飞蛋打。如此等等，数不胜数。曲解“立法在先，依法改革”，必将阻碍改革、陷改革大业于毁灭。

法律法规是对实践中人们选择的行为准则和秩序的归纳。改革在一定意义上讲，就是弃旧建新的过程，立法不能脱离改革的实践，不能依据书本和想象去凭空捏造，狭义强调“立法在先，依法改革”，对新事物还没有探索，还没有进行新体制建设和运行的实践，其立法的实践根据是什么呢？依照这样凭空所立的法而行，会不会使改革走向死胡同呢？

三 “立法在先，依法改革”含义的时代要求

实际上，从世界其他有关各国，包括中国兴衰的历史看，不断地进行改革，推陈出新，才能保证不陷入周而复始、恶性循环的黄宗羲定律怪圈。今天的中国，改革使人民幸福、国家强盛与拖延改革使民生艰难、国家陷入困境之间正在进行着紧迫的赛跑。成则跃过峡谷，败则跌入深渊，没有退路可言。党的十八大选出了以习近平同志为总书记的党中央，形成了有权威的中央领导集体，特别是十八届三中全会出台了具有划时代意义的改革总体方案。形成新权威主义与人民民主及市场经济相结合的可喜局面。我认为，错过今天，以后这样有领导权威力、总体方案清晰、民众达成共识三位一体的改革局面不可能再来。改革机不可失，中国能否复兴，能否朝着现代体制和现代国家迈进，关键在此改革一战。不能片面地理解、解

释、宣传和扭曲“立法在先，依法改革”，而束缚改革创新的手脚，削弱担当精神，消耗宝贵的时间，使改革大业眼睁睁滑向失败的边缘。

需要全党全国人民清醒地认识到，正确认识和理解“立法在先，依法改革”，其深刻的含义是，“立改革大法，依照根本大法坚决推进改革”。因此，我认为，从现在看，党的十八届三中全会决定，深入人心，是中国复兴的总体改革方案，实际就是改革行动大法。2015 年“两会”，有一项重要的工作，就是将十八届三中全会的改革方案进一步完善，在人民代表大会上讨论通过，成为中国 21 世纪前半叶中最为重要的改革法律。我们党依法执政，我们的政权依法治国，就是要以人民的愿望，集中成党领导执政的决策，再把党的决策通过人民代表大会转变成法律。这是一部明确改革大业目标、方向、任务的方案法，也是对于国务院、两高、各部门及其地方政权改革行动的授权法。

需要指出的是，现有宪法、法律、司法解释、法规中，与改革不抵触，与市场经济相适应，现有的运行已经证明是成功的条款，一些甚至是促进改革的条款，仍然要严格执行，要依照这些“法”而推进改革、执政理国。不能走向“无法无天”的另一极端。

然而，改革是一场革命，而不是守成，其必然要与现有的《宪法》、法律、司法解释、法规中相当多的条文相冲突。因此，十八届三中全会的改革决定，特别是 2015 年人大通过成为法后，其地位不次于《宪法》，在创新中碰到一些不适应改革的《宪法》条款时，应当以 21 世纪初期改革大法的要求为准。有的改革直接与目前法律法规的有关有条款相抵触，有的创新是现有“法”中没有归纳的事物，因此，改革的特殊时期，必然要突破狭义“立法在先，依法改革”的制约。改革与法的逻辑关系为：立改革行动大法在先，以此根本大法为依据坚定和坚决推进改革，先行先试，总结经验，吸取教训，逐步推广，并以实践运行的结果，而立体制框架和行为规定等为成型法。

总之，需要纠正对“立法在先，依法改革”的狭义曲解，正确认识其在改革时期的真正含义，以党的十八届三中全会确定的关系中国复兴和民族发展命运的改革大法，大胆试、大胆闯，并按照全会所确定的 2020 年时间表基本完成改革的各项任务，建设一个民主和法治的现代国家。

（作者单位：中央党校）

国家治理与体制改革

政府转型与现代治理体系构建：历史逻辑与实践反思

姚金伟　孟庆国

党的十八届三中全会强调“全面深化改革的总目标是完善和发展中国特色社会主义制度，推进国家治理体系和治理能力现代化”，同时指出“经济体制改革是全面深化改革的重点，核心问题是处理好政府和市场的关系，使市场在资源配置中起决定性作用和更好地发挥政府作用”①。理解这段话，特别需要深刻总结和反思当代政府转型。对政府转型的讨论，学界和政界整体上关注服务型政府和公共服务型政府这两种视角：初期，服务型政府成为讨论的焦点；随着理论研究和政治实践的逐步深入，加大政府财政投入，强化公共服务建设成为推动政府转型的基本切入点和主要落脚点。但这无法解决渐进式的改革道路上所累积的深层次的结构性问题。中国的政府转型之路无法一蹴而就，注定要经历“两个转型历程”：一是从服务型政府的道路规划到公共服务型政府的历史实践；二是从服务型政府的范式选择到现代治理体系的转变。

改革开放以来，中国经济每年保持超过8%的高速增长，这一方面推动了民众生活水平的不断提高；另一方面也使得改革与发展进程中的大量结构性矛盾长期积压。伴随着政府转型进程的加快，单纯地增加民生问题的财政投入尚不足以有效统筹改革、发展和稳定的关系，也无法推进更深刻和更根本性地政府转型和政府再造。由此，在新的历史阶段，中央政府提出构建现代治理体系，提高现代治理能力与水平，这是在总结中国政府转型的历史逻辑和实践反思后，应对中国问题所提出的转型治理战略。因

① 《中共中央关于全面深化改革若干重大问题的决定》，中央政府门户网站（http：//www.gov. cn/jrzg/2013 －11/15/content_ 2528179. htm）。

此，梳理20世纪末以来中国政府转型的政治实践和历史逻辑，并在此基础上探究现代治理体系的内涵是十分必要的。

一 政府转型的历史实践：两个转型历程

自20世纪90年代末以来，政府转型逐渐取代社会转型成为学界和政界关注的焦点。政府转型缘起于对政府职能的反思：改革全能型政府，调整政府职能结构，特别是“强化社会职能，弱化经济职能；强化服务职能，弱化管制职能”成为学界的共识（周志忍，1997；郭宝平，1997；刘艳良，1997）。借鉴西方“政府再造运动”的成功经验，旨在精简机构、降低行政开支、提升政府工作效率和服务质量的第四次政府机构体制改革①随之拉开帷幕。尽管“企业家型政府”的诸多政策工具在机构改革实践中获得广泛应用并取得良好效果（张成福，1998；张成福，1999），但并未能指出中国政府转型的战略方向。张康之（1999）借鉴东亚转型国家的成功经验和中国改革开放的历史实践，提出了引导型政府职能模式，以有效协调政府、市场和社会三者的关系。但如何激励政府在推动社会经济发展的同时，克服其对自身利益的追求，特别是如何有效克服政府规模扩张呢？张康之进一步指出，“要用服务理念取代传统的统治理念和近代以来的管理理念，建立起服务型的政府模式”，“服务型政府”② 的概念由此而生。

服务型政府的内涵如何界定？学者们从不同的视角出发给予概念界定，概括起来，总体上分为四类：（1）创新管理和服务方式，强调建立“政务超市”“阳光大厅”“一站式服务”和“行政审批中心”等，优化工作流程、提倡便民服务和改善服务态度（乔雨，2003；尹戈等，2003）。（2）调整政府职能结构，强调政府的职责重心应从经济建设转向为社会提供公共产品（迟福林，2003，2004，2006；唐铁汉，2004）。

① 即1998年朱镕基总理主持推进的国务院机构改革，此次改革是改革开放以来规模最大的一次政府改革，对后来的国家政治经济和社会结构均产生了深刻影响。参见中央政府门户网《1998年国务院机构改革》（http：//www. cn. gov/test/2009－01/16/content_ 1207000. htm）。

② 服务型政府的概念，最早是在1998年“机构改革”中被提出，本质上是对中国社会主义事业的探索，是中国学者的独立创造。参见张康之《把握服务型政府研究的理论方向》，《人民论坛》2006年第3期。

（3）“再造政府”，强调政府的“公民本位”“社会本位”和“权利本位”，区别“控/统制型政府”和“管理型政府”（张康之，2000；刘熙瑞，2002；谢庆奎，2005）。（4）“规制—服务型”政府，强调遵循“规范、统一、效能、服务、透明”的原则，树立“以公共服务为导向，以规制治理为手段”的理念，提升政府能力及其有效性（朱光磊、孙涛，2005；朱光磊，2005）。整体而言，服务型政府涵括了“以人为本的治理理念、依法行政的行为准则、公众需求导向的服务模式和回应民意的政府责任”①。

学界的热烈讨论，引起政界的广泛关注。2004 年 2 月 21 日，时任国务院总理温家宝在中央党校省部级主要领导干部“树立和落实科学发展观”专题研究班结业式上正式提出了“建设服务型政府”；2004 年 3 月 8 日，温家宝在参加全国人大陕西代表团讨论时又予以重申，更是形成了共识。2005 年全国人大十届三次会议上，建设服务型政府被写入政府工作报告，经人大批准而变成国家意志；2007 年党的十七大报告更是明确地提出“加快行政管理体制改革，建设服务型政府”，从而把我国服务型政府的建设提高到体制改革目标的价值层面。整体而言，建设服务型政府已成为当代政府改革和政府建设的目标选择，尽管存在一定的限制性条件，但建设好服务型政府只是时间的问题，而不是能不能的问题②。推动政府转型既是国家面对国内外环境和挑战的主动性战略选择，更是坚持中国特色社会主义理论自信、制度自信和道路自信的深刻体现。

如果说服务型政府对立于管制型政府，在政府模式的历史演化中从统治型和管理型政府转变而来，本质上是协调政府、公民和社会关系；那么公共服务型政府则对应于经济建设/发展型政府，属于政府职能重点的调整，强调将政府职能重点由经济建设领域转为公共服务领域。迟福林认为，改革开放以来，政府长期充当了经济建设和投资的主体，忽视了经济、社会、区域和生态均衡发展，忽视了公共卫生医疗、社会保障、教育等社会事业的发展，积累了大量的矛盾和不稳定因素，加快经济建设型政府向公共服务型政府的转变，是深刻的“政府革命”；建立一个与经济转型和社会转型相适应的、以人为本的现代政府模式是我国市场化改革的必

① 姜晓萍：《构建服务型政府进程中的公民参与》，《社会科学研究》2007 年第 4 期。
② 吴玉宗：《服务型政府：缘起和前景》，《社会科学研究》2004 年第 3 期。

然选择。唐铁汉也强调，政府的公共服务职能尚不能满足人民群众日益增长的社会公共需求，强化政府公共服务职能是政府职能转变的重要内容，建设公共服务型政府是深化行政管理体制改革的目标[①]。尽管对于服务型政府和公共服务型政府存在诸多的讨论和争论，但公共服务型政府无疑是推进服务型政府建设的重要实践路径。

2005 年年初新修订的《国务院工作规则》明确指出，国务院及各部门要加快政府职能转变，并将政府职能明确界定为四类，即经济调节、市场监管、社会管理和公共服务。[②] 十六大以来，中央政府把解决民生问题摆在重要的议事日程，不断加大财政投入加强公共服务体系建设，使我国社会保障体系迅速发展，公共服务的覆盖面不断扩展。如图 1 所示，经过不懈的努力，公共服务支出占全部财政支出的比重和公共服务支出占 GDP 的比重，双双获得显著提高，公共服务均等化程度显著提升。截至 2012 年年底，公共教育方面，全面实现城乡九年免费义务教育，进城务工人员随迁子女的义务教育问题基本解决，高等教育入学率提高到 30%，15 岁以上人口平均受教育年限达到 9 年以上；社会保障方面，建立了新型农村社会养老保险和城镇居民社会养老保险制度，城乡居民基本养老保险基本实现了全覆盖，各项养老保险参保达到 7.9 亿人；公共卫生方面，建立了新型农村合作医疗制度和城镇居民基本医疗保险制度，各项医疗保险参保超过 13 亿人，令西方震惊的“新医改”获得巨大成功；此外，社会救助和城镇保障性住房等均发展迅速。[③]

尽管公共服务型政府建设改善了人民的公共服务需求，但它无法解决中国社会经济转型中所面临的深层次结构性矛盾。西方发达国家的现代化进程经历了经济市场化和政治民主化，中国改革开放的历史实践深受这两个进程的影响。关注现代化转型的学者发现，“进步主义时代”的美国和现今中国在转型治理方面有着“显著的历史相似之处”（王绍光，2001；Yang，2004）。诚如徐湘林所言，“国家在经济和社会管理中所遭遇的一

① 唐铁汉：《强化政府公共服务职能，努力建设公共服务型政府》，《中国行政管理》2004 年第 7 期。

② 《国务院工作规则》（2004 年 10 月 26 日第二次修订通过，中央政府门户网站（http：//www. gov. cn/gjjg/2005 -09/04/content_ 29136. htm）。

③ 新华社：《政府工作报告》（2013 年 3 月 5 日第十二届全国人民代表大会第一次会议）（http：//news. xinhuanet. com/2013lh/2013 -03/18/c_ 115064553. htm）。

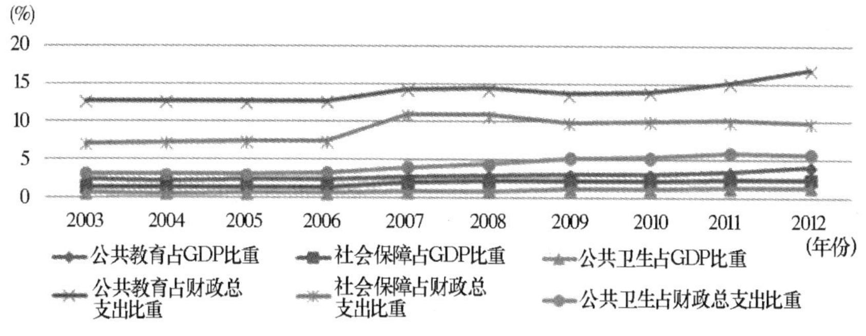

图1　公共服务支出的“两个比重”

数据来源：国家统计局，《中国统计年鉴（2004—2015）》。

系列危机和困境，基本上是经济—社会的结构性变化对政治结构和政府治理能力产生的冲击”①，因此强化国家现代治理能力、构建现代治理体系，推进国家治理体制的改革和转型才是中国克服“转型危机”和“转型陷阱”（Waldreon，2003；Pei，2006）的根本出路。这就决定了当代中国政府转型不能止步于公共服务型政府建设，更应该从服务型政府的范式转入现代治理体系的建构。

对现代政治分析而言，国家治理体系的根本目的是维护政治秩序（亨廷顿，1968）并保障政府能够持续地对社会价值进行权威性分配（伊斯顿，1965）。亨廷顿（1968）强调，国家有效治理的必要条件是具备强大的、能适应的、有内聚力的政治体制。福山（2004）认为软弱无能或失败国家的存在是世界上许多严重问题（从贫困、艾滋病、毒品到恐怖主义）的根源，强调强化国家治理能力的重要性②。对中国而言，王绍光（1990）明确指出，要建立强有力的民主国家③。那么如何测量国家的治理能力和治理水平呢？20世纪90年代以来，政治经济学家开发了一系列测度指标。据统计，可测量国家和地区治理水平的指标大约有140种，并包含数千个单项指标；其中世界银行开发的世界治理指数（Worldwide

① 徐湘林：《转型危机与国家治理：中国的经验》，《经济社会体制比较》2010年第5期。

② ［美］弗朗西斯·福山：《国家构建：21世纪的国家治理与世界秩序》，黄胜强、许铭原译，中国社会科学出版社2007年版。

③ 王绍光：《分权的底线》，《战略与管理》1995年第2期。

Governance Indicators，WGI)[①] 被公认为当前诸多治理定量研究中严谨度高、影响力大、使用面广的综合指标之一。图 2 和图 3 报告了中国和 OECD 国家 1996—2012 年的治理指数分布，数据来自世界银行 WGI 官网。据此，中国的治理指数整体呈上升状态，但波动性较大，而且部分指数（如政治稳定和表达与问责）下降趋势明显；中国的治理指数远低于 OECD 等发达国家水平，即便是中国政治体制所乐观估计的政府效能也远低于 OECD 等发达国家水平；整体而言，中国的治理指数尚处于中等收入以下国家水平。中国政府转型亟待构建现代治理体系，强化国家的现代治理能力。

二 政府转型的历史逻辑及路径选择

中国的政府转型道路经历了“两个转型历程”，背后的历史逻辑何在？亨廷顿在概括政治变迁研究途径时所提出的分析框架值得参考，他认为政治变迁可以从政治系统中不同组成部分之间的变量关系着手，而政治系统则具体由政治文化、政治领导层、政治结构、社会群体和政策五部分构成。[②] 受其启发，徐湘林建议从“意识形态、政治领导层、官僚组织、社会群体和政策内容”探究中国政治转型，并将政策过程研究作为中国政治改革的中层理论[③]。王绍光（2008）借鉴波拉尼在《大转型》一书中对脱嵌社会伦理的自发市场秩序的反思认为，中国社会在经历了 20 世纪 90 年代的“市场社会”梦魇之后，出现了反向运动，并在催生一个“社会市场”，而政府也加大对缩小地区和城乡差距以及降低社会风险（包括建立和完善最低生活保障、医疗保障、养老保障、工伤保险和失业保险等制度）的财政和政策投入，以确保全体人民分享市场运作的成果[④]。王绍光的分

---

① 指标的创立者考夫曼（Kaufman）等在 1999 年首次公布了世界治理指数，提供了可比指数和多层治理测量相结合的新途径。该指标具体包括六项具体指标：表达与问责、政治稳定、政府效能、监管质量、法治和腐败控制。具体参见世界银行 WGI 官网（http：//info. worldbank. org/governance/wgi/index. aspx#reports）。

② ［美］亨廷顿：《导致变化的变化：现代化、发展和政治》，载［美］西里尔·布莱克主编《比较现代化》，杨豫、陈祖洲译，上海译文出版社 1996 年版，第 82—83 页。

③ 徐湘林：《从政治发展理论到政策过程理论——中国政治改革研究的中层理论建构探讨》，《中国社会科学》2004 年第 3 期。

④ 王绍光：《大转型：1980 年代以来中国的双向运动》，《中国社会科学》2008 年第 1 期。

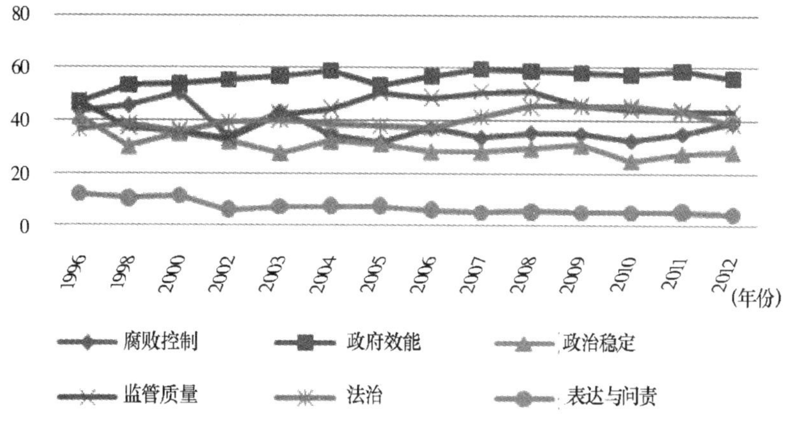

图2　世界治理指数（WGI）之中国

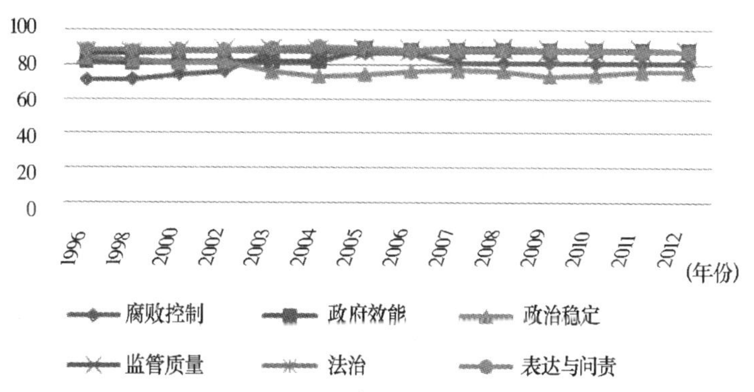

图3　世界治理指数（WGI）之 OECD 国家

析整体上是从社会群体和政策内容的视角看市场和社会转型，但这对于理解中国体制下的国家转型仍是不够深入的。对中国而言，不管是经济改革还是政治改革，国家都是起主导作用的力量，其中特别重要的是政治领导层和官僚组织。诚如 Shirk（1993）而言，邓小平和戈尔巴乔夫一样，均遭遇到受益于计划体制的中央经济官僚的反对，但邓小平通过各种形式的放权让利，获得了地方官僚的政治支持，从而赢得了市场改革的主导权①。

① Susan L. Shirk. *The political logic of economic reform in China*. Berkeley: University of California Press, 1993.

此外，对中国政府转型而言，意识形态变迁在其中也扮演了重要作用（郭宝刚，2003）。据此，本文提出“倒H型”分析框架，如图4：

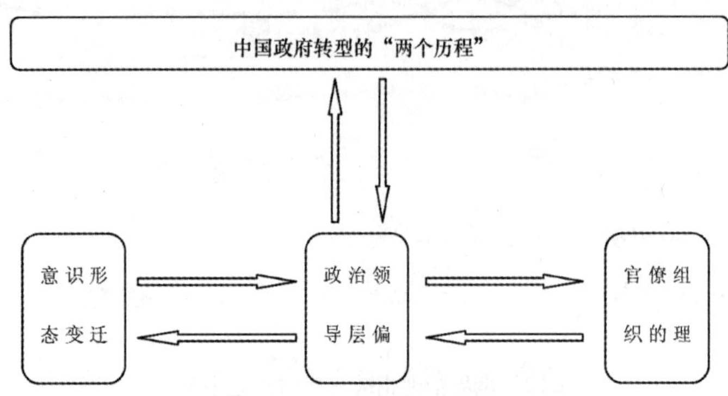

图4　中国政府转型的倒H型分析框架

对中国政府转型而言，政治领导层偏好和战略意志处于核心地位，而意识形态和官僚组织对政府转型的影响均是通过影响政治领导层来实现；当然，在此过程中并不存在纯粹的单向运动，而是普遍存在双向建构的过程，而这则是中国政治体制中民主化和制度化增强的结果。在中国的政治体制下，上层政治领导人对社会经济结构和社会政治权力关系的领悟力以及对现实政治的需求，成为其进行政治选择和行动的依据。但这并不意味着中国的政治体制仍然是封闭和高度集权的，理解当代中国的政治经济问题特别需要关注中国的政治结构设计，其中特别重要的是党委的“集体领导制”① 和行政上的“碎片化威权主义”②。本文所提出的“倒H型”分析框架旨在强调，对中国政府转型的“两个历程”而言：服务型政府的转型根本上是推动意识形态变迁和民众认同需要的结果，从服务型政府到公共服务型政府则更

① 1980年2月十一届五中全会通过《党内政治生活若干准则》，重新确立了党委“集体领导”的组织制度；其后该制度不断得到巩固、完善和发展。具体可参考胡鞍钢《中国集体领导体制》，中国人民大学出版社2013年版。

② 李侃如、兰普顿、奥克森伯格和诺顿等学者认为，中国政策过程由官僚机构、受组织角色和能力约束的行动者等之间的竞争性活动所构成，为了谋取更大的利益和更好的职位，各个部门和官员们纷纷提出自己的改革诉求，从而最终从整体上推动了改革。具体参考 Kenneth G. Lieberthal, David M. Lampton, *Bureaucracy, Politics, and Decision Making in Post - Mao China*, University of California Press, 1992。

多地受到官僚集团特别是地方政府官僚组织的理性追求影响，而从服务型政府转向现代治理体系则是政治领导层偏好和战略意志的结果。

服务型政府作为中国政府转型的目标选择，有着深刻和复杂的历史背景，其中最根本的是强化意识形态对社会的影响，并重新塑造民众认可和关系民众普遍利益的文化价值观。改革开放以后，意识形态教育逐渐弱化，特别是伴随着市场化改革的冲击，党的意识形态工作日益松弛。在当时的历史背景下，党对意识形态控制弱化主要源自三个方面的压力：（1）市场导向的经济体制改革遇到计划官僚体制的掣肘、制度性和非制度性的腐败和寻租的盛行以及市场化的竞争压力和分配方式的变化激起了民众对生活现状的不满，自由主义思潮泛滥;[①]（2）苏东剧变给中国的政治改革前景带来了巨大的不确定性，关于中国崩溃的讨论不绝于耳，一些学者甚至给出了中国崩溃的时间表;[②]（3）加入世贸组织使中国的经济体系和政府管理体制受到国际经济体系更多的压力，为了更好地融入世界市场，必定要适应世贸组织规则和成熟市场国家的规范。[③] 意识形态的弱化影响了政权的合法性，在此情况下，加强党的自身建设，提高执政能力，深入推进经济市场化改革进程中保持政治稳定是首要任务。为此，以江泽民为核心的第三代领导集体特别重视意识形态教育：1995 年，江泽民提出“讲学习、讲政治、讲正气”，并随后开展了全国范围内的“三讲”党性教育学习;[④] 2000 年年初，江泽民在广东考察工作时提出“三个代表”的指导思想，2002 年年底召开的十六大上将“三个代表”写入党章。[⑤] 诚如诺斯所言，意识形态对制度变革具有直接影响[⑥]。服务型政府的提出，在社会转型期妥善处理了政府与公民的关系，在重塑政府和公民普遍利益的同时，既强化了政府权威，又强化了党的意识形态影响，为社会转型提供了稳定的预期，在确保政治

① 徐湘林：《中国的转型危机与国家治理：历史比较的视角》，《复旦政治学评论》2011 年第 1 期。

② Zheng Yongnian, *China's Political Transition*, The University of Nottingham, China Policy Institute, 2006.

③ 刘熙瑞：《服务型政府——经济全球化背景下中国政府改革的目标选择》，《中国行政管理》2002 年第 7 期。

④ 倪迅：《“三讲”教育始末》，《光明日报》2002 年 11 月 13 日。

⑤ 《“三个代表”重要思想》，新华网（http://news.xinhuanet.com/ziliao/2003-01/21/content_699933.htm）。

⑥ North, Douglass C., *Institutions, Institutional Change, and Economic Performance*, Cambridge: Cambridge University Press, 1990.

稳定的同时，深刻推进了服务型政府的转型。

尽管中央政府大力推进服务型政府建设，以重新凝聚民众的改革意愿，坚定社会主义道路，但在实际的政治实践过程中则遭受到极大的阻力和挑战，其中尤其以地方官僚集团的反应最为强烈。服务型政府本质上是政府的自我革命，是对传统的统治型和管理型政府的根本颠覆，反对官僚本位，强调突出“公民本位”和“社会本位”，而这则在很大程度上损害了官僚集团的利益。在另一篇经验分析文章中，基于1995—2006年中国省级财政支出结构，特别是公共服务支出和经济建设支出的结构分布面部数据研究，发现：对于地方政府的服务型政府转型而言，根本上由官僚的理性追求所主导，而非公众需求导向型；而官僚的理性追求则具体包括谋求政治晋升、财政激励和权力扩张；只有当政府转型符合官僚集团的理性追求时，其才有激励推进服务型政府转型。以地方政府奢华楼堂馆所为例，服务型政府是排斥此类官僚主义和形式主义作风的，但从各地的实际情况看，尽管中央政府三令五申，频繁发令严禁地方“奢靡之风”，但往往成效甚微，一些地方政府依旧“我行我素”甚至“变本加厉”，地方政府违规营建奢华楼堂馆所已成为“政治恶疾”①。在地方官僚的消极应对下，服务型政府的转型范式选择逐渐在实践中异化为“公共服务型政府”，尽管从财政投入上看，各级政府普遍增加了与民生密切相关的公共服务方面的财政支持，但就政府自身的“革命”而言，则成效甚微。行政效率低下、服务质量满意度低、官僚主义和形式主义等在各级政府中表现仍然比较普遍。

中国渐进式的改革走到今天，所面临的各种经济、社会和政治问题对国家治理体制产生了巨大压力和一定的治理困境，但这并不意味着中国陷入了“治理危机”，也并不意味着中国的改革无法深入。既要解决西方工业化时代所产生的类似社会问题和冲突，又要解决后现代出现的“新社会运动”给国家体制带来的治理压力，这是中国现代亟须解决的问题，而这超出了单纯服务型政府所能解决的能力范围。习近平在2014年年初省部级主要领导干部学习贯彻十八届三中全会精神全面深化改革专题研讨班讲话中重申“完善和发展中国特色社会主义制度、推进国家治理体系

① 姚金伟：《扶持之手还是掠夺之手？——中国地方政府的投资抉择研究》，《财经问题研究》2014年第2期。

和治理能力现代化”，并明确指出要“适应国家现代化总进程……实现党、国家、社会各项事务治理制度化、规范化、程序化，不断提高运用中国特色社会主义制度有效治理国家的能力……把他人的好东西化成我们自己的东西……坚定制度自信，不是要故步自封，而是要不断革除体制弊端，让我们的制度成熟而持久”①。在此背景下，推进政府转型由服务型政府向现代治理体系的转变，是政治领导层战略意志的体现。自2012年11月十八大召开以来，国家严抓廉政建设和作风问题，“苍蝇”“老虎”一起打，据统计，已有上万名违反八项规定的官员被依法查处，其中也包括二十多名省部级“大老虎”②。诚如俞可平所言，“如果不采取突破性的改革举措解决国家治理中存在的紧迫问题，那么目前的局部性治理危机有可能转变为全面的统治危机和执政危机”③。十八届三中全会以来，习近平陆续兼任中央全面深化改革领导小组组长、中央国家安全委员会主席、中央网信领导小组组长和中央军委深改组组长，其他常委则分任副组长或副主席，这显示出政治领导层深化改革的决心和魄力，有助于从根本上克服碎片化、短期行为、政出多门以及部门主义和地方主义，推进国家治理体系现代化的构建。

三 现代治理体系的内涵及战略选择

如何理解国家现代治理体系的内涵？徐湘林认为，在现代政治分析中，国家治理通常首先指国家的最高权威通过行政、立法和司法机关以及国家和地方之间的分权，从而对社会实施控制和管理的过程；国家治理的绩效表现为国家和政府的合法性、组织性、有效性和稳定性等要素相关④。何显明考察西方工业化国家的转型历史，认为政府与市场、社会的互动关系（主要关注三者相对自主的行为边界，以形成相互支撑的合作治理框架），政府内部多元治理主体之间职责权限的分工（强调建立纵向

① 《习近平：推进国家治理体系和治理能力现代化》，新华网，2014年2月17日（http：//politics. people. com. cn/n/2014/0217/c1024－24384975. html）。

② 《盘点：十八大以来落马的省部级高官》，人民网，2014年2月19日（http：//ah. people. com. cn/n/2014/0219/c358266－20601069. html）。

③ 俞可平：《推进国家治理体系和治理能力现代化》，《前线》2014年第1期。

④ 徐湘林：《转型危机与国家治理：中国的经验》，《经济社会体制比较》2010年第5期。

和横向的政府间合作关系，提升政府治理的整体绩效），构成了现代国家治理体系成长的两大主轴；他进一步指出中国要回归常态国家，国家治理要逐步告别非常规的运动式治理，转入常规的制度化治理。[①] 唐皇凤梳理了新中国60年来国家治理体系的历史演进，认为执政党主导和组织化调控是新中国国家治理体系的本质特征，他强调构建网络化的执政党—国家—社会—市场组织是建设国家现代治理体系的组织基础，具体而言则是构建一个执政党组织、政权组织、条线管理部门、市场组织、企事业单位、基层社会等组成的平等、合意、互信互利的网络治理结构，由此实现以控制为主导的组织化调控向以“规训”为主导的制度化调控转变，并推进社会秩序和人心秩序的有机衔接。[②] 俞可平认为，国家治理体系就是规范社会权力运行和维护公共秩序的一系列制度和程度；具体而言，则包括国家的行政体制、经济体制和社会体制；衡量一个国家的治理体系是否现代化，至少包括五个标准，即公共权力运行的制度化和规范化、民主化、法治、效率和协调。他明确指出，十八届三中全会所说的“国家治理体系和治理能力”，其实指的是一个国家的制度体系和制度执行能力[③]。综上，目前学者普遍认为，构建政府、市场和社会有机融合的合作治理网络，推进包括政策决策制度、公共财政与预算制度和干部人事制度在内的现代国家制度体系建设是推进现代治理体系、强化国家现代治理能力的根本途径（张康之，2008；竹立家，2013）。

现代社会是一个高度组织化的社会，对任何一个国家，特别是大国而言，没有强有力的权力组织结构既无法保证社会的秩序稳定，更无法推进善治。对现代政治而言，政党政治扮演着核心作用，任何执政党都充当着选民的动员者、政府的组织者、国家与社会的连接者以及社会利益的整合者角色。不能建立有效的权力组织网络结构深入社会基层和各种利益组织群体，任何执政党既无法获得权力，也无法有效保持权力，更无法切实实现政治体系中社会利益的完整输入、表达和整合。对于当代欧美国家的政党轮流执政而言，金钱政治、政治动荡和利益集团绑架等问题盛行，选民

① 何显明：《政府转型与现代国家治理体系的建构——60年来政府体制演变的内在逻辑》，《浙江社会科学》2013年第6期。

② 唐皇凤：《新中国60年国家治理体系的变迁及理性审视》，《经济社会体制比较》2009年第5期。

③ 俞可平：《推进国家治理体系和治理能力现代化》，《前线》2014年第1期。

的利益整合机制被严重扭曲，由此选民的政治冷漠感越来越强，而政治娱乐化则越来越流行；而对于新兴的民主国家而言，政党政治造成社会的分裂和对抗，政局长期混乱动荡，严重影响了经济发展和民众福利水平的提升。而考察现代中国的历史转型却可以发现：中国共产党所主导的权力组织结构对社会的再组织化既是立国兴国的基础，又是改革开放以来强国富国的基础。因此，推进国家治理体系的现代化，关键是推动党的领导、组织和功能制度化、现代化，进一步强化党的权力网络结构，形成党、国家和社会的有机互动和协调的组织基础。

伴随着中国市场化改革，西方学者不断质疑和批评中国的政治民主化进程缓慢，特别是批评中国的党国体制，这既是对民主的狭隘理解，更是对中国近代历史的漠视。林尚立指出，“对制度合理性与合法性的经验把握，关键在于把握制度与现实运动之间的契合性，即能够适应现实运动的要求，创造现实运动的发展”①，“对国家社会经济有效发展而言，构建有效政治以确保权威、秩序和活力是极其重要的”②。党国体制以党国同构、党国一体为表征，核心是政党在国家权力系统中处于轴心地位，实质是“党治国家”。陈明明认为，对中国共产党而言，“党国体制”是人民民主的最高形式，在党的意识形态中，党的领导地位也无须依靠法律来规定，党的领导地位来自人民的信赖，党权的崇高和党治的推行并不是靠强制和命令而是靠示范和献身精神取得的。③ 考察中国近代历史，中国共产党的政党体制吸收了孙中山建党思想和苏联政党组织形式，并在改造国民党封闭系统后而建立起的依托现代政党组织与官僚组织使行政权力深入基层社会，进而强化了政权组织、动员、汲取和调控能力。④ 更重要的是，中国共产党正是基于超强的权威合法性与组织渗透能力，建立了现代国家，并成为直接治理社会和推动现代化进程的主导力量，中国共产党的执政党地位是历史和人民选择的结果。根据人民民主理论，政党权力和国家权力融

---

① 林尚立:《政党、政党制度与现代国家——对中国政党制度的理论反思》,《复旦政治学评论》2009 年第 7 期。

② 林尚立:《有效政治与大国成长——对中国三十年政治发展的反思》,《公共行政评论》2008 年第 1 期。

③ 陈明明:《党治国家的理由、形态与限度——关于中国现代国家建设的一个讨论》,《复旦政治学评论》2009 年年刊。

④ 党国体制的形成具有深刻的历史文化根源，也是近现代国家转型的必然选择。具体参考林尚立《当代中国政治形态研究》，天津人民出版社 2000 年版。

为一体，执政党领导国家履行政权组织的经济建设、文化建设和社会服务功能。中国共产党的权力组织结构是国家发展和历史转型的结果，是中国特色社会主义制度的组织根基。然而近年来，党的权力组织结构软化和功能弱化是客观事实，强化国家现代治理能力，要“实现党、国家、社会各项事务治理制度化、规范化、程序化，不断提高运用中国特色社会主义制度有效治理国家的能力”①。

同时，重塑党组织的公信力和国家权威是国家治理体系制度化和现代化的价值基础。倪乐雄认为，“一个国家的崛起归根结底是精神状态的崛起，精神崛起是一个民族崛起的真正原动力，也是支撑崛起后盛况的基础”②。文化是制度的根基，不同社会治理模式之间的差异在一定程度上取决于其价值，一个社会治理体系要解决朝着什么样的方向构建自己的问题，首先要解决确立什么样的价值的问题。对于中国的治理体系而言，社会主义核心价值体系和中国特色社会主义理论体系就构成了现代治理体系的文化和价值根源。近年来，公职人员作风问题、社会群体性事件、食品药品安全问题、军队和司法体系腐败等频发造成政府公信力严重流失，国家权威遭受严重打击，从根本上挑战和动摇了社会核心价值体系，削弱了党组织的感召力和影响力，造成了一定程度的意识形态混乱。当前中国正处于战略发展的关键时期，能否凝聚富国强国的核心社会价值观关系到中国“两个一百年”战略目标落实和中华民族伟大历史辉煌的复兴。国家现代化水平越高，中国共产党越应该强化文化和价值引导，“坚守我们的价值体系，坚守我们的核心价值观，必须发挥文化的作用”③。

四 总结和讨论

中国的发展是一种高度时空压缩的发展：从计划经济到市场经济、从乡村性的农业社会到城市化的工业社会、从传统社会到现代社会。作为后发国家，欧美发达国家一两个世纪的发展历程被压缩到一两代人，而这相

---

① 《习近平：推进国家治理体系和治理能力现代化》，新华网，2014 年 2 月 17 日（http：//politics. people. com. cn/n/2014/0217/c1024 – 24384975. html）。

② 倪乐雄：《和平崛起与国际文化环境的思考》，《中国社会科学》2004 年第 5 期。

③ 《习近平：推进国家治理体系和治理能力现代化》，新华网，2014 年 2 月 17 日（http：//politics. people. com. cn/n/2014/0217/c1024 – 24384975. html）。

应地对中国的政府转型提出了巨大的挑战和要求。本文梳理了20世纪90年代末以来中国政府所经历的两个历程，即从服务型政府到公共服务型政府的转变以及从服务型政府到现代治理体系的转变。借鉴亨廷顿和徐湘林的政治发展分析框架，本文提出了中国政府转型分析的“倒H形”模型，认为服务型政府的提出根本上是推动意识形态变迁和民众认同需要的结果，从服务型政府到公共服务型政府则更多地受到官僚集团特别是地方政府官僚组织的理性追求影响，而从服务型政府转向现代治理体系则是政治领导层偏好和战略意志的结果。而对于时下所热烈讨论的现代治理体系，除了学者所倡导的构建政府、市场和社会有机融合的合作治理网络以及强化国家现代制度体系建设外，本文强调要进一步强化党的权力组织结构建设，并重塑党的公信力和国家权威，奠定国家现代治理体系的组织基础和价值基础。回顾当代政府的转型的实践历程和历史逻辑，有两点深刻的感悟：

第一，有效统筹现代政党和现代国家的权力组织结构，构建中国特色的社会主义现代治理体系。现代治理本质上就是网络化治理。对现代国家而言，权力组织网络是维系国家治理强有力的工具，组织化是国家治理的核心机制。对于转型中国而言，组织功能效度直接决定了国家治理成败。随着市场化和民主化程度的加深，一方面党组织（特别是基层党组织）和行政组织（特别是基层事业单位和基层自治组织）出现弱化，另一方面各类企业组织、行业组织、社会团体等发育日趋成熟，在此背景下亟待进一步强化党组织的凝聚作用，并以此为支撑构建现代多中心治理结构。特别值得注意的是，要深刻理解中国特色社会主义现代治理体系的深刻内涵，在持续深入推进党的组织领导和国家现代制度建设的过程中，实现二者更深入的互动和融合。

第二，要坚持顶层设计和底层创新相结合，但要克服碎片化、短期行为、政出多门以及部门主义和地方主义。现代治理体系强调组织的协同治理创新，既要强调组织自身的自主性，更要强调组织之间的协同性。中央政府要纵览全局，加强顶层设计，要站在富国强国和民族复兴的战略高度上，超越部门和地区碎片化利益，挣脱既得利益的束缚，进行全局性的统筹规划。同时，地方政府也要积极推进治理理念和方式的变革与创新，探索符合中央意志和地方发展实际的新思路、新做法和新经验，为中央政府的顶层设计提供鲜活的实践经验。

（作者单位：清华大学）

对新时期建设节约型政府的思考

张　国

进入 21 世纪之后，我国经济与社会发展所面临的资源、环境和生态等方面的压力进一步加大，我国的可持续发展问题已经引起社会各界的高度关注。在此大背景下，我国中央政府及时提出了节约型社会建设的先进理念，有助于推动我国经济和社会方面能够实现持续、快速、健康发展。在现阶段，由于政府处在对社会中各种资源的控制地位上，所以在节约型社会的建设进程中，各级政府就应当率先垂范，大幅度地降低自身对各种社会资源的消耗和浪费，努力实现由高成本型政府向节约型政府的转变。在实践中，节约型政府的建设既涉及政治体制改革这一根本性的问题，也体现在政府日常工作的方方面面。因此，节约型政府的建设不可能在短期内就完成，它需要在党的领导下逐步推进。在此，本文从以下三个方面对节约型政府的建设问题进行初步的探讨，希望能够得到方家的批评与指正。

一　对节约型政府内涵的界定

在探讨节约型政府的建设问题时，有必要先对其内涵加以界定。所谓节约型政府，主要是指职能定位准确、规模适度、运行科学与高效的政府。这一定义包括四层含义：第一，政府要用有限的资金履行应该履行的职能，即“办该办的事”，这涉及政府的职能定位问题；第二，政府要尽量降低自身运转所需要的花费，这涉及政府体制问题；第三，政府应当保证行政决策能够实现预期的良好结果，这涉及政府决策科学化问题；第四，政府要有效率地使用资金，即“把该办的事办好”，这涉及政府的行政效率问题。[①] 简而言之，节约型政府的内涵定位可概括为以相同或相对较少的自然资源消耗或自然成本投入，取得相对较高或较优的经济效益、社会效益与生态效益及其统一，最终能够有利于促进人与自然和谐的政府。[②] 从以上对节约型政府的界定中可以看出，节约型政府的建设，就是要逐步降低政府在正常运行中直接和间接的人力、物力和财力的消耗，使政府真正成为法治的政府、廉洁的政府和透明的政府。

二 我国政府运行成本过高的表现及其原因分析

（一）我国政府运行成本过高的表现

政府的运行成本，主要包括直接成本和间接成本两个方面。所谓直接成本，则是指政府自身正常运转所消耗的人力、物力和财力，涵盖政府部门全体工作人员的工资和福利支出、政府的日常行政办公支出，而包括公务接待、公车消费、公费出国三方面开支在内的“三公消费”则是后者支出的主要部分；而间接成本则是政府由于决策失误而造成的人力、物力和财力方面的浪费。我国政府运作成本过高也主要就体现在这两个方面。在现阶段，我国政府运行成本过高已经是不争的事实。在此，主要从政府行政管理费用的增长和其中“三公消费”这两个方面来进行具体的分析和说明。

首先，来看政府部门行政管理费用的具体增长情况。可以说，改革开放30多年以来，我国行政管理经费的增长之快实为世界所罕见。其中，从1978年至2003年的25年间，我国行政管理费用增长87倍，而同期财政收入增长21倍，GDP增长31倍。行政管理费占财政总支出的比重1978年为4.74%，到2003年上升到19.03%。这个比重比同时期日本的2.38%、英国的4.19%、韩国的5.06%、法国的6.50%、加拿大的7.10%、美国的9.90%，分别高出16.65、14.84、13.97、12.53、11.93和9.13个百分点。近年来，我国政府的行政管理费用还在大幅度上升，平均每年增长23.00%。[③] 从上述比较中可以看出，我国行政管理费用的

---

① 沈亚平、徐悦：《节约型政府本质之探索》，《行政论坛》2006年第6期。

② 黄爱宝：《“节约型政府”与“服务型政府”的内涵定位与范式契合》，《社会科学研究》2007年第5期。

③ 任玉岭：《行政成本之高令人触目惊心》，《科学决策》2006年第4期。

增长既与整个国家财力的增长状况不相符，也与我国的国际地位是不相称的。因此，很有必要控制住我国政府部门行政管理费用快速上升的不良势头，使之保持在一个与我国国情相匹配的水平。

接着来审视一下政府部门“三公消费”的情况。每年“三公消费”的总额并没有确切的数据，不过，国家行政学院教授竹立家曾考察过各方面数据，包括公开的和一些人大代表的议案，推算2006年的政府“三公消费”规模在9000亿元左右，其中公车消费4000亿元左右，公费出国3000亿元左右，公款吃喝2000亿元左右。2006年8月，国家信息中心经济预测部宏观政策动向课题组引用的数字为“2004年全国公款吃喝3700亿元”。而且，2006年10月30日《瞭望》数字显示，当年的“三公消费”中，除了公款吃喝，公车消费3986亿元、公款出境旅游性消费2400亿元。同年，《学习时报》也刊登文章称，我国公车消费和公款吃喝一年的总数高达6000亿元以上。[①] 从以上所列的数据不难看出，我国政府每年在“三公消费”方面的数字是以千亿元来计算的，如果进行简单的推算，目前的总额恐怕已经突破了1万亿元大关。在此情况下，每年压缩几十亿元，乃至上百亿元的“三公消费”方面的开支就不足以鼓舞人心了。可以说，“三公消费”是直接与广大人民群众的切身利益息息相关的，毕竟“三公消费”是来自纳税人的钱。如果各级政府能够廉洁行政，大力减少“三公消费”，在运行成本比较低的情况下，就能直接促进公共服务事业的发展，从而更好地解决包括就业、教育、医疗、社会保障等在内的民生问题。因此，在节约型社会建设的进程中，政府必须切实解决“三公消费”居高不下的问题，从而真正地维护、发展和实现好广大人民群众的利益。

（二）我国政府运行成本过高的原因分析

在现实中，我国政府机关运行成本过高是多方面因素综合作用的结果。在此，着重从以下几个方面来对此进行分析和探讨。

首先，政府机构臃肿，行政机关人员过多。在研究中发现，我国政府机构虽然经过了几次大规模的精简，在短时间内行政机构的数量有所下降，但是每次精简之后都会迎来新一轮的扩张。而政府机构的膨胀则必然

---

① http：//www. cb. com. cn/1634427/20110111/179573. html.

导致行政人员的增加，国家财政供养的行政人员越来越多，政府机关所消耗的社会资源也就会得到增加。例如，在2000年，财政供养人口4290万人，其中行政人员988万人，事业人员3292万人，按该年党政机关10043元的平均工资计算，一年的人头费就是4300多亿元，占当年财政收入13380亿元的32%，使我国本来就有限的财力更加捉襟见肘。① 在政府机构过多和政府机关人员数量庞大的现实情况下，政府过高的日常运转开支就很难真正地降下来。

其次，政府机关的节约意识普遍偏低。在现行的政治体制下，政府机关工作人员的节约意识不强。他们中的多数人认为，改革开放三十多年来，我国的经济与社会的发展已经取得了巨大的成就，在日常的工作中多使用一些国家的资源是不算什么的，不值得大惊小怪的。在研究中发现，正是由于平时的节约意识不强，政府机关办公中的浪费现象十分严重和惊人，它主要表现在政府机关的能源消耗、公车使用、公款吃喝、公费旅游、办公场所的建设、政绩工程的建设、会议开支等诸多的方面。在此，以政府机关的能源消耗和办公场所建设为例进行说明。在能源消耗方面，国家有关管理部门对2002年我国政府机构能耗情况的统计表明，能源费用超过800亿元，电力消耗总量占全国总消耗量的5%，接近全国8亿农村人口生活用电水平。北京市对全市48家市、区政府机构2004年能源消费进行的问卷调查显示，政府机关的人均耗能量、人均年用水量和人均年用电量分别是北京居民的4倍、3倍和7倍。其中，政府机构的人均年用电量在最高值时相当于北京居民的19倍。② 在办公场所的兴建方面，政府机关也多处在超标准的状态。例如，阜宁县是江苏省北部经济欠发达地区，该县检察院、交通局等部门在未取得土地使用证、开工许可证等手续的情况下，占用农田建设办公楼，有的部门人均办公面积达100多平方米，远远超过人均20平方米的标准。据了解，阜宁县全年财政收入12亿元，而要建好这些办公楼所需投资超过15亿元。③ 从上述的事例中不难看出，在节约型社会的建设过程中，政府部门应当成为其中的表率，他们在节约社会资源方面有很大的潜力可挖。在整个社会的资源总量一定的情

---

① 武明楠、尹灵枝：《政府行政成本探究》，《北方经济》2009年第6期。

② 袁绍明：《建设节约型社会与遏制政府浪费》，《文史博览》2008年第5期。

③ 央视《焦点访谈》：《江苏阜宁多部门违规建办公楼》，《京华时报》2011年4月8日。

况下，只有政府大幅度降低自身的资源消耗，大兴节约办公之风，才能够使经济社会的发展拥有更加充足的社会资源。

再次，对政府日常运行的监督工作很不到位。在现阶段，由于多方面因素的综合作用，各级人民代表大会、政府内部的审计部门、社会各界很难发挥出对政府行政开支方面的有效监督作用。在此，以各级人民代表大会对政府部门的预算监督为例来分析这方面所存在的一些突出问题。为了确保自身正常而有序的运转，政府部门必须做好预算的编制工作，并且要在同级人民代表大会的审议之后加以修订和完善。在调研中发现，各级人民代表大会对政府预算监督的专业性不够强，积极性和主动性也不够，从而导致监督的效果很不理想。不少人大代表缺少预算方面的专业知识，对政府预算的项目、政府预算的收入和支出等概念缺乏正确的理解与把握，这样的监督就只能是形式和程序上的，难以发挥出应有的积极作用。同时，也应当看到法律方面所存在的突出问题。《中华人民共和国各级人民代表大会常务委员会监督法》自身也存在着一些不足之处，特别是在监督的公开性和参与度方面是比较欠缺的，该法所规定的公开对象多限于监督的结果，而少有监督过程的公开，仍然存在明显的欠缺，尚待以后进一步的修订和继续完善。

最后，政府决策的失误问题。在实践中，由于一些政府部门仍在使用传统的方式方法进行决策，决策方面的失误就很难避免了，而由此所造成的社会各方面的资源损失通常是巨大的。国家行政学院薄贵利教授认为，政府决策失误与社会无谓成本是成正比的。政府决策失误多、决策失误大，社会无谓成本就会大幅度上升。而社会被迫支付的无谓成本，其表现形式是多种多样的，它有可能使许多人付出鲜血和生命的代价，有可能会贻误许多发展机遇，有可能给社会带来沉重的负担，还不可避免地会造成重大的经济损失，从而会削弱国家的实力，甚至导致国家的衰亡。[①] 从上面的分析可以看出，政府决策的失误往往会造成难以估量的损失；而要想真正大幅度地降低政府运行的成本，就必须尽可能地减少政府在决策方面的失误。

---

①　薄贵利：《政府决策失误：代价、原因与对策》，《中国行政管理》2007 年第 10 期。

三 新时期建设节约型政府的基本对策

在全面建设小康社会这一新的时期，我国节约型政府的建设是一项社会系统工程，它与政府自身、权力机关和整个社会三个方面密切相关，也需要经过一个相当长的时期才能最终完成。在现阶段，节约型政府的创建至少应当从以下几个方面来努力：

其一，政府机关必须继续发扬艰苦奋斗的优良作风。改革开放三十多年来，我国的经济建设与社会发展取得了举世瞩目的成就和业绩，但不可否认的是，我们也为此付出了高昂的发展成本和代价。考虑到自身所面临的人口、资源和环境等方面的巨大压力，我国仍旧是发展中国家，勤俭节约搞建设的艰苦奋斗之风不但不能丢弃，而且应当在新的时期继续发扬。在政府机关，应当继续开展这方面的教育实践活动，而且应当着力促进全体公务员将勤俭节约的意识逐步转化为自身的切实行动。在此，广大的政府领导干部应当以身示范，努力成为本单位和本部门勤俭办公的带头人，以形成勤俭办公的良好氛围。例如，2011 年 4 月 6 日，武汉市委、市政府办公厅下发文件提出，在全市性工作会议上的讲话稿，一般不超过 8000 字；其他会议上的讲话稿，一般不超过 5000 字。汇报发言原则上不超过 10 分钟；其他与会人员发言一般不超过 5 分钟等。[①] 这就是在实践中探索出的节约型政府建设的一种比较好的做法，值得在全国范围内加以推广。为此，中央应当注意发挥好地方政府在节约型政府建设中的积极性、主动性和创造性，从而争取早日实现节约型政府的创建目标。

其二，继续大力推进政府机构精简工作。政府机构的精简工作应当继续推进，并且要坚决走出精简—膨胀—再精简—再膨胀的怪圈。在精简政府机构时，一方面，必须将那些不能够适应时代和社会发展要求的机构尽快废除掉，并要努力做好相关人员的顺利分流和妥善安置工作。另一方面，对各个行政机关应当按照职责设岗，坚决裁掉没有明确职责的行政人员。在精简机构之后，就能够使政府机关工作人员的职责更加明确，人浮于事的局面将会得到很大的改观。当然，随着经济和社会的不断发展，政府工作所涉及的方面还会日益扩大，新机构的设立可能是必要的。在着眼

---

① 中央人民广播电台：《武汉规定领导讲话八千字内》，《京华时报》2011 年 4 月 8 日。

于节约型政府建设的情况下，首先要考虑到的就是，原有的行政机构和办公人员能否承担起新的、更多的职责和任务。在迫不得已的情况下，才可以去考虑成立新的机构和招聘相应的行政人员。同时，应当努力避免以安置相关人员为目的而设置新机构的行为和做法，坚决杜绝相关腐败行为的发生。

其三，对政府部门实行全方位的有效监督。节约型政府的建设与对政府行政工作的监督是密切相关的。只有将政府的行政开支置于全方位的监督之下，节约型政府的建设才是有希望的。在此主要探讨的是对政府预算的监督问题。首先，作为各级权力机关的人民代表大会应当履行好对政府预算的监督工作。各级人民代表大会不仅应当在开会期间做好这方面的监督工作，认真审议同级政府的年度预算报告，而且在闭会期间也不能忽视这方面的工作，必须进一步强化相应的社会调研工作。各级人民代表大会在履行这方面的监督职能时，必须避免形式主义的作风，而要以对人民负责的态度去发现政府在预算方面所存在的突出问题，进而督促政府及时地进行相应的整改。同时，还必须看到，人民代表的专业素质在很大程度上决定了他们监督作用的发挥。因此，就必须加强对各级人民代表财政学方面专业知识和技能的培训工作，使他们尽可能地以内行的身份来履行好自身对政府的监督职责。其次，政府内部的审计部门也必须切实履行好对政府其他部门预算方面的审查工作，并及时地将审计中所发现的主要问题向有关部门反映。最后，整个社会也要尽到对政府预算收入和支出情况加以监督的职责。社会中的各界人士在发现当地政府机关在这方面存在的问题时，应当及时地向本地人民代表大会的代表反映，以便使得政府的相关问题得到有效的解决，而不致产生更为严重的后果。在全方位的监督机制日益健全的情况下，政府的日常运行成本将会得到比较好的控制。

其四，在政府机关逐步推行公务外包制度。在研究中发现，实行公务外包，将政府部门的一部分公务活动委托给信誉良好的社会机构来打理，这样就有助于提高行政的透明度，在一定程度上可以降低政府机关的行政运行成本。上海市早在2003年颁布的《上海市旅游条例》中规定，政府部门可以将一些公务活动委托给旅行社办理。随后，就在其所辖的各区县陆续展开。在实践中，各机关、事业单位根据自身的实际需求，以单项活动公开招标、选择差旅管家，或公务活动以整体招投标方式采购旅行社企业提供的公务服务。这样，就可以为公务活动节约成本，提高政务活动的效率和透明度。而山东省也于2011年在全省范围内推行了公务外包的做法，以切实降低省内各级政府的行政成本。在新的时期，全国的其他地方政府应当积极地向这两个省市的政府学习，以便公务外包制度能够在全国范围推广开来。

其五，继续推进电子政务和政务公开的专项工作。在新的时代背景下，电子政务工作的继续推进，一方面，可以在一定程度上节约政府办公的人力、物力和财力，直接降低政府的日常运行成本；另一方面，推进电子政务为政务公开开辟了一条新的渠道，有利于加强社会各界对政府运行成本的监督工作。电子政务工作的推进也应当讲求专业性，政府机关必须加大这方面专业人才的引进和培训工作，以不断地提升本地电子政务网站的专业化水平，加快政务信息的更新速度，逐步增加网页的信息容量。在构建社会主义和谐社会这一大的背景下，政府部门的政务公开应当体现及时性和全面性，在此基础上对政府各方面的监督工作才有可能真正地落到实处。

其六，进一步提高政府决策的科学化和民主化水平。在实践中，政府决策的失误一般会造成人力、物力和财力的巨大浪费，是同节约型政府的建设相对立的。世界银行估计，“七五”到“八五”期间，我国投资决策重大失误率在30%以上，资金浪费及经济损失大约在4000亿—5000亿元，其浪费何其惊人![①] 因此，在推进节约型政府建设的进程中，必须努力实现政府决策的科学化，使政府的决策不但与国内社会经济发展的现实情况相吻合，尽量避免低水平的重复建设，而且要考虑到国际环境的新变化。为此，在做出决策之前，政府机关的主要负责人应当开展广泛的社会调查工作，多到基层走走，认真听取广大人民群众对政府工作的意见和建议，以便能够对当前的社会经济情况有一个全方位的了解和把握。当然，政府的决策也要按照一定的科学程序进行，而不能够省去其中的部分环节，直接拍脑袋进行决策的做法是必须禁止的。同时，政府决策的科学化也要求进一步提高其民主化的水平，既要在决策部门内部畅所欲言、集思广益，又要虚心听取来自社会各界的不同意见，尤其是要认真倾听来自社

---

① 彭伟宁：《对建设节约型政府的思考》，《内蒙古农业大学学报》（社会科学版）2006年第2期。

会弱势群体的意见，使得政府决策真正建立在掌握全面信息的基础上。只有这样，才能大幅度降低政府决策的失误率，从而真正实现节约社会资源的目的。

（作者单位：北京交通大学）

国库制度演化中的权力制衡问题

李炜光

《预算法》修改，“批阅十载”，四次审议，破我国修法史纪录，融社会各界的智慧和努力，创造了人大、政府、学界及社会合作共治一部法律的经典案例，是我国社会转型和制度进步发展到关键之点的必然经历和产物，值得庆贺和做未来之纪念。其中，有关国家金库（以下简称“国库”）管理条款的规定是这部新法最显著的亮点，说明我国国库体制的核心价值，除了传统的职责分工、强化控制之外，还融进了现代国家治理的权力制衡理念。

一　国库制度演进及制衡理念的代入

国库（national treasury），依教科书上的讲解，是管理预算收入的收纳、划分、留解和库款支拨，以及报告财政预算执行情况的专门机构，一般由一国的中央银行经管。但国库却远不止是一个财务出纳式的办事机构。财政部门与国库，是一种相互监督、相互制约的制衡关系，是政府资产负债受到严格和严密的管理的体现，是政府履行综合管理职能的一个不可或缺的环节，是现代国家治理的一个不可或缺的环节，同时也是人类文明演化的一个重要成果——用严密的“预算之网”把统治者关进制度的“笼子”里。

历史上，预算和国库的思想萌芽于1215年《大宪章》确立的“未经本王国一致同意不得征税”的原则之中。这以后的四百年英国历史中，尽管骑士和市民代表在14世纪末就进入议会并组建了下院，尽管几经较量征税的权力已经逐步向下院转移，王室在征税问题上已经不能为所欲为，但由于下院对一个时期内政府征税和支出的总量缺乏了解，对王室和政府的控制监督依然是软弱无力和不够规范的。

为了纠正这个问题，两度担任首相的小威廉·皮特于1786年主持改革，整理国债，改革税制。1787年，英国议会通过《统一基金法》，实现了财政资金的“数目字”管理，即政府在英格兰银行设立公共账户，自该年起，政府的所有收入均入统一基金，所有支出均自统一基金支付。自此，下议院对政府财政的监控具有了实质上的意义。这应该算是英国历史上最早的国库，如丘吉尔在《英语民族史》中指出的：“我们现在有‘预算’一说，这完全是皮特的功劳。”丘吉尔的意思是，国库的出现是构成现代国家预算的基本要素之一，没有国库，现代国家建构就是空的，没有落地。在詹姆斯·吉尔雷的一幅讽刺漫画“偿还国债的新方法”里面，乔治三世和夏洛特皇后用国库的钱偿还王室债务，而小皮特还递上一个钱袋，就生动地反映了国库形成初期政府财政与王室之间在“钱”的问题上的微妙关系。

这以后，1854年，议会通过《国家收入及国库支出法》，规定政府所有的财政活动一律入国库管理，下院对收、支两个方面的各个环节都给予法定程序上的监督和控制。1861年，议会通过《格莱斯顿议案》，正式建立公共账户委员会，并一直留存至今。1866年，又通过《国库与审计部法》，成立由议员、总审计长和职业审计员组成的专职专家委员会，要求所有的行政部门及时向议会提交审计后的财务报告，以说明由国库拨付的各款项是否按照议会的要求而使用，这一举措使得原先的议会专门委员会财政资金管理“不够专业”的技术问题得以解决。这样，英国的现代预算制度体系在19世纪基本形成，其主要特征是建立了一个并行不悖的控制程序和制衡机制。①

在美国，国库的建立也是预算制度形成的核心环节。美国创始人之一亚历山大·汉密尔顿曾在《联邦党人文集》中指出：“众议院不能单独拒绝，但是能单独提出维持政府所需的拨款，简言之，他们掌握了国库，而国库是一个强大有力的工具。在不列颠的宪法史上，借助于这个工具，一个地位低下、处于襁褓之中的人民代议制逐步扩大了活动范围和作用，削弱了政府部门的特权。这种掌握国库的权力被认为是完善和有效的武器，

---

① 彭健：《政府预算理论演进与制度创新》，中国财政经济出版社2006年版，第101—106、108—115、133—150、166—172页。

宪法通过这种武器，能把人民的代表武装起来，纠正偏差，实行一切正当有益的措施。”

在美国历史上，国库局的建立要早于美国国家的建立。1775 年 7 月，费城的大陆议会决定成立司库办公室，任命乔治·克莱墨和米切尔·海勒格斯两人为国库员，其主要职责是为正在进行中的独立战争筹措经费和保管资金，这被认为是美国国库局的雏形和财政部的前身。1777 年 9 月 6 日，美国国库局建立。建国初期，国库局的主要职责是打击伪币、维护市场秩序。1789 年 9 月 2 日，美国财政部（United States Department of the Treasury）建立，国库局成为美国财政部的组成部分，首任财政部部长就是汉密尔顿。今天我们看到的美元，除了印有“IN GOD WE TRUST”（意“以上帝的名义，我们信任这张纸币”），还在每一张美元的正面印着两个人的签名：一个是美国财政部部长（U. S. Secretray of the Treasury），另一个就是美国国库局局长——司库官（U. S. Treasurer），可见司库的地位有多重要。1861 年，国会通过法律，正式授权联邦政府印制和发行纸币，这以后，美国财政部司库官的职责被定位于纸币印刷、硬币铸造和发行，政府黄金储备和联邦政府国债的管理，以及收缴和发放联邦政府的各种专款等。[①]

美国国会被认为是国库的守护者，因为依据美国宪法，国会拥有掌管“钱袋子”的权力，其中参、众两院，特别是众议院的拨款委员会承担着削减预算申请的责任，被认为是最直接的国库守护人。这个过程起自白宫向国会提交总统年度预算，国会审议通过后分别被送至两院的授权委员会和拨款委员会，经严格审议后形成拨款法案，最后，该拨款法案经总统签署方可生效。美国学者芬诺（Fenno）曾调查了 1947—1959 年 37 个行政部门的数据，证明有 77.2% 的申请被削减。不过，拨款委员会并不是唯一的支出决策机构，它仅控制着约 45.0% 的支出额度，另一半多的支出仍是通过“国库预算”予以安排的，如开放性的公民权利性支出、贷款担保及税式支出等，仍然可以从国库直接获得拨款，只是拨款委员会控制的这部分不到 50.0% 的预算是所有财政资金中最灵活的部分而已。[②]

---

① 王淑杰：《政府预算的立法监督模式研究》，中国财政经济出版社 2008 年版，第 127—130、134—138 页。

② ［美］阿伦·威尔达夫斯基、布莱登·斯瓦德洛：《预算与治理》，苟燕南译，上海财经大学出版社 2010 年版，第 116 页。

英美预算和国库的发展史可以认为是世界文明演化的一个缩影，反映着这一事物的基本原则和精神，即控制和制衡的思维。我们在引进西方现代预算制度的控制机制的同时，由于“国情”所限而排斥掉了制衡的取向，这是目前我国预算管理难以实施到位和漏洞百出的主要原因，也是我国构建现代国家治理机制的主要障碍。其中的道理，就是孟德斯鸠在《法的精神》中早就揭示过的，仅有权力的分立是不够的，还须有权力的制衡，制衡才能确保自由的存在。

与财政的其他事物较为单一的特性不同，预算属于综合多元的事物，其核心是制度和责任的确认问题，又因连接着政治、经济、社会三大社会子系统而与整个国家治理有着十分紧密的联系和综合性极强的特征。如威尔达夫斯基（Aaron Wildavsky）所说：“如果你不能预算，你如何治理?”[①] 另一位预算学专家希克（Allen Schick）也说：“毫不夸张地说，一个国家的治理能力在很大程度上取决于它的预算能力。”[②]

二　现代国库的特性和基本职能

世界各国普遍从20世纪50年代和60年代初期开始关注预算的计划、规划、体制和其他一些技术问题，因为它们可以提高公共支出的效率（Vito Tanzi），而在此之前，预算一直被认为是政治的演变与发展问题。古今中外，没有“纯”经济或“纯”技术的预算，所有的预算改革都具有政治含义。当然，这种政治与其他政治也有不同之处，即它更注重政治结构与技术处理的结合。但无论如何，预算都不是我们通常所认为的经济问题。当代国家的预算治理，政治与技术相对应，两者的关系：前者是主导的、决定性的，后者是为前者所用、为其服务的，是体现财政权力控制与制衡以及技术管理完美结合的产物。

在美国学者弗里德里克·克里夫兰看来，民主制度不能仅仅发展到选举民主就停步不前，还必须实现预算民主，否则，预算控制的缺失会让选举产生的官员同样滥用权力。[③] 借用克里夫兰的比喻，如果把政府看成国

---

① ［美］阿伦·威尔达夫斯基、布莱登·斯瓦德洛：《预算与治理》，苟燕南译，上海财经大学出版社2010年版，编者前言。

② Schick, A., *Capacity to Budget*, Washington: The Urban Institute Press, 1990, p. 1.

③ 马骏：《实现政治问责的三条道路》，《中国社会科学》2010年第5期。

家这条船的船长，让船长对船上的人负责的最好办法就是控制开船所需的燃料，所以严格控制国库资金的进出便十分重要。同时，通过建立可以“告知过去的运作、目前的条件和将来的提议”的、包括政府资产负债表和主要由国库编制的现金流量表在内的一系列财务报告制度，公众及其代表们就可以让政府成为一个看得见的政府、一个有可能被监督的政府。阿伦·威尔达夫斯基则是个限制政府开支论者，他在《支出的力量和限制支出的改革》（*Forces for Spending and Reforms to Limit*）中，所强调的不是如何强化执行法令的行政裁量权，而是如何限制立法机关的立法裁量权问题，所以他的很多预算思想都表现在财政支出管理的著作中，尤其对国家金库的职权范围问题非常关注。他同时指出，限制政府预算权力的目的是提高财政资源的配置效率，并制止腐败，而并不希望这种限制使得政府无法正常合理地履行其职能。

依亚洲开发银行的归纳，现代国家中国库的基本职能被确认如下：

· 现金管理，目的是控制支出总额、实施预算计划、促成政府借款成本最小化，以及政府投资回报的最大化等；

· 政府的银行账户管理，即负责监督所有中央政府机构的银行账户，包括各种预算外资金；

· 财务计划和现金流量预测，其中财务计划包括编制年度现金计划、年度预算执行计划、月度现金计划和当月财务预测等；

· 公共债务管理，即控制政府债务的发行与实施管理，例如在英国，国库部门须在每个财政年度提交有关筹资需求、政府债务拍卖计划以及已发行债务的到期情况的报告；

· 国外赠款和国际援助对等基金管理，这是根据国际货币基金组织的建议而确定的功能，外援资金的集中登记应由国库负责；

· 金融资产管理，包括政府在企业中持有的股份、由政府提供的贷款、债权人没有承兑的担保支出等。①

这个版本的归纳大体反映了学界的共识和国库管理实践的一般经验。其中，是否坚持央行国库制和单一账户制，以及在此基础上实施严格的国库现金管理并提供完整准确的预算执行报告，是评价一国国库管理机制的

---

① 萨尔瓦托雷·斯基亚沃—坎波、丹尼尔·托马西：《公共支出管理：亚洲开发银行》，中国财政经济出版社 2001 年版，第 165 页。

基本考量和国库管理水平的关键指标。需指出的是，现金管理经常是发展中国家国库制度的薄弱环节，我国也不例外，表现在对现金管理问题缺乏足够的关注，预算执行过程和现金流量管理主要集中在程序遵从方面，公共资金的安全维护和使用过程的监督制约等问题常常被忽视。

央行国库制和单一国库账户制是世界上大多数国家的选择，被写进各自的宪法或法律，不得违背。所谓国库单一账户，是政府所有财政性资金均应存在国库和国库指定的代理银行，归口在国库及其代理银行设置存款账户，所有政府财政支出均通过这一账户拨付。制度设计的关键环节是一定要保持央行的独立性，这是单一账户与多元账户管理的重要区别，这个观点也为许多经济学家所注意，如韦托·坦奇和卢德格尔·舒克内希特在《20 世纪的公共支出》一书中指出的："需要有一个强有力的财政政策监督机构，这也得到了人们的广泛认同。鉴于许多独立的中央银行在控制货币扩张上取得成效，而许多国家部委在监督支出和总体财政状况上遭到失败，最近人们提出了监督财政政策的机构应该具有独立性的问题，以摆脱政治家随意干预的思路。"① 如果央行国库缺乏独立性，立法机构通过的预算书（法律或法律文件）就有可能在预算执行过程中被扭曲以致破坏。因此，国库必须按照预算的要求分配资金，并把各部委和其他预算单位的支出限制在预算允许的额度之内，这个任务，只能由央行国库来完成，财政部门自己是承担不了的。

关于国库"经理"还有许多问题需要进一步探讨，我国虽有这方面的法律规定，却对其内涵缺乏了解。例如公共筹资成本和国库资金的增值问题，就可借鉴现代银行现金交易的规则处理国库与财政的关系，在这方面，新西兰、瑞典、澳大利亚等国家提供了较为先进的经验。在新西兰，各行政部门的年度现金计划须事先与国库协商确定，之后如果这些部门超支了，就要支付给国库一笔利息作为惩罚；如有结余，则可以获得一笔利息收益。同时国库部门在每个工作日结束时要对各行政部门的银行账户进行平仓，将其余额投资于隔夜拆借市场。与过去行政部门将剩余资金留存于其银行账户相比，这个办法每年可以节省大约 2000 万美元。②

---

① 韦托·坦奇、卢德格尔·舒克内希特：《20 世纪的公共支出》，胡家勇译，商务印书馆 2005 年版，第 167、188 页。

② 亚洲开发银行：《政府支出管理》，人民出版社 2001 年版，第 201 页。

我们一直困惑于央行和财政部在国库问题应当建立一种什么样的关系，或许新西兰等国的经验可以提供某种启示。为了鼓励政府优化现金管理并限制非透明性的准财政支出，对于由中央银行向政府提供的透支服务，应当按照商业的管理进行。为了保证透明性，中央银行的利润或亏损应当以收入或支出的形式列入预算，同时还需注意到，采用这种方式要求中央银行以商业方式对国库储蓄提供补偿。这就属于我们难以理解的国库“经理”问题，而非国库“代理”的概念所能涵盖的了。

三　预算法修改中的“经理”“代理”之争

央行国库是“经理”还是“代理”，是这次《预算法》修改中争议的焦点之一。这并非只是一字之差那么简单，而是应当在理论和实践两方面必须廓清以下几个问题：

·国库究竟应该对谁负责，是对财政部门，还是对法律和人民代表大会？

·国库管理应当实行某个部门的集权统制，还是保持相对独立的地位，建立一种部门之间的分权制衡关系？

·是不是坚持国库单一账户制度？是不是所有的财政收入或支出都须经由国库办理？

·一旦接受了国库单一账户制度，财政专户是不是就不应该继续存在？

很长时间以来，我国预算管理一直存在“前预算时代”的特征：来自人民大表大会和公民参与的外部政治控制较为虚弱，政府内部的行政控制不够有力，如果再缺了央行国库监督这一条，国库库款的支配权便全归财政部门了：自己在商业银行开设账户，自己征收税费入库，库款支出也归自己支配，将来的预算执行结果也是由自己监督，国家预算的整个外部控制监督机制就基本被取消了——拨款权归于财政部门的制度设计和财政“以拨定支”、拨款后就不再监督国库资金的使用等就是显明的例证。[①] 由于实行央行国库之外在商业银行自行开立账户的分散式管理，财政资源的

① 上海财经大学公共政策研究中心：《2010：中国财政发展报告——国家预算的管理及法制化进程》，上海财经大学出版社2010年版，第244页。

配置效率和管理效率都难以得到改进，也未能实现现金的高质量管理，巨大的腐败和浪费现象便十分普遍，难以抑制。

从法理上说，任一国家行政机关如果有能力排斥其他权力的监督自我行事，一权独大的格局就将形成，该部门所拥有的权力就会超过其他部门，这会给中国未来的政治经济走向带来较大的负面影响。所以部门之间的制衡是必要的，应逐步提高央行作为政策性银行的独立性，保持央行经理国库的条款而非削弱它。

纳税人的“钱”一旦进入公共领域，首要的问题就是要确保它的安全，不被错配，不被浪费，不被盗窃。这就要求在《预算法》中确立公款的安全保障机制。央行经理国库是我国半个多世纪以来国库管理的经验总结，同时也反映了国家治理的一个过去比较忽视但现在变得十分重要的环节，即行政权力之间要保持一定的制衡关系。现代国家治理，讲究的不是“上对下”的统治，不是单纯的“控制”和“被控制”的关系，而是更加崇尚协商、合作、妥协、共容的精神。央行国库和财政部协调配合，两家共管一事，总比一家大权独揽要牢靠得多。

目前各级政府，包括政府的财政机构和政府下属的企业，都成为热情的市场参与者，属于利益相关方。而央行则偏重技术管理，地位则相对超脱，所以由央行及其代理机构经管国库更为适宜。有人把国库与财政的关系比作会计和出纳的关系，应该是比较恰当的，但这里所说的“出纳”，不是“会计”的“出纳”，而是“董事会”的出纳，是“公司章程”的出纳。财、银两家，分工不同，职责不同，当然需要彼此负责，增强政府内部的纠错能力，但更重要的是联手对人民代表大会和法律负责。所谓“央行受财政部委托”，其实更准确的说法应当是“央行受人民代表大会和法律的委托”。

2014 年六七月间，一些经济学家、法学家和财税学家在全国人大法工委于“三审”过程中并没有明确征求社会意见的情况下，“不把自己当外人”地积极参与三审稿的讨论修改，我本人直接主持的全国性的学术研讨会就有三次。其中具有代表性的是韦森、蒋洪、刘剑文、王雍君、施政文、叶青、熊伟和我本人共八位学者，分别来自复旦大学、北京大学、中国政法大学、上海财经大学、中央财经大学、中南财经政法大学和天津财经大学。我们八位教授认为，国库是财政收支的平台，是国家的金库，应当和财政部门保持相对独立性，以便实现政府内部的相互监督、审核和制约。我们认为，要想保证公款的安全，必须坚持1994年《预算法》第四十八条第二款、《中国人民银行法》第四条第八款和第二十四条所确认的模式，即“央行经理国库”。我们把这个意见写进我们向全国人大常委会提交的五条修改建议中，也唯有这一条被重视和采纳。

我国新预算法已将单一国库账户制度（TSA）纳入，这一制度下国库资金的清算流程可简单归纳如下：纳税人向税务机关缴纳税款，然后通过银行全行业电子清算系统划归国库单一账户，支出则需要通过承付款项、核实、签发支付命令和办理支付结算的程序，将资金从国库账户中直接支付给商品或劳务的提供者。建立国库单一账户制度而非一度盛行的“国库单一账户体系”，目的在于进一步强化预算的控制功能，避免财政资金多环节拨付和多户头存放所导致的效率损失，在此基础上建立统一、高效、规范的预算资金申请与拨付体系，从宏观上加强对预算资金的控制与管理。

这项改革的意义在于建立制度化的约束规范，强化预算编制与预算监督，增强预算的法治性，促使我国预算制度进入规范化、法治化和民主化的轨道。在我看来，在国库经管权归属这样一个看似具体技术问题的“拉锯战”上，所反映出的恰恰是一次精彩的政治博弈过程，属于现代国家治理体系形成中必然遇到的问题。央行经理国库还是代理国库，本质上不是国库管理本身的问题，而是能否尊重和接受权力制衡这个人类文明发展的共同成果的问题。在这个我国过去十分罕见的政治博弈过程中，我们进一步认识到建立和遵守法律规则的重要性，而这也正是我们处理“财银关系”中的薄弱环节。

既然实行TSA体制，就不应在国库之外的商业银行继续留存财政专户。有关部门为目前留存的十几万个财政专户找出了不少理由，但基本都站不住脚。以国库现有的技术能力，完全可以应对各种资金的特殊需要，没有必要在国库之外的商业银行另外开设财政专户，即所谓“第二国库”。退一步说，即使确实需要在国库之外设立财政专户，也应该严格履行法律程序，经人民代表大会审议批准，而不是授权于国务院。遗憾的是，我们的这一建议没有被完全采纳，财政专户并未被取消，强调的恰恰是国务院的审批权，人民代表大会再次被撇在一边。这是新预算法留下的一个尾巴，早晚得把它割掉，不过现在看，只能留待将来再做处理了。

应当特别指出的是，在新预算法的约束下，人民代表大会批准的不是

“钱”或“财政经费”，而是政府下属各行政机构和政策项目的支出要求，即“预算授权”（budget authority）。得到预算授权并不意味着就可以直接从国库得到供行政部门花销的资金，而是意味着该行政部门从这天起必须承担起法律所确定的某种公共服务责任（obligation）。行政部门或政策项目只能依法在相应的财政年度或授权额度范围内使用财政资源；财政支出款项是由国库直接拨付到资金的使用单位，行政部门并不直接接触财政资金。这样做，行政长官随意支配和变更该笔资金用途的可能性便可降到最低点。

中国11世纪的改革家王安石即把国家理财置于治国的核心，认为治国即理财，即通过改进国家理财方式来改善国家治理的制度架构。[①] 一个国家，只要改变了它收钱、分钱、花钱和检验花钱效果的方式，这个国家的体制、公共生活和文化建构就会随之发生质的变化，这就是当前我们极其重视《预算法》建设和国库体制改革的原因之所在。我们正在完成财政体制的转型，争取在尽可能短的时间里将其改造成为国家治理的基础和支柱，而现代预算体制的构建和预算法的修订，在这个过程中处于先行的和核心的地位，其作用无可替代，应该说，在这方面我们取得了一些进展，但还有很长的路要走。

（作者单位：天津财经大学经济学院）

---

① 马骏：《中国公共预算改革：理性化与民主化》，中央编译出版社2005年版，序言第1—2页。

加快宗教立法，改革宗教管理体制

刘 澎

今日中国的宗教领域，一方面乱象丛生、[①] 冲突迭起；[②] 另一方面却又“无法可依，无法可治”；政府有多个部门涉及宗教管理，但对宗教方面存在了几十年的若干“热点”“难点”问题却束手无策，[③] 至今拿不出切实可行的解决方案。

对于现行宗教管理体制失灵、宗教领域中的问题无“法”可依的事实，大多数人并不否认，绝大多数政界[④]、学界[⑤]、法律界人士[⑥]及宗教团体和宗教信仰者[⑦]都拥护“加强法治，依法治国”的治国方略，认同宗教法治。但在关于宗教立法的具体问题上，一旦涉及“有法可依”的核心是设立宗教基本法这一实质问题，除了某些因自身利益问题反对宗教法治

---

① 刘幼民：《红歌唱红了中国的宗教界》，天主教在线，2011 年 7 月 7 日。沈泽渊：《宗教信仰自由前提下的社会治理?》，中国政府创新网，2012 年 2 月 9 日。《十部门发文制止寺观“被上市”“被承包”等乱象》，中国新闻网，2012 年 10 月 22 日。

② 徐玉成：《“文革”的暴发户——国家文物局》，作者博客（http://blog. sina. com. cn/qdy2111403），2013 年 4 月 18 日至 5 月 5 日。

③ 渗渗泉：《何以缓解中国穆斯林朝觐难?》，中国穆斯林网，2011 年 3 月 11 日。邢福增：《从守望教会户外崇拜事件看中国政教关系的纠结与出路》，时代论坛，2011 年 4 月 20 日。刘澎：《家庭教会：问题与解决方案》，《领导者》2011 年 6 月号。《中国当局撤销对上海马达钦主教的任命》，天亚社中文网，2012 年 12 月 10 日。

④ 王作安：《我国宗教立法的回顾与思考》，《世界宗教研究》2008 年第 3 期。

⑤ 高师宁、何光沪：《当今中国基督教的主要问题与解决设想》，中评网，2011 年 6 月 10 日。张志鹏：《灵性代价约束下的法律制度演变——评“美国宪政与历史文化丛书”》，（普世社会科学研究网），2012 年 9 月 21 日。

⑥ 闫莉：《基于国家安全看我国宗教结社的立法完善》，《西北民族大学学报》（哲学社会科学版）2009 年第 2 期。童之伟：《国家有义务平等保护公民的宗教信仰自由》，中国宪政网，2011 年 7 月 5 日。

⑦ 王怡：《我对中国家庭教会登记的立场》，载刘澎主编《中国基督教家庭教会问题研究》，普世社会科学研究所出版社 2009 年版。

的人之外，相当一部分人感到设立宗教法的许多重大问题还不清楚。[①] 这些人承认宗教行政管理体制的无效性与现行宗教法律体系的弊端，但并不认同一定要立宗教法，不清楚宗教立法的宗旨是什么、采用何种方式立法。各方人士在这些问题上存在着不同认识。[②] 这些问题不清楚，当然不能立法。因此，要实现宗教领域内的法治，完善宗教法律体系，改革原来的宗教管理体制，实现用法律方式取代行政手段处理宗教问题的转换，就必须实事求是地分析围绕宗教立法的各种分歧观点、厘清关于宗教立法的各种困惑。

一 是否要立宗教法
——宗教法的立法宗旨

这个问题并不是对中国是否需要宗教法治的简单肯定或否定，而是不同集团、不同人士对宗教立法所涉及的自身利益与价值取向的高度关注，关注的焦点是宗教法的宗旨，这也是宗教立法的首要问题。围绕这个问题，可以分为“要立宗教法”与“不立宗教法”两个观点；而每个观点内部又可因为动机、利益的不同，分为两个完全不同的派别。这样就形成了两种观点四个派别、颇具戏剧性的意见组合。

（一）要立宗教法——目的在于保护宗教信仰自由[③]

这派观点认为，作为公民的一项基本权利，宗教信仰自由不能仅仅是一种停留在宪法层面上的理念或抽象的表达，而应有法律上、制度上切实有效的保障，这是现代文明国家尊重和保护人权的体现。[④] 国家既然承认

---

① 这是基于笔者多年来与业内人士的交流以及历年参加宗教与法治类学术会议的经验和调查。一些学者在自己的领域是专家，但在法学方面的知识非常薄弱。例如，某知名宗教社会学教授曾在一篇文章中写道：“可以看出，当今世界在国际法和宪法层次上，保护宗教信仰自由已经成为全人类的共识。但与此同时，占绝对多数的国家，并没有订立专门的宗教法。个中因由，值得深入研讨。”这位教授只知大多数国家无宗教法，却不知为何如此，不知中外法律体系之不同。此类法学盲区，十分普遍。这类学者对宗教立法的评判基本上是靠常识而非基于法学专业研究。

② 曾传辉：《中国宗教信仰自由法规体系的发展历程、基本架构与未来展望》，找法网，2010 年 7 月 26 日。

③ 果莲：《宗教立法是宗教信仰自由的保障》，佛教导航，2009 年 4 月 12 日。刘培峰：《西部开发过程中的民族宗教立法》，《新疆社会科学》2002 年第 2 期。

④ 汪小珍：《宗教信仰自由的法律保护及其意义》，佛教导航，2009 年 7 月 1 日。

宗教信仰自由，就应该以国家立法机关制定法律的形式把宪法中规定的宗教信仰自由落到实处。此外，我国的信教人数虽然数以亿计，但在总人口中，仍然是少数。在一个多数人不信仰宗教的国家里，有必要以专门的法律的方式，保护少数人信仰宗教的自由。只有这样，才能落实宪法赋予公民的宗教信仰自由权利。

（二）要立宗教法——目的在于“依法管理”宗教①

这派观点认为，宗教不仅是个人的信仰，而且有组织、有活动，涉及社会秩序与公共利益，具有社会公共性。为了“维护社会公共利益”“维护社会稳定与国家安全”，国家必须对宗教团体及其活动加强管理，但目前我国的法律体系中缺乏宗教法，因而政府管理部门面对宗教的活动与发展，无法进行有效的管理；强行管理又会被视为缺乏法律依据的“违法行政”“违宪”。由于没有宗教法，基层官员普遍感到宗教问题“不好管”，思想上存在着“不敢管”“不愿管”的情绪，② 最后导致宗教的发展“失控”“失序”。因此非常需要一部规定详尽而明确的法律，以便能为宗教行政管理部门依靠行政手段“维护社会稳定”“维护社会公共利益”“规范宗教事务管理”提供法律依据，使管理部门能够“依法加强对宗教事务的管理”。

（三）不立宗教法——担心宗教信仰自由会被进一步剥夺③

这派观点认为，尽管中国公民可以信仰宗教，但国家从来没有改变过对宗教严格控制的政策。宗教在中国的社会生活中仍然被视为是“消极、落后”的因素。宗教信仰者在参军、入党、升学、提干、报考公务员、参加体制内工作等方面，受到明显歧视。宗教信徒如果参加了没有得到国家承认的宗教团体组织的宗教活动，会受到来自各方面的不同形式的压力。但由于现在没有宗教法，政府宗教管理部门能够用来对付信徒或宗教团体的法律依据最多不过是低位阶的行政法规（《宗教事务条例》）；宗教团体或宗教信徒如果与政府管理部门发生冲突，还构不成需要由法律处置

---

① 冯玉军：《完善宗教立法，创新宗教事务管理》，《中央民族报》2012 年 6 月 5 日。

② 李霞：《宗教立法问题三论》，《山东大学学报（社会科学版）》2000 年第 5 期。

③ 李灵：《对刘澎先生“宗教立法”之说的几点质疑》，普世社会科学研究网，2012 年 9 月 26 日。

的“违法”案件，最多是行政上“违规”。在目前国家没有明显改变对宗教的态度的情况下，如果设立宗教法，把《宗教事务条例》上升为法律，将来政府管理部门动辄就会以“违法”的罪名，“惩罚”某些宗教团体或信徒，政府相关部门对宗教管理的力度就会提高到法律层面，“逮捕、判刑”就会取代目前的“罚款、拘留”，成为政府对待参与“非法”宗教团体与宗教活动的宗教信徒的常规手段。与其如此，宁可维持目前的这种状态。

（四）不立宗教法——担心政府宗教管理的权限会被削弱

这派观点认为，宗教问题非常复杂，不好处理。一方面宪法允许公民信仰宗教；另一方面，各级政府又不希望宗教的发展“失控”，尤其不希望让未经认可的宗教团体自由发展、扩大影响。[①] 各级领导一再强调“宗教无小事”，宗教方面发生的任何问题，都有可能导致意想不到的负面后果，甚至造成国际上的影响。因此，基层宗教管理相关部门特别是公安部门的压力很大，非常希望在处理宗教问题时，能够根据自己的权力，使用自己的方式，“自主”进行处置。这种愿望其实就是希望政府管理部门以行政方式处理宗教问题时，能够获得最大限度的自由裁量权。在没有宗教法的情况下，受到处置的宗教团体或信徒，不可能依据法律对处于强势地位的政府管理部门的行动提出质疑；政府管理部门则因此长期居于宗教管理的主动地位，即使管理方式不妥，也不担心会涉嫌“违法”。但如果有了宗教法，政府管理部门就必须“依法执政”，在处理具体问题时，原来不受限制的自由裁量权就会大打折扣，稍有不慎，就会受到被管理者的质疑，处于被动地位。因此，最好还是不要搞宗教法，不要减少政府管理部门现有的处理宗教问题时的自由裁量权。

以上四种派别的每种意见都有其“道理”，体现了政教两个阵营在宗教法宗旨问题上的原则分歧，分歧的焦点集中在宗教法的宗旨是要维护公民的基本权利，还是要强化国家对宗教的控制；是立足于保护宗教信仰自由，还是着眼于为宗教管理人员的管理提供方便；宗教法应该是《宗教信仰自由保护法》，还是《宗教事务管理法》等一系列要害问题上。分歧

---

① 苏州市民族宗教事务局：《引导宗教与社会主义社会相适应的实践与思考》，《苏州市级机关重点调查研究课题调研报告汇编》，2004 年。

的背后是政教双方对自身利益的深层考虑。三十年来，宗教法治的进程之所以进展缓慢，表面上的原因是制定宗教法的条件“很不成熟”①，实际上的原因则是政教双方在根本利益上的对立与不妥协，分歧无法消除。其结果必然导致政教双方与社会上的其他各种力量在“是否要立宗教法”“立什么样的宗教法”“为谁立法”“谁来立法”等一系列问题上“缺乏共识”。目前，政教双方都在不动声色地积蓄力量、继续博弈。② 双方要在宗教法的立法宗旨问题上达成共识，还需要其他因素的加入与催化。

二 为何要立宗教法
——宗教法的必要性

如果说，是否要立宗教法的问题反映出来的是政教双方对宗教法宗旨的分歧，背后是不同阵营的利益考虑，那么，其他一些人对制定宗教法必要性的质疑则与利益考虑无关，更多的是出于对宗教法问题相关背景的不了解而造成的困惑，这些困惑长期以来未能得到充分的讨论，影响了人们对宗教法的看法。为此，笔者对有关宗教立法的一些最常见、最典型、最普遍的问题，说明如下：

（一）“我国有一套处理宗教问题的体制，党内有统战部，政府有宗教局、民委，宗教内部有爱国宗教团体及教义教规，即使出了问题，还有政法委、公安局、安全局、维稳办，这么多机构管理宗教，还有必要再立宗教法吗?”

长期以来，我国在宗教领域实行的是以行政方式对宗教事务的管理，并因此形成了庞大的宗教行政管理体系。众多政府行政机构参与宗教管理，恰恰证明了现有的宗教行政管理机构成本高、效果差、运作失灵。几十年来靠“人治”维持的宗教管理体制，已经难以适应宗教方面的新情况、新形势、新问题。③ 要解决好宗教方面的问题，在宗教领域贯彻“依

---

① 李舍坷：《国宗局局长王作安：宗教法制定条件未成熟》，《福音时报》2011 年 11 月 22 日。

② 刘同苏：《中国家庭教会登记的主客观条件》，普世网（www. christion. times. cn/news/3297），2011 年 9 月 4 日。

③ 李仲华：《宗教执法中的“困”与“惑”》，中国民族宗教网，2012 年 6 月 14 日。

法治国”的方针，就要改革现有的宗教行政管理体制，实现宗教管理体制从“人治”到“法治”、从行政管理为主到法律调节为主的转变，为此，首先必须完善宗教法治体系，做到宗教管理“有法可依”。而现有的宗教立法体系中最大的缺陷是没有宗教基本法，因此需要由全国人大设立宗教法。

（二）“宪法已对宗教信仰自由做了明确规定，为什么还要再搞宗教法?”

《宪法》第三十六条对宗教信仰自由有明确的规定。① 但我国《宪法》没有司法化，《宪法》本身具有规范的抽象性和不能直接适用性。在司法实践中，普通法院无权直接适用《宪法》。也就是说，《宪法》不等于一般的法律，不能进入庭审，不能作为判案的直接依据。把《宪法》当作普通的法律并以此作为处理宗教问题的依据是不现实的。要让《宪法》在现有宗教法律体系中发挥作用，必须要由作为国家立法机关的全国人大制定专门法律，只有这样才能将《宪法》的原则具体化，才能在司法实践中为处理宗教问题提供适用的法律依据。

（三）“我国的社会主义法制体系已经形成，各种问题都有法可依，涉及宗教的法律、法规、规章也很多，为什么还要立宗教法?”

在我国的法律体系中，宗教领域的立法并未完成，处理宗教问题至今没有一部国家立法机关通过的宗教基本法。虽然国务院出台了《宗教事务条例》，各省市也有地方性的《宗教事务条例》，但这些都是行政法规与规章，不能以此代行法律的功能。要落实宪法规定的公民宗教信仰自由，规范宗教团体及信教公民与国家、社会的关系，必须要由国家立法机关设立专门的宗教法。②

---

① 关于宪法本身的缺陷分析可参见田飞龙《中国宗教法律体系的缺陷分析与宗教法治化的路径探讨》，《领导者》总第43期，2011年12月号。

② 姚俊开:《宗教立法法理之思考》，《西藏民族学院学报》（哲学社会科学版）2008年第6期。

（四）“宗教是信仰问题，属于精神或思想范畴，怎能用法律来规范?”①

法律不是用来规范人的思想的。宗教法是用来保护公民的宗教信仰自由，维护社会公共利益，调节和规范国家与宗教团体、宗教团体与社会、宗教信仰者与非宗教信仰者之间关系的。没有宗教基本法，上述关系无法调节，政府处理宗教问题没有法律依据，公民宗教信仰自由不能从法律层面上得到落实，政府对宗教事务的管理不能从“人治”转为“法治”，因此需要立宗教法。有了宗教法，可以从法律上保护公民的宗教信仰自由权益、保护个人的信仰选择。但宗教法本身与个人的思想之间无任何关系。

（五）“法律越多，限制越多，自由越少；立了宗教法，就少了宗教自由。因此，有宗教法，岂不是不如没有宗教法更自由?”②

立法不是万能的，也不是终极目的。但在现阶段，不搞法治，就得搞人治，没有第三种选择。既然如此，为什么不要法治要人治呢？如果中国建立了市民社会，有了发达成熟的 NGO 进入与退出机制，政府对言论、结社、集会的管理实现了法治化，不再是现在的管制模式；信仰问题成了私人问题，宗教问题实现了非政治化，宗教人群不再是特殊人体，宗教团体不再是特殊组织，宗教活动不再是特殊活动，全社会改变了对宗教的观念，宗教法自然而然也就失去了存在的必要。宗教法是中国社会发展中特定阶段的产物，如果执政党在思想观念和政策上从防范控制宗教变为鼓励宗教发挥积极作用，在管理方式上，也就需要从行政管理转变为法制管理。等到将来宗教成为“宗教信仰者志同道合的共同体”之后，关于宗教的立法就会在完成了其历史使命之后退出历史舞台。在此之前，超越历史发展的阶段，否认法律在保护宗教自由、调节政教关系上的作用，是一种不负责任的态度。

---

① 李灵：《对刘澎先生“宗教立法”之说的几点质疑》，普世社会科学研究网，2012 年 9 月 26 日。

② 杨俊锋：《〈宗教事务条例〉的美与不足》，见作者博客，2012 年 6 月 5 日。张千帆：《宗教立法的基本原则》，共识网，2010 年 8 月 24 日。

（六）“目前关于宗教立法的认识还很不一致，甚至连什么是宗教都没有搞清楚，谁来界定宗教？如何立宗教法？”

学术界、宗教界对宗教有多种定义，对宗教的定义是宗教界或学术界内部的问题，不是法律问题，也不是国家的责任与义务。宗教法调节的是宗教团体与国家、社会的关系，保护的是公民宗教信仰自由，维护的是社会公共利益，因此无须对宗教进行定义。至于什么是宗教，应由宗教信仰者和宗教团体自己定义；定义的标准应当是公开的，包括宗教界在内的社会各界公认的。学术界对宗教的定义只具有学术价值，不具有宗教意义，更不具有法律意义。如果一个自称是宗教团体的组织无法得到宗教界及社会各界的普遍认可，拿不出足以证明自己是宗教团体的证据，国家可以将其视为普通的民间社团组织对待，对其适用有关民间社团组织的法律。无论是否要立宗教法，国家的行政、立法、司法机关都不应介入有关任何宗教的定义问题。

（七）“我国已有许多保护公民权利的法律，例如《民法》《刑法》等，此外还有十多部涉及宗教的法律。处理宗教问题，只要落实这些法律就可以了。如果这些法律不完善，可以对这些法律进行修改，有必要再单独立一部宗教法吗?”

除了《宪法》，中国有 18 部法律涉及宗教，但这些法律没有一部是针对宗教问题的专门立法。这些法律的宗旨、调节对象、出台背景，涉及宗教问题的程度、角度等各不相同，但它们有一个共同的特点，就是都不针对宗教问题，都是为了解决各自领域的问题而制定的法律。例如，《民法通则》《刑法》《兵役法》《教育法》《劳动法》《工会法》《广告法》《红十字会法》等法律，只是在法条中提到了“宗教信仰”或“宗教”的字样，并不是针对宗教问题的立法。事实上，迄今为止，要处理涉及宗教方面的重大问题，在中华人民共和国的法律中，并无任何一部现成的法律可用。无论已有的法律是否能够落实、效力如何，都不能适应宗教领域法治的需要。

要解决宗教领域无“法”可依的问题，有两种思路：一是不立专门的宗教法，但可以对现行法律体系进行全面的修改，使原有的各种包含“宗教”或“宗教信仰”字样的法律能够满足解决宗教方面问题的需要；

并将原来这些法律中没有而又必须通过法律规范的问题，补充到各种现行法律中去，以便做到处理宗教问题有法可依。这样做看起来似乎很科学，可以利用现有的法律体系而不必专门立一部关于宗教问题的新法律，但实际上完全是主观主义的一厢情愿，没有可行性。因为这样做，至少需要修改十几部或几十部现行法律，立法成本之高、工作周期之长，难以想象。即使不考虑修改法律的成本与程序问题，现有各种法律在立法目标与调节对象的设计上，均与宗教毫无关系，要想将有关宗教问题的条款硬塞到现有法律体系中进去，让现有针对其他问题的法律解决宗教问题，也是不可能的，实属荒唐。有鉴于此，另一个思路是通过制定一部专门的宗教法来处理涉及宗教方面的问题，将所有涉及宗教问题的规定，放入宗教法，以宗教法填补现有法律体系中涉及宗教问题的法律空白。至于其他法律中涉及宗教的规定，在制定了宗教法之后，基于后法优于前法、新法优于旧法的原则，以往立法与宗教法规定不一致的，应当适用宗教法，这就解决了已有之法中涉及宗教的规定有不当之处的问题。

（八）“法律不是万能的，中国立了许多法，并不能解决所有的问题。‘有法不依’的问题不解决，立的法再多有意义吗?”①

法律不是万能的，没有法律是万万不能的。有法律而不能发挥作用，不是法律本身的问题。“依法治国”是《宪法》的规定，也是全国人民的共识。提高全体公民的法律意识，普及法律教育，是一项长期的任务。应该说，绝大多数中国人是守法的，“有法不依”不是主流。但没有法律、无法可依，则会造成社会的混乱，导致严重的社会失序。我国的法治建设取得了巨大的成绩，“社会主义法律体系已经形成”，但宗教领域尚无宗教基本法。因此，不能因为社会上存在某些“有法不依”的现象，就否定了宗教立法的积极意义，不能用悲观的态度看待中国的法治建设和中国人法治意识的提高。

（九）“世界上大多数国家都没有宗教法，中国为什么要搞宗教法?”

这个问题不仅涉及中外法律体系的差异，而且涉及中国与其他国家社

① 李灵:《对刘澎先生“宗教立法”之说的几点质疑》，普世社会科学研究网，2012 年 9 月 26 日。

会、政治制度的不同。

首先，这里有一个关于宗教的社会定位问题。世界上有宗教法的国家很少，不是因为大多数国家没有宗教，而是因为大多数国家允许宗教自由，国家不把宗教团体作为特殊群体对待，国家不介入宗教事务，政府中没有宗教管理部门，宗教团体可以像其他各种民间社团、非政府组织一样在社会上开展活动。有无宗教立法完全不影响这些国家内的宗教团体的权益、不影响宗教信仰者的宗教信仰自由选择及其宗教实践。换句话说，在市民社会高度发达、NGO 组织自由活动的国家里，宗教信仰是公民的私人事务，宗教团体则是市民社会中广泛存在的 NGO 的一种。在这样的环境下，对待市民社会与民间社团组织的法律和其他各种涉及民事、刑事的法律，都可适用于宗教团体。“宗教事务”不是特殊事务，宗教团体不是特殊团体，宗教信仰者不是特殊公民，国家无须搞一个专门关于宗教的立法。

而中国现阶段不存在西方国家中的“市民社会”，各种 NGO 的处境和生存方式与西方国家很不一样，情况极为复杂，宗教团体从来没有被视为普通的 NGO。管理“宗教事务”是各级政府的一项专门工作，一个团体是否属于宗教团体，必须要由国家认定；一旦被国家认定为宗教团体，则完全处于政府的控制之下；没有得到国家认定的“宗教团体”，则属于政府打击和取缔的对象。政府长期管理“宗教事务”，但中国的法律中并无任何可供政府设立宗教管理部门对“宗教事务”进行管理的法律依据。《宪法》中关于保护宗教信仰自由的规定因为缺少相应的法律也无法落实。在这种大背景下，如果没有宗教法，与宗教有关的各项“宗教事务”就只能永远置于政府的行政管理之下。

其次是法律体系问题。世界各国的法律体系不同，有大陆法系与英美法系之分。大陆法系实行成文法，其最重要的特点就是以法典为第一法律渊源；英美法系推崇判例法。以美国为例，美国没有专门的宗教法，但美国联邦最高法院有关宗教问题的判例非常多，相关判例可以成为美国各级法院司法实践中处理宗教问题的法律依据。[①] 中国是成文法国家，不是判例法国家，法院处理案件的主要依据是成文的法律，不是判例。如果没有

① 陆幸福：《莱蒙检验（Lemon Test）——美国司法处理政教分离案件的一个标准》，《当代法学》2006 年第 6 期。

关于宗教问题的成文法律，法院要受理涉及宗教的诉讼，于法无据，无法做出司法判决，国家解决宗教问题只能采取政治手段或行政手段，不能采取法律手段，对宗教领域内的各种关系无法规范、无从实施法律调节。从这个意义上说，美国没有宗教法，但不缺少处置宗教问题的法律；中国没有宗教法，则是法律的缺失。

再次，是宪法司法化与违宪审查问题。许多国家的宪法有对于宗教问题的规定，这些国家的宪法可以作为庭审依据。例如美国宪法第一修正案对宗教问题有明确的规定，奠定了美国宗教自由与政教分离的基础，任何公民与团体均可就违宪问题提起诉讼。但中国宪法没有司法化，尽管我国《宪法》第三十六条有关于宗教问题的规定，但《宪法》本身不能作为庭审依据。《宪法》中有关宗教信仰自由的规定只是一种原则，对宗教信仰自由的保障必须要通过具体的专门法才能使其具有司法上的可操作性，才能从法律上将这种权利落实。中、美两国的《宪法》都提到了宗教，但两国宪法在各自国家的法律体系与司法实践中的作用不一样，没有可比性。

最后，是法律的完整性问题。许多国家虽然没有专门的宗教法，但在其他各种法律中，对各个领域中涉及宗教自由的问题均有详细的规定，为社会各方面处理宗教问题有法可依提供了充分依据。我国没有关于宗教的专门法，在其他法律中虽有涉及宗教问题的规定，但从整体上看，很不完备，缺乏统一考虑，涉及宗教问题的法律规定有许多空白。[①] 因此，问题不在于有无一部专门的宗教法，而在于我国现行的法律体系能否适应以法律处理我国宗教问题的需要。如果不对已有的各项法律进行修改，使其增添处理宗教问题的规定，那就必须要有一部能够处理宗教问题的专门法。既然现有的各项专门法中并无完备的涉及宗教问题的规定，为节约成本，提高效率，为什么不可以搞一个较为系统的、专门的宗教法？无论如何，有关宗教方面的法律的缺位不应长期存在，如果不能通过其他方式解决宗教领域基本法缺失的问题，就必须通过国家的立法机关设立专门的宗教法。至于外国是否有宗教法，实际上与中国并无关系，不能作为中国是否要立宗教法的参照。

---

① 杨合理：《宗教自由法律保护存在的问题及对策思考》，《中国民族报》2012 年 6 月 5 日。

三　制定何种宗教法
——宗教立法的目标

关于宗教立法的目标问题，也存在着不同的认识。分歧的焦点是要把宗教法变成《宗教事务条例》的升级版，使其继续为现有宗教行政管理体制服务、提供法律依据，还是要立一套既能保护宗教信仰自由，又能对政府与宗教团体、宗教信仰者与非宗教信仰者的关系进行合理调节的各方认可的法律规范。

由于在宗教立法的宗旨问题上，各方意见分歧缺乏共识，宗教基本法的立法问题被长期“搁置”，鲜有公开的讨论，因而在立法宗旨问题解决之前，关于宗教法的目标问题也就不可能被作为政教双方讨论的话题。但在过去十年里，学术界并未停止对中国宗教立法应确立的目标进行探讨。[①] 通过多次探讨，特别是通过与国外有关学者的交流，[②] 学者们逐渐认识到世界各国虽然国情不同，但绝大多数国家关于宗教问题的立法都把规范的焦点集中在了如何保障信教公民的基本权利和如何处理国家与宗教团体的关系这两个方面。[③] 换句话说，保障公民宗教信仰自由与调节政教关系是宗教立法的两大核心。离开了这两个核心，宗教法就失去了存在的意义。基于这种认识，以宗教基本法为核心的中国宗教立法的目标应该包括以下几点：

（1）由全国人大审议修改《宪法》第三十六条，并以此作为宗教立法的基础与指导；[④]

（2）按照宪法原则制定宗教基本法律，作为保护宗教信仰自由、处

---

① 任宜敏：《略论信仰自由与宗教立法》，《浙江社会科学》1999 年第 4 期。桑杰：《我国宗教立法论要》，《世界宗教研究》2006 年第 1 期。孙劲松：《宗教立法面临的几个问题》，人生佛教网，2010 年 2 月 11 日。

② 《宗教与法治国际学术研讨会》，《学术界》2008 年第 5 期。

③ 在分析现行法律的文章中，“独立自主自办”也常被作为一项原则。但关于该原则，并无更多学术角度的讨论。而本文提到的两个原则则越来越多地被专门研究。例如，知网以“政教关系”或“政教分离”为关键词的文章自 2000 年至 2013 年 4 月，共 799 篇。且 2009 年后的研究较往年明显增多。而 2014 年微博上关于宗教自由的辩论可以从一个侧面看出人们对保护公民基本权利的关注。杨凤岗编：《激辩宗教自由》，见作者博客，2013 年 1 月 21 日。

④ 刘澎：《关于对宪法第三十六条的修改意见》，普世社会科学研究网，2003 年 6 月 21 日。

理政教关系及各种涉及宗教问题的法律依据；

（3）确定符合中国国情的政教关系模式，妥善处理维护社会公共利益与保障宗教信仰自由之间的平衡；

（4）修改现有法律法规中存在的对宗教的各种形式的歧视性条款，消除一切形式的宗教歧视。

四　如何设立宗教法
——立法的方式

许多人认同宗教法治，但对宗教法的立法结果并不乐观，担心可能与人们期望立法的初衷不一样，甚至完全相反。[①] 从许多法律的立法过程与结果看，这种担心不是多余的。立不立法是一回事，谁来立法、结果如何又是一回事。如果广大群众特别是宗教界的人士与信教群众不能参与宗教法的制定，不能自由、充分地表达意见，经过各种官僚程序的层层过滤、“把关”之后，最终出台的《宗教法》会是何种模样，的确是个难以预测的问题。

对此，立法者应该认识到，设立宗教法是为了解决宗教方面的问题，完善宗教法治体系，不是为了应付群众、应付舆论，更不是为了给旧的宗教管理体制提供法律依据。要想设立一部得民心、起作用的《宗教法》，就必须开门立法、民主立法，制定公开的宗教立法计划，允许大家说话，让包括宗教界、法学界、新闻界、国家立法机关、政府司法部门、行政管理部门在内的社会各界关注宗教立法、讨论宗教立法、参与宗教立法，广泛征询各方面群众的意见，公开征求立法建议稿，以便使社会各界各方力量最大限度地达成宗教立法共识。否则，立了宗教法也解决不了宗教方面的现实问题，保证不了社会的和谐与稳定。

五　宗教管理体制改革试点
——从行政管理到法治的过渡

宗教法治涉及建立新型政教关系模式、改革宗教管理体制、完善宗教立法等一系列重大问题，关系到方方面面的利益调整，是一项浩大的系统

① 张千帆：《宗教立法的基本原则》，共识网，2010年8月24日。

工程。此外，我国幅员辽阔、人口众多，各地发展不平衡，情况复杂。要改革宗教管理体制，难度极大。但因此而一味拖延、等待，“以不变应万变”，则会形成更多的问题，付出更大的代价。这就意味着不改革不行，一步到位冒进也不行。为此，从操作层面上说，明智的办法是本着科学的态度，分阶段、有计划地慎重小步走，逐步进行。借鉴我国在改革开放初期建立沿海经济特区的经验，在宗教法出台之前，国家可以考虑试办“宗教特区”，作为积极探索解决宗教问题方案、改革宗教管理体制的第一步。

所谓“宗教特区”，其实就是宗教管理体制改革试点地区。为了取得经验，减少失误，可在全国范围内分别选择具有代表性的5—6个地、市级地区作为宗教管理体制的改革试点，这些试点应包括传统上宗教影响较大的地区、沿海经济发达地区、中西部地区、边疆民族聚居地区等不同社会经济发展类型的地区，同时又能代表主要宗教的地区。例如温州（沿海城市、基督教、伊斯兰教），厦门（传统基督教、民间信仰），南阳（内地农村基督教、道教）、石家庄（天主教、佛教）、临夏（伊斯兰教、藏传佛教）、昆明（边疆少数民族、各教）等。如果觉得难度大，还可以缩小试验的范围，把试点缩小到二三个。在具体做法上，试点地区的改革内容主要应包括以下几个方面：

1. 宗教组织登记备案①

试行宗教组织备案制的目的是将试点地区所有宗教组织纳入政府管理视野，消除地下宗教组织与活动存在的理由。备案的对象不分是否属于五大宗教、是否过去得到过政府承认。任何自称是某一宗教的组织均可予以备案。备案的内容包括该组织的人事、教务、财务、行政等各种相关信息。

2. 宗教业务归口管理

加强试点地区政府处理宗教事务与相关问题的能力，取消专门的宗教管理机构，将原有的宗教管理干部充实到公安、民政、外事、教育、卫生、城建、土地、旅游、文物、文化、出版、食品监督、司法等部门；对涉及社会生活各个方面的宗教问题实行具体化对口管理，是什么问题就由政府各相关部门依照相关法律处理。政府不介入试点地区各宗教组织的内

---

① 曹志：《中国宗教团体登记制度改革》，载刘澎主编《中国基督教家庭教会问题研究》，普世社会科学研究所，2009年。

部事务，宗教组织内部的认识、财务、教务自理；宗教组织在宗教场所以外的活动按其内容类别分别由特区政府依照相关法律管理。对涉及抽象的不属于任何具体业务部门管理的宗教信仰自由权利的问题，按国家的法律和特区制定的《特区宗教法（试行草案）》处理。

3. 启动特区宗教立法

成立特区宗教法起草小组，制定和修改《特区宗教法（试行草案）》，作为特区的宗教管理依据和未来提交全国人大宗教立法的建议。特区宗教法起草小组应由政府行政管理人员，特区立法、司法机关、宗教团体代表，法学专家，学术界代表，社会知名人士代表，企业家代表，社区居民代表等共同组成。

4. 组建宗教行业协会

在宗教特区内，由各种宗教在地/市、县/市、乡三级分别建立自己的宗教联合会，作为行业协会。宗教联合会应包括本宗教中各种教派、宗派（如基督教中的三自教会、家庭教会、聚会处、真耶稣会、安息日会等各派）。宗教联合会不是宗教组织，是为宗教团体服务的非营利协调机构，任务是协调本地区本宗教内部、本宗教团体之间、本宗教团体与其他团体、本宗教团体与政府之间的各项事务。宗教联合会的领导由参加该会的各组织代表选举产生，实行任期制，工作人员可从社会上招聘雇用合适的专业人员，所需经费由参加联合会的各宗教组织分担。

5. 建立政教对话机制

在地/市、县/市、乡成立“宗教问题联席会议”，由当地各宗教联合会代表与政府代表按对等原则共同组成，进行有关宗教问题的沟通、交流、对话。宗教方面的代表由宗教团体自己推选，如果某些宗教内部无法统一意见（如基督教，可由双方派出各自的代表共同担任）。联席会议是政教双方对话、交流、协商、沟通的平台，下设宗教联络办公室，该办公室为联络协调办事机构，仅为落实宗教团体与政府沟通交流做技术性、事务性服务，无任何权限，不具有任何管理能力。

6. 鼓励宗教组织进入社会公共领域开展慈善服务①

鼓励宗教组织利用自身资源与优势开展社会服务，发展慈善事业。宗

---

① 刘澎：《建立“宗教特区”，让宗教进入社会服务领域》，2008 年 10 月 16 日在第二届法律与宗教会议上的发言。

教团体可以自己的名义开办各种公益慈善服务机构（需向政府民政部门注册登记）；宗教团体创办的服务行业可享有免税资格，其所建立的慈善公益机构可接受海内外慈善捐赠；宗教慈善机构可享有与其他非宗教慈善机构在社会上开展公益活动的同等权益。

六 小结

1. 宗教问题是重大的公共政策问题。目前中国宗教方面最大的问题是有宗教、无法治。脱胎于20世纪50年代的宗教行政管理体制已经失灵，即使强调“依法管理”，只要不抛弃旧的管理体制、不对旧体制进行彻底改革，所谓的“管理”不过是一句空话。中国宗教问题必须要从强化管理的维稳思路转到改革上来。宗教领域的关键词不是“管理”，是“改革”，不改革没有出路。只有在改革的基础上，在尊重被管理者的前提下，才谈得上管理，有效的管理必须是得民心的，必须以法治为框架。①

2. 开放宗教市场，改革宗教管理体制，建立健全宗教法治，把以行政手段为主管理宗教的模式改为以法律手段为主进行的调节与规范，实现宗教领域的全面法治，是解决中国宗教问题的根本办法。

3. 实现宗教法治必须完善宗教立法体系。目前宗教法律体系中的最大问题是没有国家立法机关通过的宗教基本法。没有宗教基本法，宗教领域的其他规范性法律文件再多，也无济于事。

4. 宗教立法必然要涉及修改《宪法》第三十六条。修改宪法第三十六条的目的是为了去除其中过时的、不科学、不妥当的内容，使其能够与时俱进，为宗教立法提供基础与指导作用。修改后的《宪法》第三十六条应突出两个基本原则：一是保护宗教信仰自由，二是实行政教分离。其他问题可以由宗教法或其他法律予以规范。

5. 宗教立法是为了理顺政教关系、保护公民权利，体现党的宗教信仰自由政策，有效地解决宗教方面的问题，巩固执政党的执政基础；不是为了维护旧的宗教行政管理体制，更不是为了强化政府宗教管理部门的权力。用法律维护并强化旧的宗教行政管理体制，不仅不能挽救早已破产失

---

① 张守东：《论宗教立法与公民社会相适应》，普世社会科学研究网，2010年10月18日。

效的旧体制，而且最终必将危及执政党政权合法性来源中的民意基础、规则基础与法律基础。三大基础动摇，合法性焉能持久？对此，执政者不可不察。

6. 宗教立法涉及国家、社会和宗教信仰者、非宗教信仰者等各方面的利益，需要协调各方关系，不能只考虑一方的利益，要考虑全社会的整体利益，我国国家发展的长远利益，以及我国在国际上的形象与地位问题。

7. 宗教立法需要社会各界群众的共同努力。要允许社会各界充分讨论，贯彻开门立法、科学立法、民主立法的原则，不能搞关门立法，更不能搞部门立法。要在各方充分发表意见的基础上，求得立法共识。立法机关应与包括宗教团体、宗教信仰者代表在内的各界人士进行协商、对话，充分听取各方面的意见。如果游戏的参加者在制定游戏规则时被排斥在外，所谓的“规则”对未来的游戏和游戏者都是没有意义的。

8. 建立宗教特区是以改革精神进行的大胆尝试的第一步，是一个必要的过渡与磨合过程。无论试办宗教特区的结果如何，对探索贯彻落实党的宗教信仰自由政策，妥善处理中国的宗教问题，都具有深远的意义。

中国的宗教领域存在许多问题，产生这些问题的根本原因是体制。过去三十年经济改革的经验证明，体制本身产生的问题，只能靠体制改革来解决。就宗教问题而言，解决中国宗教方面的问题，必须改革宗教管理体制，把对宗教的管理从依靠行政控制转为依靠法治。因此，宗教立法势在必行。这是一项涉及亿万人切身利益的重大改革，难度很大。但不搞这个改革，不走宗教法治的道路，中国宗教方面的问题就无从解决。

（作者单位：中国社会科学院美国研究所）

国家治理与反腐败

反腐败的制度形态

尹保云

党的十八大以来，中共中央大大加强了打击腐败的力度，各项重要规定接连出台，一批批高官被查处。这些工作已经收到了效果，腐败官员受到很大震慑，官场风气有明显的改善。十八届四中全会专题讨论了“依法治国”问题，提出了全面推进依法治国的任务，是一个开启建设法治国家道路的重要历史文献，也是学术界探讨反腐败问题的新的思考起点。

国内学术界近些年对反腐败的对策性、操作性问题研究很多，而对深层的制度问题却探讨不够。虽然在某种意义上说腐败是人性的弱点、一个普遍性的问题，但它的发生却是具体的，与特定的制度模式联系在一起，反腐败也与特定的制度模式联系在一起；无论是腐败还是反腐败，都与特定制度的内在机制相关。我们只有从制度模式及其运行机制上认识腐败与反腐败，才能达到对问题的更深入理解。本文对中国历史上的封建专制模式及现代民主制度两种模式做一探讨，从而说明，反腐败不能是制度表皮上的附加行为，而应是内在于制度的机制，反腐败归根结底是制度的变革问题；只有现代的“法治”制度建设达到较高水平，才能做到较好地抑制腐败并发展出廉洁文化。

一　中国历史上反腐败的制度局限

目前所说的“腐败”是狭义的概念，指国家公职人员利用职权而谋取个人利益的各种行为。在前现代的世界历史上，只有中国积累了丰富的反腐败经验。这是因为中国自秦以后建立了中央集权制度并延续了两千年之久，而世界其他地区的集权制度发展不能与中国相比。西方国家的反腐败是很晚的事，是从它们建立起现代的集权国家后才开始的。在欧洲中世纪，腐败主要发生在教会系统，而在贵族庄园和骑士领地中，尽管有压迫、剥削和不平等，但却很难用上腐败这个概念。

中国在先秦时期，反腐败的法律规定主要是嵌在“礼”中的，繁复的礼规定了各级贵族和官僚的衣食住行，超越规定就触犯了礼而要受到处罚。到了唐宋时期，随着国家官僚制度的成熟，反腐败的法律与制度规定也十分系统。大唐禁止官员及其家属经商，否则一律治罪；提拔官员看走了眼就会受到严惩。武则天是唐朝打击腐败的一个铁腕形象，她留下的深刻历史印记是任用酷吏，对腐败官员施以残酷刑罚和无情杀戮。宋朝的第三代皇帝赵恒在反腐败制度建设上很有作为。大宋吏部建立了系统的官员档案，把官员的贪腐逐一记录在案；如果有贪污受贿的污点，属于试用期的官员不能转正，已转正的官员不能定期升级和提拔，这些官员也不能参加科举考试；宋朝还建立了官员连坐制度，一个官员若犯贪污罪，他的上司和荐举他的人均要受到连带处罚。可以说，到宋朝时期，反腐败的制度工具已经十分齐全了，官员选拔的标准之苛刻、对腐败官员的处罚之严厉，都要超过我们今天的程度。

明朝的开国皇帝朱元璋颁布的《大明律》，使中国历史上反腐败制度进一步完善。《大明律》的纪律约束十分严格，甚至规定“公侯伯挟妓饮酒罚俸一年”。它的突出特点之一是加强了对王室贵族的约束：按照王室贵族的等级与生子情况而规定娶妾的数量；规定王府、将军、中尉及仪宾之家不得用强揽钱粮、骗害纳户者，不得有凌辱官府、扰害百姓、受人土地、强取财富等行为。对触犯以上规定者给予扣除俸禄、降级、罢黜乃至充军等处罚。朱元璋反腐不徇私情，驸马欧阳伦违反新颁布的《茶马法》而走私茶叶，尽管太后等多人为他求情，最后还是被朱元璋处死了。在朱元璋时期，查处官员腐败可以说是大大发扬了武则天的酷吏、酷刑传统，贪污纹银 60 两以上者就要枭首和剥皮；各州县衙门左侧设剥皮的刑场即“皮场庙”，贪官被拉到这里砍下头颅，挂到杆子上示众，再剥下人皮，塞上稻草，摆到衙门公堂旁边，以警告其他官员。

清朝雍正帝也是中国历史上铁腕反腐的著名人物。康熙后期，官吏贪贿之风泛滥，以致国库亏空。雍正掌权伊始（1723），就给户部下达了全面清查积欠钱粮的命令，责令三年之内必须补齐所有亏空，而且不许从民间摊派。雍正反腐败继承了武则天、朱元璋的酷吏传统，搞得官员人人自危，动辄就会被抄收家产、逮捕监禁和杀头。

概括起来，从唐宋到明清积累的反腐败经验主要有以下几个方面：（1）建立一套完整的约束官员行为、使其廉洁奉公的法律和制度规定，这些一代代地滚动发展，形成了类似现代的公务员法的一套法规，从官员的个人生活、日常礼仪到职权范围，都有明确规定和严格要求；（2）建立起监察制度和巡按制度，前者是常设的对各级官员进行监察的机构，后者是根据需要由皇帝钦派巡按吏带队到特定地区巡视、查案和处理问题；（3）对腐败官员进行严厉的惩处，从查抄家产、监禁、流放、杀头到株连九族；（4）抓大案要案，重大案件皇帝亲自过问；（5）走群众路线，倾听人民呼声，除了日常的民告官外，皇帝的巡按大臣在所到之处就会深入民间，发动群众揭发腐败，武则天还曾经下旨鼓励民众揭发贪官，要求对揭发属实者给予奖励，对揭发不实者不作处罚并给予保护；（6）高薪养廉，明万历以后，官员在征税时加收一些铸钱的“火耗”，官员们从中收取差额，以改善自己待遇，清顺治、康熙时期对此种行为在政策上禁止，但实际上却保持默认，雍正一边严厉打击腐败，一边推行高薪养廉措施，他不但把收取“火耗”合法化，而且大幅度提高各级官员的薪俸。

上述唐宋以来反腐败的各种法规、措施和经验，完善程度可以说是无与伦比，后世永远也借鉴不完。然而，这样完善的手段和措施并没有解决历朝历代的腐败问题。即便是武则天、朱元璋、雍正那样残酷的打击措施，也只能在一时使风气有所好转，之后不久就会一如既往地腐败，每个朝代都在进行腐败—反腐败—好转—再腐败这样无休止的循环，直至皇权崩溃。唐朝在安史之乱之后一蹶不振。宋朝虽说在赵恒时期风气偏好，但之后一直是很腐败的，尤其是南宋时期，官商勾结、混淆在一起，腐败与经济繁荣共存。明朝对官场和社会的控制最紧，对腐败官员的刑罚也最为残忍，但这并没有改善腐败状况，明朝反而常被看作中国历史上最腐败的朝廷。清朝的腐败程度比明朝毫不逊色，甚至在雍正严厉打击时期也照样腐败，他制造了一大批冤假错案，反腐败的最大效果是给国库增加了一些钱粮，而对于树立官场廉洁之风并没有起到什么作用。

启蒙思想家孟德斯鸠曾有过这样的评论：中国皇帝之所以严厉打击腐败，那是因为中国人繁殖力强、人口众多，又容易受到自然灾害的侵袭，为了让人民能够生活下去而维持社会稳定，历代皇帝不得不打击腐败，但这并不能彻底解决问题：“中国的专制主义，在祸患无穷的压力之下，虽然愿意给自己戴上锁链，但都徒劳无益；它用自己的锁链武装了自己，变得更为凶暴。”①

孟德斯鸠是三权分立说的创立者，对中国的封建专制主义模式不会有好感。但他只是指出了专制主义不可能反腐败，却没有对原因作具体说明。中国历代的反腐败之所以屡屡失败，根本原因在于皇权制度的根基就是腐败的，是建立在腐败根基上的制度。秦以来的中央集权制，尽管都打着“民本”“爱民”“为民”等好听的旗号，实际上却是皇帝一人的天下，进而放大为皇帝家族（上层贵族）和上层官僚群体的天下。尽管这种集权制有些类似现代国家，但实际上是“打江山坐江山”的一个集团的专制机器。它的根基是皇帝以及皇亲贵族的特权和政府对经济、权力、权威、荣誉等的全方位垄断。从汉桑弘羊变法之后，政府对经济的控制一代胜过一代。不仅盐、铁等特殊产品的生产和销售一直为政府垄断，到了唐宋以后，手工业、采矿、内外贸易等，都为政府所垄断，“凡是能够大规模生产和大规模销售的有利经营，不论所生产的是普通日用品还是高贵精美的奢侈品，只要能获利，都列入禁榷范围，完全由官家垄断，不允许人民染指”②。这种官僚制经济制度，把全国经济剩余自下而上地集中起来。除了少数用作军费、赈灾等财政开支外，大量地被用来支持皇帝和宫廷的奢华生活以及大小贵族和官员的俸禄。皇帝的权力至高无上，他的家族一代代地繁衍皇亲国戚，成为最大的腐败集团。下面是一层层的文武薪俸官员，形成一级控制一级的管理模式，逐级地行使社会控制以及分配权力与特权、资源和机会、奖赏和荣誉。集权国家垄断权力的无边界扩散，自然到处都是滋生腐败的温床。

不断地产生腐败是这个制度的内在机制。皇帝的超越法律之上的权力，是他周围的腐败集团的保护伞，宫廷贵族和大臣们需要皇权至高无上而不受法律监督，因为大家可以从中得到各种分享和借用。即便是一个清廉的皇帝，想用法律来约束自己的权力和家族的行为，他也不可能做到，因为他这样做对大家也不利。一级一级的官吏，也是层层如此，他们并不希望自己的上司严格遵守法律法规，因为这对他们没有什么好处。

这种政治模式下的反腐败无论怎样雷鸣电闪，也只是一种表皮性的行

---

① ［法］孟德斯鸠：《论法的精神》（上册），张雁深译，商务印书馆2004年版，第153页。

② 傅筑夫：《中国封建社会经济史》（第五卷），人民出版社1989年版，第340页。

为。它的目的不是追求更高的道德进步和人民福祉，而是为了维持基本的政治稳定，收敛一下制度散发的掠夺性。因此，反腐败只是停留在技术性的探索上，各种法规和惩罚制度发展得十分完善，甚至发明了剥皮示众的方法，却从来没有思考过制度根基的问题，反倒通过不断地宣传而在社会上培植了“只反贪官不反皇帝”的文化观念。

反腐败不仅不是制度的内在机制，反而是与根本制度对抗的。因为制度的根干是特权的和全方位垄断的，它只能支持腐败和不断地生产腐败。当官场腐败导致社会怨愤沸腾或国库亏空时，皇帝就感到惶惶不安，不得不发动反腐败斗争，而当反腐撼动了政治体系的稳定时，就会犹豫不决而停止下来。雍正的反腐充分地展现了这一制度矛盾。他一方面用暴戾的手段打击腐败，大肆地进行逮捕、抄家和杀戮；另一方面却对腐败容忍，比如对功臣后代加以袒护、保护八旗利益、向官僚势力让步、对勤职官员特免等。[①] 乾隆则鉴于雍正反腐导致官场人心不稳，干脆对官员采取宽容政策。嘉靖皇帝把大贪官和珅杀了，但却把和珅的富可敌国的资产收入自己囊中而不是缴纳国库。这些都非常清晰地揭示了问题在于专制主义制度模式，它的根干的本性就是支持和产生腐败的，反腐败只是根干反对枝叶的斗争。

这样，中国历史上的历次大规模反腐败运动实际上都是表面的、局部的和暂时性的，只能带来一些表面的、局部的和暂时性的改善，甚至常常连这样的效果也不能取得，反而是一边反腐败、一边腐败泛滥，反腐败常常成为权力斗争与倾轧和财富剥夺与转移的手段。由于制度本性决定，反腐败也从来没有带来道德与文化的升华。

二　民主制度的反腐败机制

在反腐败上，民主制度和中国历史上的专制主义有一些相似之处，比如：二者都把国家公职人员的腐败看作危害社会公平与稳定的道德恶行，都有反腐败的法律制度，都对腐败现象进行严厉的处理，等等。但这些相似性不能说明中国历史上的各种反腐经验和方法在今天仍然有很大的借鉴意义，因为，各种法律规定和惩治条文仅是一个方面，民主制度的反腐与

① 王志明：《雍正反腐的政治局限》，《江汉论坛》2004 年第 2 期。

它内在的制度机制密切联系在一起。

民主制度的反腐败是在法治下进行的，体现了法律的权威。“法治”这个概念在中国有古老的历史。早在先秦时期，依法治国的法家思想就很流行，各诸侯国也不断探索法治之路，“昔者先君桓公之地狭于今，修法治，广政教，以霸诸侯”①，这些话很好地描述了当时的情况。但先秦的法治思想有很大局限性。法治的实质是法律超越个人意志之上，把国家权力抽象为原则，即国家不代表某个人、某个家族或某个团体的利益，而代表共同的原则，所有的个人和集团必须遵循这些原则。中国古代的法治观念从来也没有达到这个认识高度，它指的是皇帝按照法律来治理官吏和人民，归根结底是皇帝的“人治”。它的最高境界是“王子犯法与庶民同罪”，依法治理到王子而止于皇帝；实际上，如果没有皇帝意旨，谁也不能惩治王子和贵族，真正得到贯彻的还是儒学的“刑不上大夫、礼不下庶人”的原则。而现代民主制度则不同。现代民主制度下，人民通过投票而选举出政府，从而实现人民主权，这是法治制度得以建立的基础。

这就是说，从制度模式上看，现代的法治就是民主制度本身。“法治制度”“宪政制度”“民主制度”等，都是从不同侧面对现代政治模式的称呼，这个政治模式包括一套具体的制度元素，如民主的宪法、法律体系、分权制衡、选举、政治竞争、言论自由、出版结社自由以及地方自治等。“依据法律统治”（rule by law，governed by law）的意义，是与constitutionalism（“按照宪法治理”或“宪政”）联系在一起的。中共十八届四中全会《决定》中对“法治”的解释在深层上是符合这个概念的现代意义的。

因为国家主权性质的转变，现代的政治模式不是建立在特权和垄断之上，因此与腐败没有天然的共生关系。民主制度也存在着公共权力，也难免会产生各种腐败，但它的制度根干却是与腐败对立的。从理论上讲，民主制度无论在平等上还是在力度上、广度上，对腐败的遏制与打击都远远超过中国历史上的封建专制制度。就平等而言，无人能超越法律之上，国家最高首脑同样受到法律的约束。他和普通公民一样，是法律监视的对象。反腐败也不是由他发动的，而是法治体系的内在功能，他本人和其他行政官员都是反腐败的对象；就力度而言，民主制度下对腐败官员虽然不

---

①《晏子春秋·谏上九》。

使用酷刑，但它的法律却是冷酷无情的，不受任何人情的干扰。民主制度对“腐败”的界定也更加苛刻，一个小小行贿或收贿，就可能会让一个人丢掉职务甚至被判重刑；就广度而言，民主制度反腐败的领域和范围要远为广泛，很多传统习俗都会被列为腐败，同时，它不仅在国家政治和行政系统中反腐败，也在私营或社会部门（企业、大学和社会团体）中反腐败。

这些在平等上、力度上和广度上的法治反腐的特点，只能结合民主制度的运行机制来理解。换句话说，它们只能通过民主制度的运行机制而得到实现。仅有完善的立法是远远不够的，法律条文很容易成为纸上空文，甚至司法机构自身也会陷入腐败。民主制度依靠的主要是它的常态化的反腐机制，即它本身的制度运转，它的分权制约、选举投票、政治竞争、言论出版与结社自由等形式要素所组成的系统，本身就是一个不停运转的反腐败机器。

第一，权力的分化和相互制约是民主制度反腐的第一保障。分权说的目的就是为了防止国家权力被私用和滥用。美国的国父们在建国时使用了孟德斯鸠的理论，把“用权力制约权力”作为宪政的最基本原则。①民主国家都采用了分权的模式，大原则是立法、司法、行政三权分立，但各个国家具体细节有诸多不同，比如，总统制下行政权力较大，而内阁制下议会权力较大；再如，英国和日本是君主立宪制，它们的国王和天皇虽说没有实际权力，却具有符号性权威，等等。但无论怎样，凡是成熟的民主国家都建立起了有效的分权制衡机制，在顶层形成权力对权力的制约。只有同级别的权力才能产生有效的相互监督和制约，从而成为法治秩序的第一保障。

第二，政治竞争是反腐机器运转的动力。民主制度的政治竞争主要体现为政党竞争。传统社会也有政治竞争，但民主制度下的政治竞争则是公开的、透明的和对等的竞争。民主制度有两党制、两大党制、多党制、一党独大制等不同的形态，无论什么形态，政治竞争是它的本能性行为。首先是政党与政党之间的竞争，其次是同一政党内的不同派别之间的竞争。这些竞争都是公开化和透明化的。每个政党或者政党内的每个派别，为了

---

① ［美］文森特·奥斯特罗姆：《民主的意义及民主制度的脆弱性——回应托克维尔的挑战》，李梅译，陕西人民出版社 2011 年版，第 11 页。

自己的上升，时刻盯着其他党、其他派别的一举一动，收集对手的各种情报，尤其是关于腐败的信息。同时，各个政党或党内派别，均有不同的社会公团的支持，从而使政治竞争的网络遍布社会。在这种环境下，各个政党、党内派别和大小政治家及官员，均处在政治竞争而形成的相互监督的网络笼罩之下。它对大小政治家和官员的监督的广泛性，是任何自上而下的监督、侦查系统都无可比拟的；同时，因为来自个人和组织的竞争的本能力量是恒定的，这一反腐机器也就会不停歇地运转。①

第三，社会民众是反腐败的最后动力。民主制度下个体民众的反腐参与有多种途径，如通过司法渠道或媒体的检举揭发、抗议、参与社会工团和政党，等等。作为整体而言，民众的反腐败意义还是体现在作为国家主体的角色上。民众对政治廉洁和社会公平的愿望控制着政治体系的走向，因为他们能够用投票做最后的政治裁决，迫使各个政党、派别和政治家们不得不加强自律。

以上说明，民主制度的反腐败机制与整个政治体系的运转联系在一起。它与中国历史上反腐败的区别，不在于具体法律手段和惩罚措施是否齐全，而在于政治制度的性质和运转方式的不同。根据“透明国际”历年的国际廉洁指数排名看，除了个别例子外，廉洁度比较高的、排在前面的国家都是民主国家，而廉洁度低的、排在后面的国家则都是非民主国家或者处于动乱之中的国家。这充分说明了民主制度在抵制腐败上的有效性。

当然，民主制度不是孤立存在的，它有国家规模的大小和经济体制等条件。在世界廉洁指数排名中，廉洁度最高的都是人口规模很小的国家，如丹麦、新西兰、芬兰、瑞士、挪威等，而美国、英国、法国、日本等大国则在排名中次于小国。这可能是因为大国人口众多、情况复杂而较难治理。就文化而言，很多腐败现象与一些当地文化观念和习俗有关，比如家长观念、讲人情、讲面子和请客送礼的习惯等都容易与腐败牵连。就经济而言，私有程度高、市场竞争充分、透明度高的经济更容易治理腐败，而国有企业多、国家干预广泛、垄断程度高的经济则容易发生腐败。西班牙、葡萄牙、意大利、希腊等国，在欧共体中市场经济的发展程度低于其

---

① 作者曾在《论传统社会与现代社会中的政治竞争》（下）（《人民论坛·学术前沿》2012年第12期）一文中对民主制度的政治竞争与反腐败的关系作了详细的论述。

他国家，廉洁指数的排名也在后面。意大利第二次世界大战后一直在发展国有企业，导致国有企业在很多领域的垄断达到100%；希腊国有企业在20世纪80年代占国民总产值的比重高达50%。这两个国家的廉洁度排名也是最低的。

尽管腐败受到其他因素的影响，但这并不能否定宪政民主制度在消除腐败上的优势。有的学者经常以印度、泰国、菲律宾、马来西亚等国家为例，来否定民主制度对于反腐败的作用，这显然是很肤浅的。①民主制度有不同的发展阶段和程度，只有在它成熟之后，才能充分发挥反腐败的功能。初步的宪政框架或民主制度在反腐败上难免作用有限。这些南亚和东南亚国家的民主尚处在“初步民主”阶段，它们市场经济不规范、国有部门过大、经济透明度低，政治体系被家族和部落的网络所缠绕，人们的理性化程度和法治化意识低，大量旧的生活方式和习俗没有改变，等等，这些因素阻碍了制度文明的进一步发展，甚至“民主”被用来迎合落后的东西，或者被腐败分子利用。尽管如此，很难说民主制度对遏制腐败没有起到积极作用，这些国家放弃民主制度也许比现在更加腐败。

三　制度与廉洁文化

国内学术界和思想界对于反腐败策略有三种看法：一种是强调法治，把依法治国作为解决问题的出路；第二种是强调德治，认为教育和道德进步才是消除腐败的根本途径；第三种是强调法治和德治的结合，认为只有二者结合才能达到标本兼治的效果。这三种认识倾向并非今天才有，而是有悠久的历史。在今天，法治与德治，强调其中一个方面也好，强调二者的结合也好，都不是问题的关键所在，重要的是法治和德治的概念升华，不能在过去的政治模式下思考问题。在现代文明中，无论是法治还是德治，都不是过去的老概念。

前面两节的论述说明，同现代民主制度比起来，中国传统上皇帝依法治理国家的法治是一种半文明的形态，具有很大的局限性和原始性；虽然

① 台湾学者郎咸平2005年在清华大学的演讲中列举东南亚和马来西亚、泰国和印度尼西亚的例子，说“民主和舆论，无法使政府变得更廉洁，无法使政府变得更有效”；他在《凤凰财经》的网络专栏中的文章《印度的腐败难以想象》中用印度的例子否定民主的反腐败意义，而忽视了印度民主的初步性及其政府控制经济生活的权力的扩散性造成的深厚腐败土壤。

它反腐败法律制度与惩罚手段十分齐全，但它整个政治制度的根子却是特权的和垄断的，不断地产生腐败是它的内在功能，而反腐败却与其根本制度相对抗，只能是表皮的疗伤行为。这种反腐败的低级制度形态，对于我们今天反腐败的借鉴价值微乎其微。

同样，德治也是一个时代性概念，随时代而发生变化。中国传统社会的德治与封建专制制度一致。如黑格尔所指出的，整个国家是一个大家庭，皇帝“像严父那样行使他的权限。他便是家长，国人首先必须尊敬他”①。在这种德治秩序下，皇帝必须具有家长的威严、仁慈、爱民等美德，而他下面的官员也要做清正廉明的“父母官”，一个个熟记儒家道德经典，不断提高道德修养。这其实是“人治”制度，美德的荣誉附着于皇权与官本位的权力结构。

同反腐屡屡失败一样，德治的努力也效果不佳。中国“礼仪之邦”的美称，主要表现为等级秩序的礼仪秩序，但却从来也没有发展出廉洁文化。作为“廉洁文化”，必须是活的东西，是每个官员的内心修养并见诸行为，而不能停留于一堆道德训条的知识和口号的传播。仁政、爱民、廉洁、奉公、无私等这些与廉洁有关的道德训条，即便是人人记诵、天天呼喊，也不等于有了廉洁文化。相反，一方面官场腐败泛滥不可消减；另一方面不断地搞道德说教，只会起到使官场道德虚伪化的作用，进而使整个社会道德虚伪化。在儒学思想体系中，诚、信都是极为重要的道德训条，但诚信的缺乏却一直被西方认为是中国文化的一大特点。反腐败是大贪官反小贪官，道德教育是大乡愿训斥小乡愿；官场塞满礼、义、廉、耻等道德口号，而清正廉洁的品德与行为却始终不能蔚然成风。

廉洁文化不是只靠道德教育和理想信念的灌输就能形成的，它本来是一个围绕制度的建构过程。以儒学为核心的典籍中包含着很多与廉洁文化相关的普遍性道德理念，但在封建专制制度下，它们并不能有效地聚集结合而形成主导性文化倾向。人们只能在衙门中感受到权威、特权、腐败和官本位，而那些普遍性道德所强调的廉政风气是体验不到的。这种道德宣传说教与现实背离的局面，根本原因在于封建专制制度根子，如前所述，它从根干本来就是特全性、垄断性的，必然不断地长出特权、垄断、压制、剥夺等，与廉洁文化的道德训条背道而驰。从皇帝、大臣到下面的官

① ［德］黑格尔：《历史哲学》，王造时译，上海书店出版社1999年版，第129页。

员，他们的道德形象实际上是虚假的。廉洁文化是高级社会的文化形态，与封建专制制度格格不入。

现代民主制度中廉洁文化的发展路径完全不同。不能说民主制度中没有与“德治”相似的因素。比如：它要比封建主义时代更加强调社会道德文明，甚至把道德进步作为社会进步的最高尺度；它对政治领袖和官员的道德品行的要求也更加严格，选拔道德高尚的、有智慧的人来掌管国家各层面的权力，也是民主制度的要求。二者的不同在于制度机制上。封建专制制度的道德教育主要体现在宣传和呼喊上，而民主制度则依靠其运转机制。透明的政治竞争机制、选择与淘汰机制，也是民主制度的道德过滤器。在总统、议员和各级地方选举中，轻微的道德瑕疵就会遭到淘汰；在任职之后，他们的行为受到法律的约束以及反对党派、新闻媒体和民众的严密监督。在这种环境之下，那些与廉政相关的道德训诫不再是口号，而内化为人们的修养并表现为日常行为，廉洁文化就这样形成了。

在民主制度发展成熟的国家里，廉洁文化不只是在国家公共部门中发展，而是整个国家文化精神的主导并渗透在社会各个角落。人们的道德观念、文明行为乃至整个社会文化，都达到相应的先进水平，这是因为政治领域的廉洁文化带动了整个社会的道德变化。总之，文化道德的进步不是来自特殊的宗教传统和特殊的教育方法，而是民主制度的运行机制的产物。

结　论

中国历史上的封建专制与现代的成熟民主，是人类历史进程中两个具有重要代表性的制度形态，前者代表了传统文明的顶峰，后者则代表了现代文明的高度。中国历史上发展出完善的反腐败制度系统以及德治方法，但这些只能维持政治秩序的稳定和持续，而不能真正解决腐败问题，也不能推动道德增进并发展出现实的廉洁文化。

关键在于制度的根子和性质不同。封建专制制度建立在特权和集权垄断的基础上，它的运作机制具有不断地产生腐败的功能，这个功能也使德治先天地带上了虚伪性。相反，现代民主制度的根子不是扎在某个人、某党派、某阶级的特权与集权垄断之上，而是抽象为民有、民享、民治的原则并通过制度安排而具体化为人民的实际主权，抵制腐败和洗涤道德是它的运作机制的功能。这一制度上的区别，导致了两种制度模式的反腐败和文化发展的不同结果。

腐败是一个人类性的、世界性的问题，反腐败的艰巨性远超出人们的通常认识。从根本上说，反腐败是一个制度概念。清除腐败而建立廉洁文化，不仅是打击的问题，也不仅是制定更严格规定和更完备法律的问题，而是牵涉更深层的制度变迁。中共十八届四中全会所强调的“法治”概念，指明了新的变革取向。值得注意的是，目前学术界和思想界仍有不少人坚持从古老意义上来诠释法治概念，迷恋制度中的一些深层硬块，而不能从整体制度的高度来理解法治的要义。按照马克思的观点，人类文明发展有一致性的规律，任何民族都不可能在追寻过去和固守现在中找到解决目前问题的钥匙。法治与德治的理念在中国具有古老的历史，但只有结合现代制度文明的建构原理，我们才能将它们升华为现代观念，并找到在现实中把二者结合起来的合理途径。

（作者单位：北京大学）

网络反腐与国家治理

高奇琦　陈建林

腐败作为世界性的顽疾，素有“政治之癌”之称，它不仅是各国执政党和政府都面临的政治难题，也是中国国家治理转型的核心议题之一。杰瑞米·波普指出大部分发展中国家和处于转型过程中的国家，腐败已经发展成为一种危机。[①] 目前，中国正处于经济转轨、社会转型的关键时期，腐败现象呈现出“易发、频发”的特征，考验着党的执政能力和政府的治理水平。习近平总书记在党的十八大报告里指出“这个问题解决不好，就会对党造成致命伤害，甚至亡党亡国”[②]，把腐败治理的意义上升到前所未有的高度。中央坚持“有腐必反、有贪必肃，老虎、苍蝇一起打，以零容忍态度惩治腐败”[③]，并在全国范围开展了规模巨大的反腐风暴。同时，随着互联网的飞速发展，网络已经成为一种不可或缺的反腐工具。对于推动国家治理体系和治理能力现代化而言，网络反腐已成为腐败治理的新兴战场和有效路径。

一　国家治理的概念与内涵

“国家治理”概念的核心是“治理”。要明确界定“国家治理”的概念内涵，首先要在“治理”的内涵上达成共识。在政治学研究中，“治

---

① 杰瑞米·波普：《制约腐败：构建国家廉政体系》，清华大学公共管理学院廉政研究室译，中国方正出版社2002年版，第4页。

② 《坚定不移沿着中国特色社会主义道路前进　为全面建成小康社会而奋斗》，《人民日报》2012年11月8日。

③ 王岐山：《坚持党的领导　依规管党治党　为全面推进依法治国提供根本保证》，《人民日报》2014年11月3日。

理”是一个在中国流行了近二十年的概念。目前关于治理概念内涵的讨论，主要集中在两层含义：一是，治理有强烈的非中心和社会导向的内涵；[①] 二是，治理就是问题的有效解决。

相比而言，“国家治理”是一个相对新的概念。从字面和规范层面上来看，“国家治理”是“国家”与“治理”的组合。然而，这种组合并没有标识清楚“国家”与“治理”之间的关系。因此，研究者在使用“国家治理”这一概念时，可能会出现三种不同的含义：一是以国家为单元的治理，即“国家的治理”。从这个意义上来看，我们可以把“国家治理”作为一个层级嵌在“乡村治理”“城市治理”“地区治理”（超国家）和“全球治理”的序列治理结构之中。二是以国家为主体的治理，即“国家去治理”。这层含义强调国家作为主动性的角色去干预和调控经济和社会生活的方方面面。三是以国家为客体的治理，即“对国家的治理”。这层含义强调国家的利维坦性质，并认为如果不对国家形成有效的制约和限制，那么国家将会对个人的生活和社会的活力形成压迫性的影响。这三层含义相互牵制，并存在一些紧张关系。然而，多数研究者在使用时，都把这三者关系合并在一起讨论。

对于国家治理的探讨可以从两个层面来进行。第一个层面涉及国家治理体系，即国家发展是从秩序国家到赋权国家和创新国家的过程。一个完整意义的国家治理体系应该包括如下三个系统：第一，秩序系统。秩序系统主要表现为汲取资源、垄断暴力和提供安全保证。秩序系统是国家构建最基本的内容。第二，赋权系统。赋权系统使得政治统治合法化。暴力的过度使用可能会导致暴力垄断的丧失，因此，国家需要更为复杂的多方参与的社会过程，将汲取资源和垄断暴力合法化。在现代社会中，国家治理的合法性功能主要通过选举民主和协商民主等形式来实现。第三，创新系统。创新系统的目的是激发经济和社会创新。过度汲取资源可能会导致社会资源的枯竭，所以一个卓有成效的国家治理模式会在一定程度上汲取社会资源的同时激发经济和社会的创新。

第二个层面涉及国家治理能力，即国家发展是从弱国家到强国家的发

---

① 詹姆斯·罗西瑙主编：《没有政府的治理：世界政治中的秩序与变革》，张胜军等译，江西人民出版社 2001 年版，第 4—5 页；俞可平：《全球治理引论》，《马克思主义与现实》2002 年第 1 期。

展过程。区分国家强弱的主要标准是看国家财政自主和暴力垄断的程度。强国家意味着国家的资源汲取能力非常强，即非常高比例的社会资源被国家提取，并用于再分配。对国家治理能力的评价有三个标准：一是强度评价。国家治理能力并不总是越强越好，而是应该在有效和有限度的框架内使用。过强的国家治理能力很容易导致经济和社会部门的压制，从而可能会引致国家治理能力的滥用。二是完整性评价。国家治理能力的内容不仅要包括资源汲取能力和秩序稳定能力，而且还应该包括公共服务提供能力和公共危机应对能力。三是效率评价。国家治理能力不仅要看其实现的目标和效果，还要观察其达到这些目标和效果所使用的成本。简言之，基于效率评价的国家能力是国家治理目标的实现程度与实现这些目标所使用的资源之间的比值。

二 反腐对于国家治理的意义

国家治理是一种系统性思维，它包括秩序系统、赋权系统和创新系统三方面内涵。同时，国家治理也是一种实践性思维。国家治理本身源于实践，并且基于丰富的地方性知识。就其组成而言，国家治理的内涵主要表现在国家治理体系和国家治理能力两方面。习近平主席提出的“国家治理体系和治理能力现代化”① 意味着，我们的国家治理体系和国家治理能力还存在进一步现代化的空间。而腐败严重腐蚀了国家治理体系和国家治理能力。因此，腐败治理成为国家治理的重要课题和关键组成部分。

（一）腐败削弱了国家治理体系的权威，反腐是完善中国的国家治理体系的内在要求

如前所述，一个完整意义的国家治理体系应该包括秩序系统、赋权系统和创新系统三个方面。作为国家治理的一种异化和病变，腐败阻碍着国家治理体系的现代化。第一，腐败破坏正常的秩序系统，导致政治陷入无序状态。因此，反腐是维护国家治理秩序的需要。“治”意指“非乱”，强调稳定性，即政治安全。政治安全占主导地位的是两个因素：秩序和持

① 《中共中央关于全面深化改革若干重大问题的决定》，《人民日报》2013 年 11 月 16 日。

续性。[①] 秩序的核心内容是阶级统治，即政治统治。[②] 而腐败破坏正常的政治秩序和社会的公平与正义，不仅损害党和政府的形象与政治权威，也冲击了社会的秩序和政治安全。现代国家首先要维护的是国家的基本秩序和稳定，而良好的秩序系统就是善治。因此，反腐不仅是维护国家治理秩序的需要，也是实现善治的路径之一。第二，腐败导致政治精英主导政治和社会过程。反腐即赋权于民，是维护国家赋权系统的需要。赋权系统的内核是人民对政治过程的参与，使得政治统治合法化。而腐败是为追求私人利益而滥用公共角色或资源。[③] 权力作为一种委托代理关系，一旦被私有化、商品化和资本化，就会失去原有的公共属性和异化。进而导致的结果就是政治信任降低，国家合法性流失，最终引发政权合法性危机。同时，腐败还损害公民的基本权利和阻碍民间组织的成长，破坏国家的赋权系统。因此，反腐可以维护国家政治体系的权威，稳定赋权系统。第三，腐败降低国家和社会的活力，而反腐是提升国家治理活力的需要。创新系统的目的是激发经济和社会创新，而一个卓有成效的国家治理模式会在一定程度上汲取社会资源的同时激发经济和社会的创新。腐败往往则是利用公共权力获取公共资源，破坏社会竞争规则。其结果就是社会竞争机制发生劣变，损害社会创新的积极性。另外，腐败不仅导致资源和收入的分配不公，还破坏市场经济优胜劣汰和良性竞争的正常秩序，使得整个社会创新疲乏。因此，反腐有利于激发中国发展的内生动力和国家治理的活力。

（二）腐败扭曲了国家治理的目标，反腐是进一步提升中国国家治理能力的现实需要

反腐对于国家治理能力的意义主要表现在三个方面：第一，腐败削弱了国家能力，而反腐有利于提升国家治理水平和国家能力。腐败一旦盛行，卖官鬻爵成风，这种“逆淘汰”的用人机制将会导致整个公务员系统道德素质和履职能力下降，进而影响政府治理的能力与水平。另外，腐败还易导致国家的路线、方针、政策无法得到有效的贯彻与执行，政治制度丧失基本的功能，进而降低了国家的能力。第二，国家治理能力还应该

① 格林斯坦：《政治学手册精选（下卷）》，储复耕译，商务印书馆 1996 年版，第 155 页。

② 王惠岩：《当代政治学基本理论》，天津人民出版社 1988 年版，第 18 页。

③ 迈克尔·约翰斯顿：《腐败症候群：财富、权力与民主》，袁建华译，上海世纪出版集团 2009 年版，第 45 页。

包含公共服务提供能力和公共危机应对能力。腐败使得国家和社会的公共财富流失，从而导致国家对教育、医疗、卫生、住房、社会保障等领域投资不足。这不仅直接影响社会民生福利，还降低了国家公共服务提供能力和公共危机应对能力。而反腐使得公共资源更为集中，有助于增强国家的公共服务能力和应对危机能力。第三，腐败对中国经济和社会福利造成了巨大的损失，极大地提高了中国国家治理的成本。另外，腐败还导致民生成本和商业交易的成本增加。因此，反腐降低了社会成本，在很大程度上提高了国家治理的效率。

三　网络反腐在国家治理中的作用

“治”强调的是目标，而“理”更多的是实现“治”的方法和手段。从反腐的视角来审视国家治理体系和治理能力现代化，净化政治生态便是其中重要的价值。而网络反腐从预防体系和惩治体系形成的全方位反腐模式有助于实现国家治理体系的现代化。同时，国家通过网络全面把握民众心理、利益诉求和社会舆论，从而推动国家治理能力的提升。

第一，网络反腐降低了国家治理的成本，提高了国家治理的效率。国家治理能力不仅要看其实现的目标和效果，同时也要关注这些目标和效果的实现程度与实现这些目标所使用的资源的比值。传统腐败治理模式中，公民主要通过写举报信、打举报电话、上访等途径参与反腐，花费大量时间和金钱，治理成本大。但是网络反腐不仅打破了时间和空间的限制，而且省去了传统腐败治理中的烦琐程序，在提高腐败治理的效果和质量的同时也降低了成本。另外，网络曝光的内容多以图片、音频、视频形式为主，如价格不菲的名表和皮带、天价烟、艳照、不雅视频和数十套房产证等，能直接成为证据，节省了调查取证阶段的人力、物力。因此，网络反腐的出现推动了网络、社会和政府部门资源的开发与整合，以极短的时间和较小的经济成本取得了显著的反腐败效果，降低了国家治理的成本。

第二，网络反腐具有不可撤回性、透明性和巨大震慑力，成为传统腐败治理路径的有效补充，从而推动了国家治理能力的现代化。一旦腐败问题在网络上曝光，经过网上跟帖、转载、转发、传统媒体的跟进和网络公众针对腐败事件展开激烈的讨论、批判之后将在极短时间内形成舆论焦点和社会压力。至此腐败案件被置于全社会监督之下，任何人和机构都无法对其隐瞒和干扰，这就降低了腐败治理过程中的人为因素。这种不可撤回性极大地提高了网络反腐威慑力。另外，新闻媒体在调查腐败方面表现出日益浓厚的兴趣，公众对政治家和公众劣迹的日益不宽容，这些都推动着各国政府的反腐败努力。[①] 另外，微博、微信等社交平台的蓬勃发展也为网络反腐提供了便利条件和技术支持。腐败治理中公众的网络政治参与改变了传统单向式的命令结构，逐渐形成全民监督的体制。这不仅弥补了传统反腐模式中监督的缺位，还在很大程度上提高了腐败治理的透明度和国家的反腐能力，推动了国家治理能力的现代化。

第三，网络反腐在发展过程中推动了公共领域的生成，有利于构建“不敢腐、不能腐、不想腐”的中国反腐新常态，从而推动国家治理体系的现代化。所谓“舆”是指普通百姓或是众人，舆论即大众意见。公共舆论是在社会公共领域中通过理性的公共讨论和辩论而形成的。[②] 因此，网络公共舆论是公共舆论在网络时代下的一种特殊表现形式，是指“以协商辩论为核心，经过公共议题的集结、讨论辩论及见解趋同一致的过程中形成的具有科学、理性特征的真实民意”[③]。在传统反腐模式中，由于受到传播技术的制约，公民的政治参与和公众舆论无法形成独立的力量参与腐败治理。但随着网络反腐的兴起，通过个人与个人、个人与群体、群体与群体和媒体之间在虚拟空间中的互动推动着网络曝光的内容逐步成为焦点事件，引起社会的关注。在这个过程中，通过网络公共领域自由平等的讨论和基于对公平正义的价值追求，网络民意逐渐走向趋同和理性，最终形成网络公共舆论。网络公共舆论作为最具影响力的民意，本质上是一种舆论监督。鉴于舆论与上级部门的巨大压力，党政部门将针对网络曝光的内容和线索介入案件的调查和处理，并对此作出回应以平息舆论，从而提高党和政府的合法性。这种全方位的监督体系不仅能对腐败分子形成巨大的威慑，还有助于推动国家治理体系的现代化。

---

① 何增科：《政治之癌：发展中国家腐化问题研究》，中央编译出版社 2008 年版，第 178 页。

② Andrew Chadwick and Rhilip N. Howard, *Routledge Handbook of Internet Politics*, London and New York, Routledge Curzon, 2008, p. 232.

③ 郑萍、薛冰：《网络公共舆论的形成机理及其影响政策制定的途径》，《中国行政管理》2009 年第 1 期。

同时，在信息化时代下，公共和私人领域之间的传统区别既在消失，又在以新的方式被重建。[①] 社会交往得以在虚拟的网络公共空间中实现，网络公共领域这种全新的社会形态产生。所谓公共领域是指我们社会生活中的一个领域，某种接近于公众舆论的东西能够在其中形成。[②] 根据这个定义，公共领域须具备三个要素：公众、公共空间和公共舆论。以此来理解，网络自诞生起就具备了公共领域的基本要素，已经成为中国公众的重要公共领域。网络公共领域作为公众平等交流的空间，打破了传统公共领域上下级的控制和空间范围的限制，重现了“广场政治”的一些特征。它的出现不仅激发了民众参政议政的民主意识，还在腐败治理中发挥着不可替代的作用。第一，网络公众的监督和曝光对国家机关形成了全方位的监督，减少了腐败发生的可能性。第二，网络政治参与避免了传统腐败治理的弊端，实现了既安全又高效的腐败治理新模式。第三，网络公共领域中进入者身份的虚拟性的特征不仅提高了公众的网络政治参与积极性，打开了腐败治理的新局面，同时也营造了一种宣扬民主与正义的社会氛围，在全社会形成一种良性互动。

最后，网络反腐治理主体上的“多中心”和治理过程中的“合作”改变了中国反腐格局，推动了国家治理的转型。从统治走向治理、善政走向善治是现代国家政府治理转型的基本趋势。中国目前正处于以政府为中心的一元治理结构向多中心治理结构转型的关键期。俞可平教授认为：统治的主体一定是社会的公共机构，而治理的主体既可以是公共机构，也可以是私人机构，还可以是公共机构和私人机构的合作。[③] 网络反腐凭借网络公众和舆论媒体的力量，使公众真正参与到腐败治理中，形成以政府为中心、多元主体合作的“多中心治理”模式。这不仅扩大了治理主体，还拓宽了治理渠道，在很大程度上增强了治理成效。另外，治理不是一种正式的制度，而是持续的互动。[④]“合作治理”是公共治理发展的必然趋势。传统腐败治理模式往往是自上而下的单向度治理结构，执行力强，在打击腐败方面有一定的优势。但是这种结构缺乏横

---

① ［荷］简·梵·迪克：《网络社会——新媒体的社会层面》，蔡静译，清华大学出版社2014年版，第201页。

② ［德］哈贝马斯：《公共领域的结构转型》，曹卫东译，学林出版社1999年版，第32页。

③ 俞可平：《全球治理引论》，《马克思主义与现实》2002年第1期。

④ 全球治理委员会：《我们的全球之家》，牛津大学出版社1995年版，第2—3页。

向的互动，加上被置于层层叠加的官僚体系中，在很大程度上限制了外部力量的介入和监督，从而削弱了腐败治理的效果。而网络反腐的治理路径是通过网络公众的曝光形成公共舆论倒逼国家机关查处腐败案件的一种自下而上的形式。这两种路径合作形成自上而下和自下而上相结合的互动沟通机制，将推进我国腐败治理模式的转型，从而推动国家治理体系和治理能力现代化。

四　网络反腐在腐败治理中的效果与不足

随着网络时代的到来，民众的参政意识和网络政治参与的积极性日益提升，网络已经成为腐败治理的新兴战场和有效路径。“名烟局长”“表哥”“出国考察团”“房嫂”“罗昌平微博举报刘铁男”等一系列事件的曝光和查处充分说明网络反腐的威力和效果，主要表现为以下三方面：

第一，从公众参与的维度来看，网络反腐成本低，快捷方便，安全性强。传统腐败治理模式不但花费大量人力、物力和财力，而且有可能遭受威胁和报复，成本较大。网络成为腐败治理的重要平台和手段之后，不仅打破了时间和空间的限制，而且省去了传统腐败治理中的烦琐程序，大大提高了腐败治理的效果。网络传播具有匿名性，这促使网络公众以更大的热情参与网络监督，同时在很大程度上也保护了举报人的人身安全。在网络举报过程中，举报人第一次登录监察和纪委的举报网站时，网站会自动生成一个密码。这个密码是举报人登录系统的唯一凭证，举报人与工作人员的交流都在这个系统内完成。而且举报系统是与外网进行物理隔离的，举报信息一旦发送过来就进入特定的加密服务器，防止他人截获、修改甚至删除举报内容，这也确保了网络举报的完整性和安全性。

第二，从反腐效果的维度来看，网络反腐反馈及时、高效，抗干扰性强。一旦腐败问题在网络上曝光，网络社区和论坛会在极短时间内形成舆论焦点和社会压力。腐败案件被置于全社会监督之下，最大限度地降低了腐败治理过程中的人为干扰因素。而且网络举报者直接将图片、声音、视频上传到网站，成为腐败治理过程中强有力的证据，减少了纪检监察机关查办的时间和难度，腐败治理的时间越来越短。

第三，从社会监督的维度来看，网络反腐参与广泛、公开、透明度高。目前我国网络公众增长迅速，“总数达6.18亿，互联网普及率为45.8%”[①]，这为网络反腐奠定了强大的社会基础。另外，网络反腐逐渐表现为“全民监督”“全天候监督”和“全民取证”，这不仅弥补了体制内监督的缺位，还提高了腐败治理的效率。网络政治参与中自由开放和主体的平等性决定了它是一个自由表达的平台，任何个人和组织都不可能完全控制它，缩小了暗箱操作的空间，这在很大程度上提高了腐败治理的透明度。

虽然网络反腐在我国腐败治理过程中作出了巨大的贡献，但是作为新的腐败治理方式，在其运行过程中也暴露出诸多的弊端与争议，亟须加以引导和完善。

第一，网络反腐中信息的“爆炸性”与“数字鸿沟”削弱了腐败治理的实际效果。进入自媒体时代后，每个人都是信息源。由于网络的便捷性、低成本和受众广泛等特性，网络监督成为公众参与腐败治理的首选渠道，这在很大程度上导致了信息爆炸，真假难辨，甚至会出现诬告和诽谤。据统计表明，“从2004年初到2013年2月，我国网络反腐案件217件，其中37件为虚假信息”[②]，占17%，可信度较低。同时，网络的数字鸿沟制约着腐败治理的发展。第33次中国互联网发展状况统计报告表明：“截至2013年12月，我国网民规模达6.18亿，其中城镇居民占71.4%，互联网全国普及率为45.8%，其中农村仅为27.5%。其中北京、上海、广州等省市的互联网普及率超过65%，而江西、云南、贵州等省份均不到33%”[③]。网络数字鸿沟在地区、城乡、阶层之间的分化表现尤为明显，很大程度上影响网络政治参与的平等性。而且，中国的数字化飞跃实际上可能加剧了数字鸿沟，而不是减轻。[④]

第二，网络反腐中参与的“非理性倾向”和“无序性”制约了腐败治理的有序运行。网络的自由开放和匿名性加剧了公民参与过程中的非理

① CNNIC：《第33次中国互联网发展状况统计报告》，http：//www. 199it. com/archives/187745. html。

② 白艾凡：《网络反腐中公民的政治参与度与政府职能的思考》，《赤子》2013年总第292期。

③ CNNIC：《第33次中国互联网发展状况统计报告》，http：//www. 199it. com/archives/187745. html。

④ Christopher R. , Hughes and Gudrun Wacker, *China and the Internet*: *Politics of the Digital Leap Forward*, London and New York, Routledge Curzon, 2010, p. 53.

性倾向，网民情绪化和跟风现象严重。一旦有公职人员有言行不当或腐败行为，网络公众就会发动“人肉搜索”“网络通缉令”。所有与此事件相关的甚至是受法律保护的个人隐私也会在网上曝光，经常性出现侵犯公民个人权利、践踏法制的网络暴力。如果网络政治参与的非理性倾向得不到有效引导，那么网络政治参与在腐败治理中的发展前景则堪忧。

第三，网络反腐中过程的“非制度化”和“不可控性”影响腐败治理的长远发展。目前网络反腐缺乏相应的法律规范，其主体的合法性尚不明确。而且网络反腐与制度反腐缺乏互动，尚未达到有效衔接。网络反腐过程中不乏“网络水军”的炒作和谣言。缺乏理性的网络公众和不法分子大肆发表不负责任的言论，散布谣言，造成舆论误导和社会混乱，网络群体性事件时有发生。近年来网络群体性事件逐年增长，并伴有“从说到做”“从网上转移到网下”的趋势，影响社会稳定和国家的长治久安。同时网络反腐带有“运动式、情绪化”特征的意外反腐可能在短期内会取得良好的效果，但并非长远之计。

结　语

转型时期的中国腐败问题频发，已经成为严峻的社会问题。而且腐败案件涉案金额高、手段隐蔽，对其治理也可谓鞭长莫及。网络反腐在腐败治理中却展现出独特的优越性，贯穿了腐败治理的“预防”“遏制”“惩戒”三大内容和“事前”“事中”“事后”三个过程，不仅为“全民反腐”和“全方位反腐”提供了可能，还成为国家腐败治理的重要途径和反腐的新领域。另一方面，虽然网络反腐在腐败治理中的效果明显，但是其在治理过程中带有很强的“偶然性”和“意外性”，缺乏持久的威慑力。何况真正大老虎的落网还得依靠官方的介入和有效执行才能达成。因此，网络反腐的目标是“社会反腐”，这才是反腐的最高境界和最终归宿。社会反腐和《中共中央关于全面推进依法治国若干重大问题的决定》里“不敢腐、不能腐、不想腐的有效机制”[①] 虽表述不同，但最终目标是一致的，即对腐败的零容忍和实现政治清明。而国家治理体系和治理能力

① 《中共中央关于全面推进依法治国若干重大问题的决定》，《人民日报》2014 年 10 月 29 日。

现代化是一个系统性的工程，其核心就是要推进治理体系的制度化、治理过程的法治化、治理方法的科学化和治理结果的有效性。简言之，文明、法治、清廉是国家治理体系和治理能力现代化的应有之义和最终目标。网络反腐作为其中的重要内容和手段之一，不仅使中国反腐走向标本兼治、内外兼修的新常态，还有助于推动国家治理体系和治理能力的现代化。

（作者单位：华东政法大学）

制度规范权力，科技促进反腐

——青岛市动态权力清单制度研究

贠　杰

构筑有效的权力运行监控机制，推进政府行政职权的规范运行，是从源头上惩治和预防腐败的重要举措。党的十八届三中全会明确提出，坚持用制度管权管事管人，让人民监督权力，让权力在阳光下运行，是把权力关进制度笼子的根本之策。当前，我国腐败现象之所以在一些部门和领域滋生蔓延，既源于不必要的政府权力设置过多、过乱，也源于行政权力运行监控的失察和失范。针对这些反腐败领域的顽疾，青岛市纪委、监察局以精简和规范政府行政职权为切入点，加强制度建设和运用现代科技手段相结合，全面推进动态权力清单制度建设，在权力运行监督方面，进行了一系列积极有效的探索和尝试，并取得了明显的成效。

一　建立动态权力清单制度的内涵及意义

腐败的本质是对公共权力特别是政府行政权力的滥用。腐败问题的产生，往往可以追溯到行政权力的使用。但是，行政部门和人员权力的存在，并不是导致腐败的必然性因素。事实上，行政权力的存在是国家行政管理的基础，是达成政府行政目标的必要手段，丧失行政权力也就失去了政府管理的基本条件。从这个角度讲，行政权力的存在是一种正常和必然的行政现象，杜绝和根除腐败是不可能通过消除行政权力这种方式来实现的。另一方面，腐败现象的滋生又与行政权力有着密切的关系，行政权力的不规范运行和缺乏有效监督，助长了腐败行为的发生和蔓延。正因为如此，在清理精简不必要行政职权的同时，有效规范行政权力的运行，应成为防止腐败滋生的主要途径。

党的十八届三中全会明确提出,“推行地方各级政府及其工作部门权力清单制度,依法公开权力运行流程”。2013 年 12 月中央发布的《建立健全惩治和预防腐败体系 2013—2017 年工作规划》,也将权力清单作为“强化权力运行制约和监督,确保权力正确行使”的重要制度予以强调。在实践中,如何全面有效规范权力运行,既建立清晰的权力清单制度,同时又能有效解决权力运行的“最后一公里”监控问题,无疑是摆在当前全国反腐败工作面前的重要课题。

青岛市经过长期探索,通过制度规范和科技手段相结合,在实践中逐步建立起的动态权力清单制度,就是在这方面进行的有益探索。所谓“动态权力清单制度”,主要包括两方面内容:一是根据经济社会发展和权力监督需要,建立明确清晰的权力清单制度,控制行政自由裁量权的数量和范围,实现行政管理的规范化、标准化和精细化;二是充分运用现代科技手段,科学优化行政流程,使权力清单监督制度可视化、动态化,全程动态监控权力运行,实现权力运行的公开、透明、可控。

青岛市的“动态权力清单制度”,是新时期反腐倡廉工作的重要实践。进入 21 世纪以来,青岛市委、市政府高度重视行政权力的精简、优化和规范,先后由市政府办公厅或市监察局牵头,政府法制办等部门配合,对行政审批权、行政收费权、社保基金和住房公积金运行流程,工程、土地、产权交易与政府采购、政府投资项目、财政资金等流程进行了依法清理,建立起比较简明规范的行政权力类目和流程。从 2000 年开始,先后经过四次大规模的各种行政权力的集中清理,行政审批事项由原来的 1263 项减少至 109 项,压缩幅度达到 91%;非许可审批事项由原来的 320 项减少至 116 项,压缩幅度达到 64%;全市实施行政处罚基准制度,对 4379 项行政处罚的裁量标准进行了细化拆分。以此为基础,青岛市明确要求各职能部门对保留的行政权力事项办理的流程进行优化调整,减少环节,提高效率,对保留的所有行政权力事项的法定依据、条件、程序等内容统一对外公布。

行政职权的精简、调整和公开、明确,为权力的进一步规范运行和行政流程的再造提供了有利的条件。在此过程中,青岛市逐渐形成了一整套深化行政职权规范运行的制度设计理念,它对于从制度层面有效规范行政职权发挥了重要作用。具体而言,这些理念体现在以下几个方面:一是面对日益复杂的社会管理事务和政府职能,积极引入并充分利用现代科技手段加强对行政职权的规范；二是超越传统的外部浅层监督，推动深度行政权力流程的优化变革；三是通过科技手段和网络平台实现各部门全领域、多环节的有效覆盖。

在具体操作层面，针对传统行政权力运行中存在的突出问题，青岛市把政府行政职权规范运行的制度创新，摆在了预防腐败工作的突出位置，以流程优化再造推进行政程序的科学化、合理化，以标准化、精细化管理加强行政自由裁量权的规范，以科技手段和网络系统监控确保行政权力的公开化、透明化，全面推进权力运行动态监控体系建设，把行政职权的规范运行融入政府各项工作，从而增强行政制度建设的科学性、针对性和实效性，将预防腐败工作不断推向深入，逐步形成了规范化、制度化的权力清单动态监控体系。

二 以权力清单制度建设为基点，实现政府职权明晰化、规范化

权力清单制度是权力公开透明运行的前提，是实现权力有效监督的一项基础性工作。简言之，权力清单就是对于各级政府及其各个部门权力的数量、种类、运行程序、适用条件、行使边界等予以详细统计，形成目录清单，为权力划定清晰界限。行政审批权和行政处罚权是权力清单制度中最重要的两种行政职权。传统上，这两种行政权力具有较大的自由裁量范围和幅度，也是容易产生腐败的重点领域。2010 年以来，为了推进行政职权依法、规范、合理行使，青岛市纪委、监察局立足本地实际，坚持高标准、高起点，突出细化量化标准、优化再造流程、统一网上流转三大重点，推进权力清单制度的明晰化和规范化，在实践中取得了良好成效。

（一）积极推进行政审批权力的精简和规范

行政审批权是政府管理经济和社会事务的重要手段。青岛市以打造行政审批效率最优城市为目标，解放思想、大胆创新，通过精简审批、明确权力、流程再造、网络运行等措施，规范行政审批行为，促进政府各项工作不断加速、提升、创新、增效，为优化经济社会发展环境做出了重要贡献。

1. 大幅度精简下放行政审批事项，明细权力清单范围

自2012年开始，青岛市启动了新一轮行政审批制度改革，行政审批连续两年提速30%以上，行政审批事项由原来的468项减为310项（含国家、省委托下放事项38项和最新分解确定事项），共精简了158项，精简幅度达33.8%，已成为保留行政许可和非行政许可审批项目数量最少的副省级城市。同时，青岛市积极适应经济社会发展需要，坚持四项原则下放审批权限：一是按照“该放必放”“能放都放”的原则，凡法律法规规定由县级行使的非行政许可审批事项，一律归还区市，市级不再保留；二是法律法规规定由县级以上行使的非行政许可审批事项，能够下放的，原则上下放，不再列入市级审批事项；三是法律法规规定由设区的市实施的审批事项，除需全市统筹协调、综合平衡的外，一律通过委托的方式委托区市行使；四是实行垂直管理的单位，可由区、市分局承担的，一律界定（授权）为区、市分局行使。根据以上原则，制定了以下三类下放方案：一是对于所辖四市，下放市级行政审批等事项106项；二是对于所辖远程区，下放市级行政审批等事项132项；三是对于市内四区，下放事项调整为74项。

除了市级以外，青岛市所属各区、市、县也采取有效措施，深化行政审批制度改革，有效规范了行政权力运行，为经济社会又好又快发展提供了法制保障。例如，市南区严格落实行政审批统一标准制度，组织开展行政审批事项规范清理，对全区84项行政审批事项名称进行了统一核定，推进了行政审批规范化建设。同时，健全行政审批备案制度，强化对涉及行政审批调整、增加、废止事项的实时备案和监督检查，加强了行政审批项目的动态管理。

2. 推进行政审批权的集中统一监管和全流程网络运行

2009年3月，青岛市成立了市级行政审批服务大厅，全市47个具有审批职能的部门入驻，入驻人员346名，有392项行政审批服务事项在大厅办理，占到全市审批总数的93%；非行政许可审批事项、服务事项也全面进入大厅办理。目前，入驻大厅所有事项依托青岛市行政审批网实现了网络运行、一网审批，实现受理、承办、审核、批准、办结各环节网络流转、全程留痕、电子监察。全市12个区市也建立了相应的审批大厅，统一把审批事项纳入大厅、网络运行。

青岛市还建立了重大项目审批绿色通道，在行政审批服务大厅设立绿

色通道窗口，在依法合规的前提下，通过特事特办、急事急办、容缺受理、并联即办等措施，使审批速度再提升30%以上。审批过程实现网上运转、全程警示，并纳入电子监察。

3. 再造优化审批流程，规范审批行为、提高行政效率

青岛市以副省级城市最低时限为目标，对财政投资房屋建筑工程项目、社会投资房屋建筑工程项目、工业项目、服务业项目、企业注册、两改项目（旧城改造和城中村改造）六项审批或部门内部工作环节，实行流程再造、高度并联、容缺受理、大幅提速。同时，优化房屋建筑工程规划、立项、用地、施工图审查、施工许可等各环节流程，实现统一受理、并联审批、全程监督；财政投资基本建设项目行政审批时限压缩到67个工作日左右，提速59%；社会投资房屋建筑工程项目审批时限压缩至60个工作日，提速60%。工业项目中核准类审批时限压缩至23个工作日，提速54%，备案类的审批时限压缩至19个工作日，提速52%。服务业项目审批时限压缩至20个工作日，提速75%。同时，对优化后的“新流程”在市、区（市）两级审批大厅全面运行，总体提速水平达32.07%。

企业注册实行联合审批，设立了统一受理窗口，工商、地税、质监、公安四部门网上并联审批，企业注册无前置条件审批1.39天，在全国处于较高水平。同时，对“两改”项目，重点对规划、建设、土地等部门内部流程进行了梳理，并明确时限、规范流程。对不需要调整控制性详细规划的项目，市直部门工作总时限由80个工作日压缩至51个工作日；需要调整控规的，由260个工作日压缩至129个工作日。

4. 规范垄断性中介机构行为，清理职能审批环节的预审、职能交叉和厅外循环

青岛市着重加强规范与政府审批有关的中介服务行为。对涉及政府投资建设审批相关的10家中介机构，主要是工程咨询、环评、规划设计、评审、测绘、施工图审查、人防、气象等中介机构，已统一纳入青岛市行政审批服务大厅办公，进一步明确时限，纳入审批流程时限控制。对公益性中介服务资源，打破垄断，减少收费，提高服务水平，实现信息共享。

审批环节的预审、职能交叉和厅外循环，不仅影响审批效率和政府形象，也在客观上增加了企业和投资人负担。为从根本上解决预审等问题，青岛市对入驻市级审批大厅的47个审批部门逐一梳理、摸底，制订了清理规范预审、职能交叉和厅外循环工作方案。在清理预审方面，青岛市明

确规定没有法律法规依据的预审全部取消；在职能交叉方面，按照“合法合规、切实可行”的原则，对入驻大厅的审批部门存在职能交叉的情况，如对施工图相同内容重复审查、绿化率确定标准不一致、房屋测绘面积标准不一致、项目验收绿化配套标准不一致、综合验收重复等问题进行全面梳理，共有11个部门存在10个方面的职能交叉问题，均由法制部门牵头，逐一予以界定。同时，对需要出大厅审批的事项，也提出明确要求，进一步规范流程、固定时限，强化监督。

5. 严格规范建设项目审批环节收费

目前，青岛市建设项目审批，共涉及10项行政事业性收费、14项垄断性中介机构经营服务性收费，以及9项非垄断性中介机构收费，投资方缴费涉及核准、登记、招标、审查、施工、验收等十多个环节。为最大限度地方便投资人缴费，减少程序和环节，市财政局牵头，会同物价、审管办、建委、国土、人防、发改委、消防、环保、规划、水利等13个部门，研究制订了建设项目审批环节一次性预先告知和集中收费工作方案。该方案规定，10项行政事业性收费和14项垄断性经营服务性收费单位必须入驻审批大厅，实行统一收取。在签订土地出让合同或核发《划拨决定书》时，建设工程项目审批系统自动提示一次性告知收费项目和标准，并集中在项目核准阶段、施工图审查阶段、竣工验收阶段三个节点集中收取，从工作机制上解决了收费次数多、环节多、程序烦琐的问题，最大限度地便利投资人。

（二）全面提升行政处罚自由裁量权的规范化和标准化

行政处罚权是一项制裁性行政权力，行使不当不仅会损害群众的切身利益，对经济社会的发展造成很大的危害，同时也容易滋生腐败问题，侵蚀政府廉洁。我国现行的法律法规规章，赋予了行政处罚权较大的自由裁量空间，行政处罚缺乏严格的程序规范和制约措施，加上执法人员素质参差不齐，致使一些行政执法部门在执法活动中违法裁量、滥用裁量权等现象时有发生。行政处罚随意性较大，不仅破坏了法律的权威性，而且也带来严重的社会危害，成为社会普遍关注的重点问题。

针对执法部门不同程度存在的议价执法、为罚执法、不按程序执法、执法不公等问题，青岛市在清理和明确行政处罚事项的基础上，全面细化量化行政处罚标准，压减自由裁量空间，并在此基础上优化处罚流程，建设网上处罚业务系统和电子监督系统，尽可能地刚性约束执法人员的自由裁量空间，推动行政权力规范、透明、廉洁、高效运行，促进行政执法质量、效率和水平的提升。

1. 处罚标准细化量化，实现行政处罚裁量规范化

由于法律法规不可能对每一种违法、违规情形都进行详细列举，因此在行政处罚的标准上往往规定得比较宽泛和笼统，给具体执法人员留有一定的裁量空间。这就导致了一些素质不高的执法人员滥用自由裁量的权力，钻法律法规的空子，随意裁量、议价执法、畸轻畸重甚至以权谋私、吃拿卡要问题时有发生，成了行政执法领域滋生腐败的温床。为此，有效规范行政处罚权，一项首要的基础性工作就是要对行政处罚标准进行细化量化，最大限度地压缩执法人员自由裁量空间，弥补法律法规在这方面的固有“漏洞”和不足。

在推进处罚标准细化量化方面，青岛市纪委、监察局组织全市行政执法部门，对每个行政处罚事项，根据违规事实、金额、情节等因素，按照不低于五个档次来进行拆分细化，避免使用“情节轻微”“后果严重”等模糊性字眼，切实做到违法情节描述清晰准确，每个档次对应一个固定的处罚金额（类型），最大限度地压缩执法人员自由裁量空间。在对行政处罚权细化量化后，市级 44 个执法部门的 6274 项处罚权，共被拆分为 28165 个裁量阶次，除去 1116 项无裁量空间的事项，平均每个事项细化后的处罚阶次为 5.5 个，其中对一些涉及面广、应用频繁、裁量幅度较大、关系群众切身利益和公共利益的处罚事项细化量化阶次最高可达 29 档。目前，青岛市细化量化后的处罚阶次，已达到国内先进水平。

青岛市还组织所辖各区、市参照市里的标准进行了处罚裁量标准的细化量化，使同一事项的处罚标准和幅度在全市范围内统一，使处罚裁量标准的细化量化工作，得以向基层政府部门全面延伸扩展。以青岛市市北区城市管理行政执法局对擅自占用道路、广场从事经营活动的一项行政处罚为例，根据原来的《青岛市城市市容和环境卫生管理办法》第五十六条之规定，擅自占用道路、广场从事经营活动的，由城管监察部门责令改正或者责令采取补救措施，可以并处一千元以上二万元以下罚款。从这一规定就可以看出，法律规定的处罚幅度非常大，单就罚款而言就从一千元到二万元不等。在这种较粗泛的规定之下，是否处以罚款，罚多罚少完全由具体办案人员说了算，不同办案人在具体处罚尺度把握上会产生较大出

入，罚款数额也就有一定差距。在推行处罚标准细化量化后，《市北区城市管理行政执法局行政处罚裁量基准制度》规定：擅自占用道路、广场从事经营活动的，面积10平方米以下的，处以一千元罚款，每增加10平方米加处一千元罚款，但总额不得超过二万元。这样，对该项违法行为的处罚，就被按照面积分割成了若干裁量档次，每个档次规定一定的量罚标准，处以相对固定的处罚种类和量罚幅度。原本“臃肿”的行政处罚自由裁量权被有效“瘦身”。

2. 统一网上流转，实现行政处罚运行网络化

青岛市纪委、监察局组织各执法部门按照减少层级、提高效率、有利监督和便于网上运行的原则，分简易程序和一般程序两种模式对每个处罚事项的业务流程进行了优化，制定了流程图，并运用计算机技术将细化量化后的处罚标准和流程全部在网络上进行了固化，建成了全市统一的行政执法网络平台和部门业务网络系统，市、区（市）两级行政执法部门的所有处罚事项（除保密事项外）全部纳入该平台，由原来的“纸上”运行转为网上运行。

行政执法网络平台设有案源管理、处罚办理、裁量权管理、文书管理、统计分析等功能模块，行政执法部门从受理处罚案件开始直到最终结案，整个过程全部在该网络平台上进行运转，相关的标准、流程都被“嵌”入系统中自主执行。对部分处罚事项，还把量罚的主要变量固定在计算机程序中，执法人员只需输入违法性质、情形等关键字节，系统会自动“判罚”，减少了人为因素的影响。

3. 建设“网上大厅”，实现行政处罚信息透明化

青岛市依托互联网建成开通了“行政处罚网上服务大厅”，组织各执法部门将行政处罚方面的法律法规、细化量化后的裁量标准和所有处罚案件的案件编号、案件种类和性质、违法事实、处罚结果、处罚日期等全部在网络上公开，方便群众监督。“网上大厅”设置了查询系统，与全市行政处罚内部网络平台连通，被处罚人可以通过输入查询码，查询违法事实、执法人员资格、处罚决定书等详细信息。群众发现执法部门在行政处罚中有违法违规问题的，可以通过网上或其他渠道举报，提高了行政处罚工作的透明度。

三 推进科技反腐，实现权力清单运行监控动态化、全程化

为促进行政权力的依法、规范、合理行使，青岛市一方面建立清晰的权力清单目录，全面推行规范行政审批和行政处罚工作，建立和实施规范行政权力运行的标准和制度，从源头上防止滥用行政权力情况的发生；另一方面充分运用现代科技手段，以网络建设和电子监察为载体，实现权力运行监控动态化、全程化，全面推进公开、公平、公正执法，为优化青岛经济社会发展环境、实现跨越式发展，创造了良好的行政执法环境。

（一）网上行政审批业务系统建设

目前，青岛市将全市 101 项许可事项纳入网上全过程办理，实现审批服务事项网上提交、网上办理、网上反馈、网上监督等功能。同时，在企业注册等方面实行了联合审批，一口受理、网发相关、同步推进、限时办结；在建设项目联合审批方面，实现了审图和立项联合办结，并在网络上固化运行。按照“全市统一、两级分建”的建设模式和“外网受理、专网办理、外网反馈”的运行模式，通过不同的安全网络和系统授权，实现全市村、乡镇（街道）、区（市）、市四级联网，大大提高了审批效率。

（二）项目并联审批业务系统建设

该系统主要分为政府投资房屋建筑工程系统、社会投资房屋建筑工程系统、工业项目、服务业项目四大类，有总量统计、实现监控、统一首发件、过程流转、重点环节监控等功能模块。下面以政府财政投资房屋建筑工程为例，介绍该系统的功能作用。一是串联审批。政府投资房屋建筑工程项目审批流程分为五个阶段：审查项目审议书阶段、可行性研究阶段、规划审批阶段、施工图审查阶段和施工许可证发放阶段。审批系统运行时，只能按照五个环节的顺序逐次进行。二是并联审批、联合办理。在上述每个环节，各相关部门在办理审批业务时，按照已有的流程图进行，分别确定不同的牵头部门。第一阶段审批时限为 7 天，第二阶段审批时限为 15 天，第三阶段审批时限为 28 天，第四阶段审批时限为 11 天，第五阶段审批时限为 7 天。通过业务系统各流程环节，各牵头部门和参与部门都

知晓各个环节的流程和各个部门的顺序。三是时限管理。对上述五个环节，每个环节都由系统设定时限管理点，超过时限的审批项目，业务系统将会亮灯显示，督促管理人员及时跟踪督办。四是异常管理。如果有的部门没有在规定时间内将审批材料发至收发件窗口和相关部门、一次性整改材料没有在网上留痕等，相关部门将及时介入督促。

（三）行政审批电子监察系统建设

青岛市开发了行政审批电子监察系统，设立36个监察节点自动对审批过程进行监督，重点是对联合审批的时限、程序等内容进行全面监督。电子监察系统的具体功能包括：（1）办理时限。监察系统检查各审批事项流程设定的办理时限，在进行审批之前与行政许可法规定的时限进行对比检查；并对每个环节的时限设置进行监督检查。（2）审批过程。主要包括每个许可申请的办理时效性、处理操作的监督检查。（3）投诉举报。对公众的投诉举报信息进行核实并转入办理，办理结果给予公众反馈。（4）服务质量反馈。一是通过外网的服务质量反馈功能收集质量反馈信息，并与绩效评估相关联；二是通过不定时进行服务满意度调查，收集各单位服务情况，并保存结果，为绩效考核提供可靠的数据依据。（5）收费。针对收费管理进行监督检查，检查审批事项各项收费情况，将未按标准收费的审批事项列入违规列表，以便监督处罚。（6）异常监察。如果一次性整改材料没有在网上留痕、有关部门没有在规定时间内将审批材料发至收发件窗口和相关部门等，监察部门将进行关注。

据统计，行政审批电子监察系统运行以来，共监控业务60余万件，自动发出预警纠错信号360余次，有效解决了个别部门超时办理、审批程序不规范等问题，审批平均提速65.0%，群众满意率达98.6%，促进了权力运行更加刚性严格，将权力运行的有关制度规定固化在网络程序中，减少了人为操作的空间，较好地解决了过去不按规则办事、乱办事的问题。

（四）行政处罚电子监察系统建设

青岛市的行政处罚电子监督系统，分为执法部门监督系统和市级监督系统两种类型。各执法部门使用部门监督系统，对本部门所属执法单位行政处罚案件办理情况进行日常监控。市监察局和市政府法制办使用市级监督系统，对各执法部门的行政处罚规范透明运行情况进行“高位监督”，及时发现和纠正行政处罚中裁量不准、随意撤案等问题，实现行政处罚监督的系统化、全程化。

在建设处罚业务网络系统的同时，青岛市还配套建设了行政处罚电子监督系统，设置了综合统计、异常情况监控、案件过程监控、裁量标准管理、投诉督办等若干模块，通过设置若干监察节点，对案件过程、裁量标准等关键环节实时监控。所有执法部门执法人员在“业务系统”中的操作情况都会反映到“电子监督系统”当中，并全程记录、留下痕迹，一旦发现有不按规定程序、标准进行处罚或随意更改处罚结果等违规问题，系统会自动预警，提示监督者及时进行调查处理，实现了对行政处罚的全流程、广覆盖、实时化监督。

四 建立动态权力清单制度的主要成效

青岛市动态权力清单制度的成效主要体现在以下几个方面：

第一，大力推进权力精简和下放，明确权力清单内容。权力清单制度是建立健全惩治和预防腐败体系、强化权力监督制约的一项基础性工程。青岛市近年来大力推进行政权的精简和下放，明确权力清单内容，为强化权力监督制约打下了坚实的基础。截至2013年，青岛市保留市级行政审批事项272项（不含承接省下放的38项），削减幅度达33.8%，市本级保留审批事项低于大连（320项）、广州（331项）、武汉（339项）、深圳（343项）、宁波（425项）、厦门（464项）等同类型城市，项目保有量、削减量在全国同类城市中处于领先水平。

青岛市还通过在互联网常设的行政处罚公开大厅，详细公开全市44个执法部门、6274项处罚事项、28165个裁量阶次的全部行政处罚裁量标准，滚动公开正在办理和已办理处罚案件的编号、违法事实等，方便群众知情和加强对行政处罚行为的监督。行政处罚公开更加全面，透明度进一步增加。对被处罚者，设立查询系统，输入编号后可查到全部详细内容，增加了工作透明度。推行行政处罚网络系统后，执法人员必须在网络上详细填写违法事实，对应裁量档次选择处罚标准，从源头上防范了执法随意性，有效解决了过去因处罚法律空间过大而广泛存在的处罚裁量幅度大、尺度不统一、同案不同罚等问题，防止了不公平问题的发生。以市城管执法局为例，查处擅自向城市排水设施排放污水案件，同样是日排放污水

10 立方米，在细化处罚裁量权之前，法规规定的处罚幅度为罚款五千元至五万元，标准难以把握，往往导致同案不同罚的现象。细化行政处罚裁量权后，对于日排污 10 立方米的，明确罚款至一万五千元，促进了行政处罚的公平和公正。

第二，创新监督手段，强化动态全程监控，提高监察有效性。随着经济社会管理问题的复杂化和现代政府职能的逐步扩展，传统的监察方式已不能完全适应形势发展的需要，监察主体数量、时间、精力的有限性与监察对象数量的日趋庞大、监察问题的日益复杂之间存在的矛盾，已成为行政监察领域的突出问题。青岛市纪委、监察局充分利用现代科技手段，运用网络技术，创新行政监察方式，实现了事前、事中、事后监察相统一，事前公开、事中监控、事后纠责相结合，充分起到了超前防范、动态监管和硬性约束的作用，强化了监察职能，提高了行政监察的针对性和实效性。

青岛市在规范行政审批权的过程中，广泛引入了网络平台，应用了电子监察系统，既提高了政府对内和对外的透明度，也推进了行政职权的规范运行，促进了行政廉洁。电子监察系统可以及时发现和纠正违反法定程序等违法违纪行为，有效杜绝暗箱操作问题，使行政许可和行政处罚过程变得看得见、管得住，促进了政府各部门依法行政。在行政审批方面，网上行政许可方式，可以把每一个行政许可事项的流程和相关规定，用计算机程序固定下来，从而把行政许可内部行为转变为公开操作，使监督内容和方式具体化、长期化、程序化、刚性化，有助于监察机关对所有行政审批动态实施全程、全天候监控。通过开发使用与行政处罚业务网络系统同步的电子监督系统，使各级执法部门和内设的法制、监察机构，可以实现在网络上对所有案件进行过程跟踪和标准监督，重点跟踪重要案源、不予立案及撤案的案源等重点问题，及时受理社会举报，发现问题并督促办案部门改正，监督力度大幅度提升，有效促进了行政权力的廉洁高效运作。

第三，通过优化行政审批流程，大幅提高政府效能。青岛市科技反腐制度背景下对行政审批权的规范，虽然主要目的是预防腐败，但是其产生的溢出效应远远超越了行政监察领域，对整个行政体制和机制都产生了深远的影响，极大地推进了行政管理的规范化、标准化和精细化，使行政效率得到极大提升，长期综合行政成本得到有效降低。通过优化再造处罚流程，所有案源从立案开始即上网流转，尤其是通过网络系统中设置的不予立案逐级批准等硬性措施，有效解决了过去存在较多的案源不登记、案源处置随意、案源流失的问题，各执法部门成案率和案件数量普遍提升。从这个角度讲，青岛市科技反腐对政府体制机制改革的意义将是深远的。

青岛市的动态权力清单监控体系，是加强权力监督制度建设和有效运用现代科技手段的产物，已在实践中取得了多方面的成效。动态权力清单制度的实质，是以制度建设引领反腐败工作，用显规则的科技智能网络代替潜规则的社会关系网络，用无情的电脑管住有情的人脑，实现权力监控的动态化、全程化、网络化和刚性化，以往“暗箱操作”“关系案”、“人情案”等人为因素大大减少了。

青岛市实施动态权力清单监控体系，不只以明确静态权力清单为单一目的，而是将权力监督延伸到权力运行的各领域和全过程，是强化行政监督有效性和针对性、深化反腐败模式的一项积极探索和尝试。青岛市的工作经验，可以为其他省市的相关工作提供有益的借鉴和启示。同时，还应清醒地认识到，规范和强化行政权监督是一个长期的过程，青岛市需要在实践中不断总结经验，开拓创新，深化各项改革措施，使行政职权规范化工作不断取得新突破、新进展。针对青岛市的具体实践，以下方面应成为今后一段时期加强行政职权规范化建设的重点领域：一是要针对运行中遇到的新情况、新问题，对细化量化的处罚标准不断进行动态调整，使细化量化的处罚标准更科学、更完善。二是要结合日常工作实践，对处罚网络系统和监督系统进行再优化，深入研究处罚裁量标准网络自动匹配、移动执法、行政惩罚系统个性化定制等问题。三是要针对行政权力规范透明运行，逐步向行政强制、行政确认、行政征收等其他领域拓展延伸问题，进行前瞻性的研究探讨。同时，应充分发挥监督检查的作用，利用网上监督系统，结合其他日常监督方式，强化对网上行政处罚的全过程监督，督促各级执法部门严格执行细化量化的处罚裁量标准，将除保密事项外的所有处罚案件全部纳入网上运行，严格实行处罚信息公开制度，确保行政处罚权依法、规范、高效、廉洁行使。

五　关于青岛市动态权力清单制度的几点思考

行政职权的不规范运行，是当前腐败现象滋生蔓延的重要原因。青岛市纪委、监察局在推进动态权力清单制度建设中，准确把握“规范行政权力”这个核心，以精简行政审批权和行政处罚权为基础，通过再造行政流程，积极推进行政职权的规范运行，极大提高了行政监督的有效性、针对性和透明度，在防控腐败制度机制建设方面，探索出了一条具有特色的制度规范和科技反腐相结合之路，它所带来的启示也是多方面的。

（一）抓住了预防腐败的核心和关键环节

青岛市科技反腐的重点，不仅着眼于运用现代科技手段和网络平台，而是紧紧抓住了预防腐败的核心和关键环节，即规范行政职权数量及其运行方式，对行政权细目设置和运行实行全程动态监控。腐败现象的根源，在于公共权力过大、过宽、过多，进而引起以公共权力为媒介的各种交易。换言之，腐败现象在一定程度上就是合法存在的公共权力被非法地利用，即公共权力偏离了其正常的轨道，从而带来了一系列消极后果。

针对传统行政权力运行中存在的突出问题，青岛市把政府行政职权规范运行的制度创新，摆在了预防腐败工作的突出位置，以流程优化再造推进行政程序的科学化、合理化，以标准化、精细化管理加强行政自由裁量权的规范，以科技手段和网络平台确保行政权力的公开化、透明化，全面推进权力运行动态监控体系建设，把行政职权的规范运行融入政府各项工作，从而增强行政制度建设的科学性、针对性和实效性，将预防腐败工作不断推向深入。正是因为抓住了规范行政职权这一防控腐败问题的核心，才使青岛市在预防腐败制度机制建设方面，取得了积极进展和明显成效。这是青岛市科技反腐的重要经验之一。

（二）注重制度规范和科技反腐相结合

面对当前严峻的反腐败形势，探索务实、管用的纪检监察工作方式具有重要的现实意义。全面推进反腐倡廉工作，一方面需要加强对权力行使者的警示教育，另一方面需要完善和强化制度建设。但是，有效扭转反腐败工作形势，不能仅寄希望于干部主观自律和制度条文的完备，还应通过各种创新手段强化制度监督和制度运行，提升反腐败工作的制度执行力和有效性。

青岛市的动态权力清单制度，就是以强化权力监督、提升制度执行力为主要目的的，是加强制度建设和科技手段反腐相结合的产物，既明确了权力的边界，又通过现代科技手段最大程度地减少了人为因素、降低了自由裁量权的空间，同时还大大增强了权力运行的公开性和透明度，提高了权力监督的针对性和有效性，是迈向务实、管用监督体系的积极探索。事实上，从青岛市科技反腐的实际效果看，已超越预防和惩治腐败领域，在多方面产生了明显的溢出效应，推动了传统行政管理模式的根本性变革。青岛市的动态权力清单监控体系的一个突出特点，是充分运用现代科技手段。但是，科技反腐只是一种管理手段和载体，其实质是推动了政府管理的规范化、公开化，促进了行政运行的标准化和精细化，增强了行政权力运行的可控性和深度监督的可能性，而这些正是传统行政管理模式的薄弱领域。

除了提高监督的有效性以外，青岛市的科技反腐还以行政流程再造为改革内容，极大地优化了行政管理的程序，提升了行政流程的合理性，其意义已经超越了行政监督本身，而扩展到政府管理的广泛领域，促进了传统行政管理方式的转变，在很大程度上提高了行政效能，推动了行政管理模式的变革。这也是青岛市科技反腐在防控腐败领域之外所带来的溢出效应。

（三）注意进一步推进科技反腐平台的网络整合和功能扩展

青岛市以规范行政职权运行为核心的科技反腐，在推进行政监督和政府管理方式变革等方面，都取得了极为明显的成效。但是，青岛市的科技反腐毕竟处于初步探索阶段，在一些具体制度设计方面还需要进一步完善。

目前，青岛市已建立的科技反腐网络涉及市和区县两级主体，纳入的各级职能部门多达几十个。虽然这些科技反腐平台之间和纪委监察部门形成了一定连通，但是，市和区县之间、各职能部门之间的科技反腐平台的整合性还不够紧密，统一的监管效能还需要进一步加强。同时，当前科技反腐平台的功用还可以进一步拓宽，不仅发挥行政监察和绩效管理的作用，还可以进一步融入绩效评估的功能。通过绩效评估的引入，不仅可以整合现有相对分散的各个网络平台，整合各个职能部门的监管效能，而且可以对监管对象的工作进行科学评价，提高职能部门的积极性，解决被动监管的问题，为科技反腐的深入发展提供持久的内生发展动力。

青岛市的科技反腐网络平台，对政府职能部门行政职权在各个环节的运行起到了重要监督作用。与以前相比，科技反腐平台提高了监督的公开性和透明性，对规范行政权力的运行发挥了重要的作用。但是，仍需要清醒地认识到，这种监督还仅是可视范围内监督。行政职权具有一定的复杂性，自由裁量权的存在是不可能完全杜绝的，这是由行政管理的内在特性所决定的。因此，准确把握和正确认识现有科技反腐平台在实际监督中的作用及其局限性，注意网络背后的行政职权的非规范运行问题，是未来科技反腐的重要努力方向。

在这方面，需要针对现实中不断出现的新问题和腐败的新形式，进一步压缩行政自由裁量权的范围，推进行政权力的规范化、标准化，不断充实调整科技反腐网络平台的监控手段和监督内容，提高监督的针对性和有效性。与此同时，还需要和传统监督手段相结合，密切关注网络之后的行政权力运行，弥补监督的盲区和死角，实现对行政职权的全方位监控。

（作者单位：中国社会科学院政治学研究所）

国家治理的研究方法

试论比较政治学与国家治理研究的二元互动

高奇琦

比较政治学与国家治理研究看似是两个完全不同的领域和内容。比较政治是政治学下面的一个二级学科，而国家治理是近年来新兴的一个研究概念和范畴。然而，这两个领域的内容实际上有非常大的交叉。并且更重要的是，这两个研究领域目前在中国都出现了重要的发展契机。并且，这两大内容之间有非常重要的相互推动作用。笔者在这篇文章中尝试考察比较政治学与国家治理研究之间的互动关系。文章的框架基本如下：首先，笔者对国家治理的内容从经验和学理上做出一些界定；其次，笔者就比较政治对国家治理研究的意义进行讨论；再次，笔者就国家治理对比较政治研究的意义进行分析；最后，笔者从中国的国家治理模式与中国的比较政治研究之间的关系进行更为深入的探讨。

一 何谓国家治理

在政治学研究中，“国家治理”是一个相对新的概念。正因为这一概念比较新，对其内涵和外延的学术共识远没有达成。所以，多数国家治理研究还只是在概念的内涵和外延上进行讨论。相比而言，“治理”却是一个在中国流行了近二十年的概念。当然，关于“治理”概念的共识也未完全达成。目前关于治理概念内涵的讨论，主要集中在两层含义：一是治理有强烈的非中心和社会导向的内涵；二是治理就是问题的有效解决。

从字面上来看，“国家治理”是“国家”与“治理”的组合。然而，这种组合并没有标识清楚“国家”与“治理”之间的关系。因此，研究者在使用“国家治理”这一概念时，可能会出现三种不同的含义：一是以国家为单元的治理，即“国家的治理”。从这个意义上来看，我们可以把“国家治理”作为一个层级嵌在“乡村治理”“城市治理”“地区治理”（超国家）和“全球治理”的序列治理结构之中。二是以国家为主体的治理，即“国家去治理”。这层含义强调国家作为主动性的角色去干预和调控经济、社会生活的方方面面。三是以国家为客体的治理，即“对国家的治理”。这层含义强调国家的利维坦性质，并认为如果不对国家形成有效的制约和限制，那么国家将会对个人的生活和社会的活力形成压迫性的影响。这三层含义相互牵制，并存在一些紧张关系。然而，多数研究者在使用时，把这三者关系合并在一起讨论。

以上对国家治理概念的讨论还主要基于字面和规范层面。笔者尝试从比较政治发展的历史脉络来对国家治理的构成内容进行分析。从经验上来看，国家治理主要包括三部分内容：国家构建、国家发展与国家转型。国家构建是国家治理的最初阶段，它是一个从无国家到有国家的过程。国家构建有两大任务：财政自主和暴力垄断。财政自主就是国家形成一套自主地向社会汲取资源的系统。许多比较政治的研究成果表明，这种财政自主能力的形成往往与战争联系在一起。[①] 暴力垄断则是国家将暴力的使用权垄断，而其他行为体不能使用暴力或必须经过国家的授权才可有限度地使用暴力。[②] 判断一个国家是否完成国家构建，就看这个国家是否形成了最低程度的财政自主和暴力垄断。需要说明的是，因为国家构建是国家治理的初始阶段，所以，国家在构建之初时并不一定会形成非常高程度的财政自主和暴力垄断。从这个意义上来看，国家构建也就是政治秩序的基本构建。没有完成国家构建的国家，我们一般称其为失效国家。[③]

在国家构建之后，就产生国家发展的问题。国家发展可以从两个层面

---

① ［美］查尔斯·蒂利：《发动战争与缔造国家类似于有组织的犯罪》，载彼得·埃文斯、迪特里希·鲁斯迈耶、西达·斯考切波《找回国家》，方力维、莫宜端、黄祺轩等译，生活·读书·新知三联书店2009年版，第246—251页。

② Charles Tilly, *Coercion, Capital, and European States, AD 990 - 1992*, Malden, MA: Blackwell Publishers, 1990, pp. 16 - 28.［美］查尔斯·蒂利：《强制、资本和欧洲国家（公元990—1992年）》，魏洪钟译，上海人民出版社2007年版，第19—31页。

③ 20世纪90年代之后，一些后殖民国家并未完成国家构建，并进入了无政府状态，如索马里和民主刚果等。在社会科学研究中，这类国家被称为失效国家或失败国家（failed state）。Daniel Thurer, “The ‘Failed’ State and International Law”, *International Review of the Red Cross*, No. 836, 1999, pp. 731 - 761.

来探讨。第一个层面涉及国家治理能力，即国家发展是从弱国家到强国家的发展过程。区分国家强弱的主要标准是看国家财政自主和暴力垄断的程度。强国家意味着国家的资源汲取能力非常强，即非常高比例的社会资源被国家提取，并用于再分配。强国家还意味着，除了国家之外没有其他的暴力使用。即便存在其他的暴力形式，那么这些暴力使用也需要获得国家的允许和授权。当然，国家治理能力还存在内容完整和效率评价的问题。内容完整是指，国家治理能力不仅要包括资源汲取能力和秩序稳定能力，而且还应该包括公共服务提供能力和公共危机应对能力。效率评价是指，强国家能力不只是看其财政自主和暴力垄断的绝对程度，还要看其实现这些程度所使用的人力和物力资源。简言之，基于效率评价的国家能力是财政自主和暴力垄断的绝对程度与实现这些程度所使用的资源之间的比值。

第二个层面涉及国家治理体系，即国家发展是从秩序国家到赋权国家和创新国家的过程。如前所述，国家在构建之初最主要的功能是汲取资源和垄断暴力，然而这两大功能都会产生强烈的社会反抗和社会压制。所以，从国家整体发展的角度来看，国家治理是一个系统工程。具体而言，国家治理至少还需要包含其他两大类功能：第一，合法性功能。[①] 暴力的过度使用可能会导致暴力垄断的丧失，而过度汲取资源同样会引起社会的反抗，所以汲取资源和垄断暴力需要更为复杂的多方参与的社会过程，这种社会过程可以承担将汲取资源和垄断暴力合法化的功能。在现代社会，国家治理的合法性功能主要通过选举民主和协商民主等形式来实现；第二，激发经济和社会创新。过度汲取资源可能会导致社会资源的枯竭，所以一个卓有成效的国家治理模式不会过度汲取社会资源，而是在一定程度上汲取社会资源的同时激发经济和社会的创新。经济和社会创新可以将社会资源的总盘子做大，从而可以保证国家在更大程度上汲取资源。从这两点来看，一个完整意义的国家治理体系应该包括秩序系统、赋权系统和创新系统。

在国家发展的过程中，会逐步出现国家转型的问题。国家转型的路径与国家构建时的初始路径密切相关。如果在国家构建的初始阶段，社会部

---

① 哈贝马斯认为，至少满足两个条件，一种统治才可以说是合法的：一是必须从正面建立规范秩序；二是在法律共同体中，人们必须相信规范秩序的正当性，即必须相信立法形式和执法形式的正确程序。[德] 尤尔根·哈贝马斯：《合法化危机》，刘北成、曹卫东译，上海人民出版社2000年版，第128页。

门很强大，那么就很容易形成赋权国家。如果在国家的初始构建时，经济部门很强大，那么国家就很容易形成创新国家。正因为社会部门和经济部门很强大，那么国家的汲取能力就会相对弱些，所以，国家就会相对比较弱，或者说，国家的自主性就比较差。在这样一个背景下，国家转型的内容就是要使得国家变得强大，而国家强大使得再分配变得更加可能。这类国家转型可以总结为国家集权化的过程。美国和英国的国家转型就体现出这样的特点。在美国建国之初，社会部门的影响尤为突出。美国是一个在相对扁平化的社会基础上建立起的国家。法国思想家托克维尔对美国公民社会的赞叹在一定程度上反映了美国建国之初的强社会特征。[①] 因此，从建国一开始，美国就体现出赋权国家和创新国家的特征。之后，美国的国家转型也就体现为国家集权化的过程，这一过程集中表现在罗斯福新政以及第二次世界大战后美国的福利国家建设之中。英国的情况也类似。在国家构建之初，英国社会力量的强大体现在其参与式地方政府的传统中。盎格鲁—撒克逊的国王及其诺曼后继者培育出一个以郡县和自治城镇为基础的参与式地方政府形式，其标志是陪审团制度，即不依靠中央权威来进行司法裁决。[②] 同时，英国的强社会特征还体现为贵族的力量。[③] 英国绝对主义王权的建立就是国王向贵族借钱，并以大宪章的形式约定双方权力边界的过程。在光荣革命之后建立的英国议会政体中，立法权力明显优于行政权力。前者在很大程度上是社会的代表，而后者则更多的是国家的代表。19 世纪末工人运动的兴起更加强化了社会的力量。之后，英国的国家转型在很大程度上就体现为国家权力集聚的过程。这一转型过程在 20 世纪三四十年代启动，并在第二次世界大战后达到高峰。

如果在国家初始构建时，社会部门和经济部门相对较弱，那么就容易形成强国家。在这样一个背景下，国家转型就是强国家向赋权国家或创新国家的转型。法国和德国的国家治理就更多地体现出这一路径的特征。在法国和德国的国家建立之初，社会的力量相对薄弱，所以从一开始这两个

---

① ［法］托克维尔：《论美国的民主》，董果良译，商务印书馆 1991 年版，第 635—640 页。

② ［美］托马斯·埃特曼：《利维坦的诞生：中世纪及现代早期欧洲的国家与政权建设》，郭台辉译，上海人民出版社 2010 年版，第 186—204 页。

③ 社会是一个相对于国家的概念。国家代表了向中央积聚权力和资源的力量，而社会则代表了向地方分散权力和资源的力量。在这一时期的英国，社会的分散性力量主要以地方贵族的形式体现出来。

国家的国家构建和国家发展就体现为以魅力型领袖为中心的中央集权的形成。在法国，中央集权是由路易王、拿破仑和戴高乐完成的。而在德国，中央集权则是由俾斯麦和希特勒完成的。然而，在强国家形成之后，社会力量逐渐积聚和发展，并在不同时段产生出一些对国家的反抗。在法国，社会反抗的典型案例是巴黎公社和1968年运动。在德国，社会反抗主要是第二次世界大战后的反思以及20世纪六七十年代之后的社会运动。幸运的是，法国和德国基本上以比较和平和改良的方式最终完成了国家的转型。

无论是英美的集权化转型，还是法德的赋权化/社会化转型，国家转型的最终目标都是平衡国家。平衡国家主要体现为两点：第一，能力平衡。能力平衡又体现为两个方面。一是国家和社会的能力都比较强，相互之间形成一定程度的制约；二是能力的效应与能力的成本之间相对比较平衡。第二，体系平衡。体系平衡则主要表现为秩序系统、赋权系统和创新系统之间的平衡。秩序系统过于强大，那么经济和社会创新就可能受到压制，同时赋权系统的活动空间则可能会被秩序系统以安全之名进行限制。过于强大的赋权系统会引致过度的社会动员，并可能最终导致政治失序，而政治失序的国家无法有效地激励经济和社会创新。创新系统过于强大可能会导致资本泛滥和技术统治，这些都会对政治秩序和公民赋权带来负面的影响。因此，三大系统之间的平衡对于国家治理是至关重要的。

需要说明的是，国家构建、国家发展和国家转型这三个部分的内容存在一定程度的交叉和重合。譬如，国家发展和国家转型的内容之间有重叠之处。就其内容而言，国家能力的“从弱国家到强国家”与国家转型的“集权化路径”很接近。再如，国家体系中“赋权系统”和“创新系统”的形成与“赋权化/社会化路径”也很接近。从更精细的角度来讲，国家发展所描述的是一个国家构建后全面发展的目标（从国家能力和国家体系上），而国家转型则更加侧重对国家变迁模式的总结。因此，笔者更愿意把这两部分看成是相似知识内涵在不同向度上的表述。并且，概念往往是学者们对实践的一种抽象总结，然而实践的内容总是会比理论和概念更加丰富。在实践中，这三部分内容往往交织在一起。例如，很难明确地将国家构建和国家发展的实践作为两个阶段区分开来。这其中，最难操作化的一个问题是，什么是最小意义的秩序国家？如何进行界定？同样的问题也会出现在国家发展和国家转型的关系上。国家转型是指国家部分地调整传统的治理模式，并形成新的治理模式的过程。因此，这里的“部分”在操作时就会面临很大的困难。

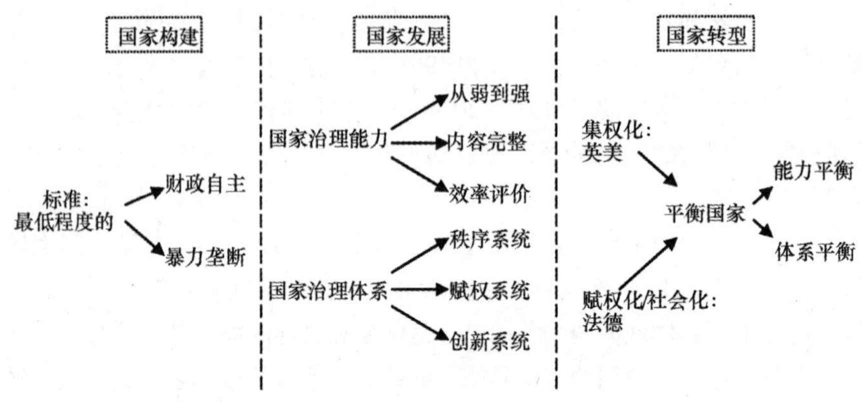

图1　国家治理的三个阶段及其内容

二　比较政治学对国家治理研究的意义

国内关于国家治理的研究主要采用规范的分析方法，[①] 即从政治哲学的角度来讨论国家治理的价值、意义和基本逻辑。[②] 规范分析对于国家治理研究非常重要。理论和逻辑的推演对于厘清概念具有基础性的作用，而许多重要概念的前期研究都是从政治哲学开始的。譬如，目前政治科学中最重要的概念——民主，其早期研究也主要是在政治思想史（即政治哲学）的层面上展开的。国家治理是治理的一部分，而国外关于治理的研

---

① 关于规范分析方法的讨论，可参见［英］大卫·马什、格里·斯托克《政治科学的理论与方法》，景跃进、张小劲、欧阳景根译，中国人民大学出版社 2006 年版，第 176—199 页。

② 国内关于国家治理的代表性成果主要包括：俞可平《论国家治理现代化》，社会科学文献出版社 2014 年版；张小劲、于晓虹《推进国家治理体系和治理能力现代化六讲》，人民出版社 2014 年版；郑言、李猛《推进国家治理体系与国家治理能力现代化》，《吉林大学社会科学学报》2014 年第 2 期；何增科《理解国家治理及其现代化》，《马克思主义与现实》2014 年第 1 期；胡伟《国家治理体系现代化——政治发展的向度》，《行政论坛》2014 年第 4 期；任剑涛：《国家治理的简约主义》，《开放时代》2010 年第 7 期。这些成果基本上都在政治哲学（规范理论）的基础上讨论国家治理问题。

究也首先是从规范分析的角度展开的。[①] 西方的关于国家治理的经典成果有一些也是在政治哲学的层面上展开，譬如，帕特里克·邓利维和布伦登·奥利里的《国家理论：自由民主的政治学》,[②] 克劳斯·奥菲的《福利国家的矛盾》,[③] 以及弗朗西斯·福山的《国家构建：21 世纪的国家治理与世界秩序》等。[④] 然而，规范视角的国家治理研究也有其不足。这种方法高度依赖研究者的价值定位。持批判立场的研究者总会认为自己国家的国家治理模式有问题，而持自我中心立场的研究者则总会认为自己国家的国家治理模式是最优越的。缺乏公正立场的规范主义研究很容易出现自说自话的问题。

因此，国家治理研究不仅需要在规范层面上展开，而且更需要在实证层面上展开。国内关于国家治理的实证研究相对较少。这些实证研究成果一方面集中于对中国国家治理经验的探讨,[⑤] 另一方面则集中于某国的国别治理模式或经验研究（案例多为俄罗斯和东亚国家等)。[⑥] 本文在这里希望从方法论的角度更为完整地讨论国家治理的实证研究。根据美国政治

---

① 关于治理研究的英文早期经典文献主要包括 James N. Rosenau and Ernest – Otto Czempeil, eds. , *Governance without Government*: *Order and Change in World Politics*, Cambridge: Cambridge University Press, 1992; The Commission on Global Governance, *Our Global Neighborhood*, Oxford: Oxford University Press, 1995; David Williams, Tom Young, "Governance, the World Bank and Liberal Theory", *Political Studies*, Vol. 42, No. 1, 1994, pp. 84 – 100; James Rosenau, "Governance in the Twenty – first Century", *Global Covernance*, Vol. 1, No. 1, 1995, pp. 13 – 44; R. A. W. Rhodes, "New Governance: Govern without Government", *Political Studies*, Vol. 44, No. 4, 1996, pp. 652 – 667; Marie-Claude Smouts, "The Proper Use of Governance in International Relations", *International Social Science Journal*, Vol. 50, No. 155, 1998, pp. 81 – 90。这些文献基本上都在政治哲学（规范理论）的基础上讨论治理。

② ［英］帕特里克·邓利维、布伦登·奥利里：《国家理论：自由民主的政治学》，欧阳景根等译，浙江人民出版社 2007 年版。

③ ［德］克劳斯·奥菲：《福利国家的矛盾》，郭忠华等译，吉林人民出版社 2006 年版。

④ ［美］弗朗西斯·福山：《国家构建：21 世纪的国家治理与世界秩序》，黄胜强、许铭原译，社会科学出版社 2007 年版。

⑤ 徐湘林：《转型危机与国家治理：中国的经验》，《经济与社会体制比较》2010 年第 5 期；渠敬东：《项目制：一种新的国家治理体制》，《中国社会科学》2012 年第 5 期；周雪光：《运动型治理机制：中国国家治理的制度逻辑再思考》，《开放时代》2012 年第 9 期。

⑥ 关于俄罗斯国家治理的研究成果较多，参见杨光斌、郑伟铭《国家形态与国家治理——苏联—俄罗斯转型经验研究》，《中国社会科学》2007 年第 4 期；景维民、张慧君《国家权力与国家能力：俄罗斯转型期的国家治理模式演进》，《俄罗斯研究》2008 年第 3 期；景维民、许源丰《俄罗斯国家治理模式的演进及其对中国的启示》，《俄罗斯中亚东欧研究》2009 年第 1 期。其他国家的国家治理研究，参见卢正涛《东亚发展型国家的制度建设问题———基于国家治理转型的分析》，《学术界》2013 年第 2 期；潘光《穆罕默德· 阿里改革对国家治理的启示》，《阿拉伯世界研究》2013 年第 3 期。

学家阿伦·利帕特（Arend Lijphart）的划分，社会科学的实证研究方法可以分为四种：实验方法、统计方法、比较方法和个案方法。利帕特认为，科学研究的要旨在于：在控制其他变量不变的前提下，在两个或多个变量之间建立一种经验关系。实验方法最接近自然科学的意义和理想状态，[①] 但是由于存在操作的困难或者伦理上的考虑，这一方法很少被应用于社会科学研究中。统计方法是对实验方法的替代和近似，并且在社会科学研究中有非常广泛的应用。比较方法在科学逻辑上与实验方法和统计方法类似，只是这一方法主要处理“变量太多、案例太少”的问题。个案方法主要是针对单个案例的深入研究。[②] 目前来看，这四种研究在国内的社会科学中都出现了各自较为适用的研究领域。譬如，实验方法在心理学、管理学等领域出现了一些发展，统计方法近年来在经济学、管理学、社会学、政治学等学科的微观研究中都出现了快速发展的趋势，个案方法在社会学、人类学、民族学等学科的微观研究领域的运用越来越深入，而比较方法则在政治学、社会学、经济学等学科的宏观领域得到适用。

这四种方法都可以用来进行国家治理研究，然而它们都会有其优势和不足。实验方法更加接近科学的特征，但是对国家治理进行实验在现实中很难操作。实验方法在社会科学中的运用主要是对微观个体的研究（如心理学和管理学）。相比而言，这一方法对国家和社会的整体研究很难展开。研究者无法承担实验失败后的巨大成本，而且这样的实验从操作上来看也不存在可行性。统计方法在国家治理研究中有一定的可行性，然而，统计方法的适用也只能限定在一些微观数据容易获得的领域，如选举、经济、社会福利、人口等。对于国家治理中更为常见和主要的非量化信息，统计方法显然无能为力。个案分析更多地适用于社会学和民族学等研究中，主要基于田野调查来获得研究数据。对于国家治理研究而言，个案分析是必要的。譬如，对某国国家治理的模式、特征、内在机理等内容进行研究。同时，个案研究也是不充分的。与规范研究相似，个案研究也很容易导致自说自话的缺点。

相比以上三种方法，比较方法最适合进行国家治理研究。理由如下：第一，比较方法可以突出多国比较。国家治理的特征和优势需要放在比较

---

① 实验方法的一般形式是，设定两个相同的组，对其中一个进行某种激励，然后对两个进行比较，并且把两组变化的结果归因于这一激励。

② Arend Lijphart, “Comparative Politics and the Comparative Method”, *The American Political Science Review*, Vol. 65, No. 3, 1971, pp. 683 - 693.

的环境下才能更好地加以总结。或者说，国家治理的科学性需要放在比较中进行验证和观察。第二，比较方法是少案例比较。这一点与国家治理的研究特征相契合。国家的比较很难获得太多的案例。如果案例太多，案例的细节特征就很难把握。前面也讨论过，如果案例数量足够多（如30个以上），而且量化的数据容易获得，那么就可以进行定量研究。但是，国家的比较如果强调政治制度、政治文化等较为质性的变量，并且，假如影响结果的质性变量又很多，那么较为适合的方法就是比较方法。简言之，比较方法最适合针对那些“案例少，变量多”的研究问题展开研究，而国家治理就非常符合比较方法的研究特征。国家治理是相对宏观的研究问题，其涉及经济、政治、社会、文化等多个方面的影响变量，同时，要完整地把握这些变量，又很难获得较多的案例，所以，国家治理最适合的研究方法应该是比较方法。应该说，比较方法有非常浓重的质性特征。当然这里的“质性”并不是“拍脑袋”意义上的质性研究，而是基于科学设计的质性研究。比较方法的基本逻辑仍然是控制，即通过比较来控制无关变量，并观察结果变量和原因变量之间的关系。

用比较方法研究国家治理可以有如下领域：第一，国家治理的类型学。类型学的研究是比较政治研究中最重要的内容之一，[①] 其主要在知识归纳的基础上展开。可操作化的类型学研究至少有两种：一种是标签类型学，即在基本特征的基础上进行类型总结。例如，乔万尼·萨托利根据1975年之前各国政党体制的基本情况，把政党体制分为一党制、霸权党制、优势党制，两党制、温和多党制、极化多党制。[②] 该类型学分析的实质是归纳逻辑，其把现实的案例通过合并同类项，归为几个可以贴以标签的类别。这种类型学分析的优点是接近现实，即分类的类型容易在现实中找到对应的例子。另一种则是矩阵类型学，即以两个变量或多个变量为基础进行矩阵的排列组合。例如，利帕特分别用政治文化和精英行为作为对民主进行分类的两个变量，同时这两个变量分别有两种程度的类型区分：将政治文化区别为同质性的和碎片化的，将精英行为区别为联合式的和竞争性的。这样，两维交叉后就分为四种类型：同质性的政治文化和联合式

---

① 盖伊·彼得斯（Guy Peters）将类型学分析与单一国家研究、程序及制度研究、区域性统计分析和全球性统计分析并列为比较政治研究中最重要的方法。Guy Peters, *Comparative Politics: Theory and Methods*, New York: New York University Press, 1998, pp. 11 -22.

② ［意］萨托利：《政党与政党体制》，王明进译，商务印书馆2006年版，第182页。

的精英行为构成了去政治化的民主（depoliticized democracy）；同质性的政治文化与竞争性的精英行为组成了向心式民主（centripetal democracy）；碎片化的政治文化与联合式的精英行为组成了合作型民主（consociational democracy）；碎片化的政治文化与竞争性的精英行为组成了离心式民主（centrifugal democracy）。[①] 标签类型学和矩阵类型学都可以帮助总结国家治理的模式特征。本文在第四部分就尝试将治理能力和治理体系作为两个维度进行矩阵类型学的分析。

第二，国家治理的质性比较分析。质性比较分析（Qualitative Comparative Analysis，QCA）是比较政治研究近年来的新进展，其内容由布尔代数（Boolean algebra）和模糊集合（Fuzzy Sets）两种方法构成。该方法的主要逻辑是将多个案例在不同变量上的基本表现（这里的基本表现在布尔代数法里就是 0 或 1 的赋值，而在模糊集合法中则是 0 到 1 之间的刻度值），用一张真值表（truth table）表现出来，然后再用逻辑运算得出结果变量与解释变量之间的关系。该方法最接近传统比较政治研究的方法，同时也是传统比较政治研究的科学化。传统比较政治研究主要依赖于研究者在其头脑内部的真值表排列，这种方法对于案例较少（2—3 个）和变量较少（3—4 个）的情况是有效的。然而，当案例数量和变量数量都比较多时，研究者就无法通过头脑中的简单排列来完成，那么真值表的意义就凸显出来。质性比较分析最佳的案例数是 15—35 个（其中包括负面案例），最佳的解释变量数为 5—6 个。质性比较分析的优势是其可以得出导致结果的原因组合。换言之，运用质性比较分析，我们可以找到导致国家治理成功或失败的原因组合。目前关于国家治理的许多研究成果都可以用 QCA 方法来进一步提升其分析结果的质量。譬如，目前关于失效国家出现了大量的研究成果，那么我们可以在已有研究成果的基础上针对国家失效进行原因组合分析。

第三，国家治理的比较历史分析。比较历史分析（comparative historical analysis）也是目前比较政治研究的新进展，其主要集中在两个方向的分支发展上。第一类分支力图在过程性机制上有所突破，这类方法被冠以中介性机制（intervening mechanism）分析法、过程追踪分析（process -

---

① Arend Lijphart, "Typologies of Democratic Systems", *Comparative Political Studies*, Vol. 1, No. 1, 1966, p. 38.

tracing)① 或样本内分析（within－case analysis）等名称。② 这种方法尝试对统计分析的结构性缺陷进行弥补。一般来说，统计分析只关注自变量 X 和因变量 Y 之间的相关性，对自变量 X 的变化如何导致因变量 Y 变化的过程和方式往往缺乏研究。而这种方法则尝试通过对中介性机制的发现，来找到 X 与 Y 之间的内在关联。换言之，统计分析在变量 X 和 Y 之间存在一个解释的黑箱，而中介性机制方法则希望打开这个黑箱。第二类分支则试图建立比较历史的综合分析框架。这类方法试图发展出关于比较历史分析的一系列完整概念，如路径依赖、初始条件、偶发事件、关键节点、自我强化、顺序、持续时长、时机等，并在这些概念的基础上构建一个综合分析框架，以试图找到事件在历史中的位置、持续时间以及先后顺序等因素对结果的影响。比较历史分析是一种过程分析。运用这种过程分析，可以把国家治理的动态过程完整地剖析和展现出来。

三　国家治理对于比较政治学的意义

从比较政治研究的学术史来看，国家治理本身就是最重要的内容。按照比较政治学奠基人之一、美国政治学家哈里·埃克斯坦（Harry Eckstein）的研究，比较政治学的渊源可以追溯到亚里士多德。③ 亚里士多德关于政体的分类，实质是关于国家治理模式的分类。④ 现代意义的比较政治学源自 20 世纪初兴起的旧制度主义。旧制度主义主要在各国比较的基础上关注那些涉及国家、行政、选举、立法、司法、央地、政党、议会等方面的正式政治制度。旧制度主义的代表人物包括德国法学家和政治学家卡尔·施密特（Carl Schmitt）、英国法学家艾弗·詹宁斯（Ivor Jennings）、英国政治学家欧内斯特·巴克（Ernest Barker）、德裔美国政治学家卡

① Alexander L. George and Andrew Bennett, *Case Studies and Theory Development in the Social Sciences*, Cambridge, MA: MIT Press, 2005, p. 206.

② James Mahoney, "Qualitative Methodology and Comparative Politics", *Comparative Political Studies*, Vol. 40, No. 2, 2007, p. 131.

③ Harry Eckstein, "A Perspective on Comparative Politics, Past and Present", in Harry Eckstein and David E. Apter, eds., *Comparative Politics: A Reader*, New York: The Free Press of Glencoe, 1963, p. 3.

④ ［古希腊］亚里士多德：《政治学》，吴寿彭译，商务印书馆 1983 年版，第 133—134 页。

尔·弗里德里克（Carl Friedrich）等。[①] 旧制度主义的这些作品基本上都是围绕国家和政府的基本制度展开的。

比较政治学的第二次大发展出现在第二次世界大战后的美国。以加布里埃尔·阿尔蒙德（Gabriel Almond）在1954年建立“美国社会科学研究顾问委员会比较政治学分会”为重要的标志，比较政治学进入其发展的黄金时期。经过五六十年的发展，目前比较政治学已经发展出结构主义、理性主义和文化主义的三大流派，而这三大流派中有许多关于国家治理的经典研究。结构主义的比较政治学以旧制度主义和西方马克思主义现代化理论为基础，并吸纳了政治社会学和历史社会学的一些成果。结构主义将人类的社会生活视为由过程、关系以及互动形式构成的宏观系统。结构主义关注的具体内容包括大规模过程（国家构建、战争、现代化、工业化、社会分化、人口流动、阶级变迁等）和政治制度（正式政治制度和非正式的规则），同时其更为关注事件与过程之间的因果关联。具体而言，结构主义的国家治理研究主要集中在如下主题：第一，国家治理模式。例如，在《专制与民主的社会起源》中，巴林顿·摩尔（Barrington Moore）所考察的便是哪些因素导致了这些国家治理模式（民主或专制）的不同，同时摩尔在案例选择时也主要是基于民族国家（英国、法国、美国、中国、日本和印度）。[②] 再如，卢斯·科里尔（Ruth Collier）和戴维·科里尔（David Collier）的《塑造政治舞台》实际上也在关注国家治理模式，只是其作品主要从拉丁美洲的劳工被国家吸纳的方式这一角度来观察其与国家治理模式之间的关系。[③] 第二，国家崩溃和国家构建。例如，西达·斯考切波（Theda Skocpol）的《国家与社会革命》将民族国家作为她的分析单位，并重点考察了国际背景和国内因素如何影响了旧政权的国家崩

---

① 相关经典著作参见 Carl Schmitt, *The Crisis of Parliamentary Democracy*, Cambridge: MIT Press, 1923; Ivor Jennings, *Cabinet Government*, Cambridge: Cambridge University Press, 1947; Ernest Barker, *The Politics of Aristotle*, Oxford: Clarendon Press, 1946; Carl Friedrich, *Constitutional Government and Democracy*, Waltham, Mass.: Blaisdell, 1968; Herman Finer, *Theory and Practice of Modern Government*, New York: Holt, 1949。

② Barrington Moore, *Social Origins of Dictatorship and Democracy: Lord and Peasant in the Making of the Modern World*, Boston: Beacon Press, 1966.

③ Ruth Collier and David Collier, *Shaping the Political Arena: Critical Juncture, the Labor Movement, and Regime Dynamics in Latin America*, Princeton: Princeton University Press, 1991.

溃以及新政权的国家构建。[①] 再如，在《变动社会中的政治秩序》中，尽管塞缪尔·亨廷顿（Samuel Huntington）使用的概念是政治秩序和政权，但其实质上也在讨论国家构建的问题。[②] 又如，查尔斯·蒂利（Charles Tilly）的《强制、资本和欧洲国家》则考察了公元990年到1992年之间欧洲国家的形成及其与强制和资本之间的关系。[③] 另如，杰克·戈德斯通（Jack Goldstone）在《现代世界早期的革命与反叛》中对国家构建和国家崩溃的问题进行了颇有见地的讨论。[④] 第三，国家自主性。埃里克·诺德林格（Eric Nordlinger）的《民主国家的自主性》和斯蒂芬·克拉斯纳（Stephen Krasner）的《捍卫国家利益》则对国家自主性的问题有非常深入的分析。[⑤] 第四，国家与现代化转型。彼得·埃文斯（Peter Evans）在《国家与工业转型》中的研究试图解释为什么一些国家成功地实现了社会的工业化转型，而另一些国家则还远未成功。[⑥] 整体来看，结构主义学派对国家治理研究是非常重视的，这一点还可以从那本极有影响的论文集《找回国家》中得到印证。正是因为这本书，埃文斯和斯考切波等人还被学界赋予了“国家回归学派”的称谓。[⑦] 总而言之，结构主义使用一种整体主义的视角关注国家治理模式、国家构建、国家发展以及国家崩溃等一系列宏大问题。结构主义将国家治理视为一个宏观的历史进程，强调关键事件、历史节点以及时序等因素在国家治理模式形成中的特殊作用。

理性主义的比较政治学是在新制度经济学的影响下发展出来的，主要借用理性人假设、产权、交易费用等基本概念来分析比较视野下的政治问

---

① Theda Skocpol, *States and Social Revolutions: A Comparative Analysis of France, Russia and China*, Cambridge: Cambridge University Press, 1979.

② Samuel Huntington, *Political Order in Changing Societies*, New Haven: Yale University Press, 1968.

③ Charles Tilly, *Coercion, Capital, and European States, AD 990 - 1992*, Malden, MA: Blackwell Publishers, 1990.

④ Jack Goldstone, *Revolution and Rebellion in the Early Modern World*, Berkeley: University of California Press, 1991.

⑤ Eric Nordlinger, *On the Autonomy of the Democratic State*, Cambridge: Harvard University Press, 1981; Stephen Krasner, *Defending the National Interest: Raw Materials, Investments and U. S. Foreign Policy*, Princeton: Princeton University Press, 1978.

⑥ Peter Evans, *Embedded Autonomy: States and Industrial Transformation*, Princeton: Princeton University Press, 1995.

⑦ Peter Evans, Dietrich Rueschemeyer and Theda Skocpol, eds., *Bringing the State Back in*, Cambridge: Cambridge University Press, 1985.

题。理性主义的基本假设是，行为者在最大化其利益的目标基础上进行理性的选择和行为。该流派重点关注个体行为如何导致集体结果。理性主义关于国家治理的经典研究集中体现在曼库尔·奥尔森（Mancur Olson）和罗伯特·贝茨（Robert Bates）等人的作品中。奥尔森在《国家兴衰探源》中提出的问题是：国家为什么会有兴衰？不同的国家为什么会有不同的经济增长速度？同一国家在不同的历史时期为什么发展有快有慢？奥尔森研究的出发点是微观视角，即社会各集团的利益考量，然而，奥尔森的结论却具有整体意义。奥尔森试图证明国家衰落和经济萧条与利益集团的分利行为有密切的关系：如果国家可以形成限制分利集团的低成本制度，那么国家就可以获得持续的经济繁荣。[①] 贝茨的《热带非洲的市场和国家》也遵循了这种“微观着手，宏观着眼”的分析路径。在该书中，贝茨讨论的一个悖论是：非洲国家的领导人很清楚何种经济政策可以刺激经济走向成功，然而他们却明显回避这些政策而采取了一些病态的政策。通过对政治精英的行为和选择的调查，贝茨试图找到导致这些非洲国家病态政策的宏观原因。[②] 玛格丽特·莱维（Margaret Levi）的《同意、异议与爱国主义》则从微观视角出发考察了国家（统治者）与社会（被统治者）之间的税收谈判问题。统治者希望最大化其提取税收和暴力垄断的能力，然而，交易成本的存在使得统治者不得不设计一个交易成本较低的制度，而这一制度的关键是被统治者的半自愿服从（quasi - voluntary compliance）或有条件的同意（contingent consent）。[③] 理性主义的国家治理研究从利益集团或政治精英的微观行为出发，探讨这些理性选择行为如何导致国家兴衰以及政策失败等宏观问题。

文化主义的比较政治学以西方主流现代化理论为基础，并汲取了文化学和人类学的一些研究成果。文化主义试图把握人们对生活方式、意义系统以及价值观的不同理解，其重点是关注其所观察的政治现实的特殊性及其背后的文化意涵。文化主义路径的这一研究特征集中体现在以下经典作品之中。在《公民文化》一书中，阿尔蒙德等人力图表明国家对文化的

---

① Mancur Olson, *The Rise and Decline of Nations*, New Haven: Yale University Press, 1981.

② Robert Bates, *Markets and States in Tropical Africa: The Political Basis of Agriculture Policies*, Berkeley: University of California Press, 1981.

③ Margaret Levi, *Consent, Dissent, and Patriotism*, Cambridge: Cambridge University Press, 1997.

建构作用实际上微不足道，而更应该重点关注的是公民价值对政治的深远影响。[①] 在《想象的共同体》中，安德森对国家以及以国家为中心的意识形态（即民族主义）采取了一种解构的手法，把国家和民族主义解释为一种在印刷资本主义基础上的“想象的共同体”。[②] 格尔茨的《十九世纪巴厘的剧场国家》则将这种国家的文化解释发挥到极致。格尔茨认为，在巴厘的政治模式中，整个国家就是一个剧场，国王和王子是主角、祭司和导演，农民是群众演员、舞台职员和观众，而场面、仪式、荣耀以及冲突则构成了剧情的内容。格尔茨的这种文化主义解释将国家的作用倒转过来，“权力为场面服务，而不是场面为权力服务”[③]。换言之，在这里，仪式不是权力的工具，而本身就是一种目的。整体而言，文化主义的国家治理研究尽管在研究国家，但是其结论却是在削弱国家的作用，或者说是给国家层面的互动提供一种文化解释。

尽管国家治理对于比较政治研究如此重要，然而，之前的研究者并没有非常自觉地认识到这一点，也并没有将国家治理作为一个比较政治学的重要内容将其抽取出来。自 20 世纪 80 年代后期以来，西方比较政治学的核心议题逐步转向民主化和民主转型，[④] 而实际上这两个概念中都蕴涵着某种知识的霸权。按照西方学者的表述，民主化和民主转型都是指一种从

---

① Gabriel Almond and Sidney Verba, *The Civic Culture: Political Attitudes and Democracy in Five Nations*, Princeton: Princeton University Press, 1963.

② Benedict Anderson, *Imagined Communities: Reflections on the Origin and Spread of Nationalism*, London: Verso, 1991.

③ Clifford Geertz, *Negara: The Theatre State in Nineteenth Century Bali*, Princeton: Princeton University Press, 1980, p. 13.

④ 西方重要的比较政治学学者几乎都在民主化或民主转型的议题上发表过成果。一些相关成果如下：Guillermo O' Donnell, Philippe Schmitt and Laurence Whitehead, eds., *Transition from Authoritarian Rule: Prospects for Democracy*, Baltimore: Johns Hopkins University Press, 1986; Samuel P. Huntington, *The Third Wave: Democratization in the Late Twentieth Century*, Norman: University of Oklahoma Press, 1992; Scott Mainwaring, Guillermo O' Donnell and Samuel Valenzuela, eds., *Issues in Democratic Consolidation*, Notre Dame: University of Notre Dame Press, 1992; Pridham Geoffrey, ed., *Transitions to Democracy: Comparative Perspective from Southern Europe, Latin America and Eastern Europe*, Aldershot: Dartmouth, 1995; Juan Linz and Alfred Stepan, *Problems of Democratic Transition and Consolidation*, Baltimore: Johns Hopkins University Press, 1996; Larry Diamond, *Developing Democracy: Toward Consolidation*, Baltimore: Johns Hopkins University Press, 1999。西方比较政治学界还编辑了两本专门研究民主化和民主转型问题的杂志：《民主杂志》（*Journal of Democracy*，创刊于 1990 年）和《民主化》（*Democratization*，创刊于 1994 年）。

表1 **比较政治学三大流派对国家治理的研究**

三大理论	理论特征	关于国家治理的经典作品	关于国家治理的研究特点
结构主义	结构主义将人类的社会生活视为由过程、关系以及互动形式构成的宏观系统。结构主义重点关注事件与过程之间的因果关联	摩尔的《专制与民主的社会起源》、斯考切波的《国家与社会革命》、蒂利的《强制、资本和欧洲国家》、诺德林格的《民主国家的自主性》、埃文斯的《国家与工业转型》等	结构主义关注国家治理模式、国家构建、国家发展以及国家崩溃等一系列宏大问题。结构主义将国家治理视为一个宏观的历史进程，强调关键事件、历史节点以及时序等因素在国家治理模式形成中的特殊作用
理性主义	理性主义从理性人假设出发，从行为者最大化其利益的角度来分析世界。理性主义重点关注个体行为如何导致集体结果	奥尔森的《国家兴衰探源》、贝茨的《热带非洲的市场和国家》、莱维的《同意、异议与爱国主义》等	理性主义的国家治理研究从利益集团或政治精英的微观行为出发，探讨这些理性选择行为如何导致国家兴衰以及政策失败等宏观问题
文化主义	文化主义试图把握人们对生活方式、意义系统以及价值观的不同理解。文化主义重点关注是其所观察的政治现实的特殊性及其背后的文化意涵	阿尔蒙德的《公民文化》、安德森的《想象的共同体》、格尔茨的《十九世纪巴厘的剧场国家》等	文化主义的国家治理研究尽管在研究国家，但是其结论却是在削弱国家的作用，或者说是给国家层面的互动提供一种文化解释

非民主政治（权威政治）转向民主政治（自由民主政治）的过程。① 而且，从西方学者对中国的界定来看，中国不是民主国家，而是需要向民主转型的权威主义国家。② 所以，按照这一思路，中国的政治制度就是差等

① 多数西方学者都将民主化与民主转型混在一起使用。当然，也有一些学者对两个概念作了进一步的区分。如胡安·林茨和阿尔弗莱德·斯泰潘就认为民主化应该包括民主转型和民主巩固。参见［美］胡安·林茨和阿尔弗莱德·斯泰潘《民主转型与巩固的问题：南欧、南美和后共产主义欧洲》，孙龙等译，浙江人民出版社2008年版，第3—7页。

② 例如，在其最近的一篇关于中国民主的文章中，日裔美国学者弗朗西斯·福山（Francis Fukuyama）开篇就将中国定性为威权主义政权（authoritarian regime）。Francis Fukuyama, "China and East Asian Democracy: The Patterns of History", *Journal of Democracy*, Vol. 23, No. 1, 2012, p. 14. 这样的界定在西方政治学的话语体系中非常常见。

制度。因此，如果我们接受了这一表述，实际上也就接受了西方知识对中国制度的一种带有意识形态特征的安排。需要特别说明的是，美国是西方比较政治学学科最发达的国家，而美国的比较政治学有着非常明显的意识形态特征。从某种程度上讲，美国的比较政治学一直在为美国的对外战略服务，即通过政治知识的传播，确立发展中国家对美国模式的尊崇地位。需要特别强调的是，美国的一些比较政治学学者长期接受美国政府部门（如美国中央情报局）的资助，这种资助使其很难摆脱意识形态的束缚。

简言之，西方比较政治学的这种“民主化转向”使得人们对比较政治学的研究重心产生了一种误解，即认为只有政治转型和民主化研究才是真正的比较政治学。这种观点有典型的西方中心论的特征，也带有强烈的知识霸权特征，其潜在含义是要求非西方国家复制西方的道路。这种观点用政治转型和民主化替代了真正处于中心位置的“国家治理”，忽视了国家治理的阶段性、多样性和复杂性，并且让比较政治的研究范围变得狭窄和局促。

因此，比较政治研究需要恢复国家治理在其内容中的核心地位。国家治理对于比较政治研究的意义主要体现在两点：首先，国家治理是一种系统性思维。如前所述，国家治理体系包括秩序系统、赋权系统和创新系统三部分。秩序系统的主要内容是自主性征税和暴力的垄断，其标志是行政国家的建立。赋权系统则主要包括选举系统、代议系统和协商系统等。创新系统则要激发和保障经济部门与社会部门的创新。国家治理的这种系统性思维可以克服西方比较政治研究中的线性逻辑，从而可以更完整地把握国家治理的整体框架。换言之，这种系统性思维可以避免“头痛医头、脚痛医脚”的简单逻辑。前文中讨论的 QCA 方法所关注的原因组合就试图发现组合性原因对于国家治理的意义。

其次，国家治理是一种实践性思维。目前西方政治科学出现了严重的知识论与实践论分离的倾向。一些发表在《美国政治科学评论》（西方公认的政治科学的顶尖期刊）的文章完全沉溺于知识的游戏（其中很大一部分是数学知识的游戏），而对现实指向的意义越来越淡薄。这种知识论与实践论分离的倾向可以被看作西方知识的一个普遍特征，然而，目前的问题是这种分离越来越明显和强化。这种分离倾向对比较政治的研究也产生一定的负面影响。因此，国家治理研究可以有助于消解这种知识纯粹化的问题。国家治理本身源于实践，并且基于丰富的地方性知识。许多发展中国家的案例都表明了国家治理的特殊性。因为国家治理研究本身源自具有充分特殊性的实践知识，同时国家治理研究的目的也是对国家的治理实践有直接的指导或参考意义，所以国家治理研究可以将知识论与实践论有机地结合起来。前文所述的关于国家治理的比较历史分析也重在探求国家治理的具体实践过程以及各种因素相互作用的内在机制。

四 中国的国家治理与中国的比较政治研究

多年以来，中国的比较政治学一直在蓄势待发中酝酿着新的发展。[①]之前，比较政治学的研究一直在借鉴和学习西方的成果。这种借鉴和学习在学科建立之初非常必要，但是仅仅停留在借鉴的阶段也很难推动学科走向成熟。应该说，中国比较政治学成熟的标志是有自己的议题、价值和方法，并在此基础之上产生有影响的作品。在这里，研究议题是第一位的。只有对经典的研究议题进行充分研究，才会产生在世界上有影响的概念和理论。中国的比较政治研究首先需要总结中国的国家治理经验。一方面，中国的比较政治学学者对中国的国家治理实践更为熟悉。另一方面，中国的国家治理实践也确实值得深入研究。1993 年中国第二轮国有企业改革启动时，国内外对中国的国有企业和整体经济都不是很乐观，然而，二十年之后，中国却实现了令世界瞩目的经济奇迹。中国是如何实现这一经济奇迹的？这背后的原因和经验有哪些？这些经验对其他发展中国家有什么启示？这显然是比较政治研究的重要主题和内容。

同时，对中国模式的研究和总结同样需要放在世界文明的大范围中考察。这里既要分析中国模式的特殊性，也要考察中国模式的普遍性。这里的普遍性有两层内涵：一是中国模式与其他国家的发展模式是相通的。譬如，社会财富的初期积累与储蓄有密切的关系。二是中国模式可以被其他国家所借鉴和学习。譬如，中国形成强国家能力并用以推动产业升级和转型的经验，可以为其他发展中国家所参考。再如，中国建立相对稳定的政治社会秩序的经验对许多发展中国家也具有参考价值。[②] 这两层内涵都是

---

① 杨光斌：《蓄势待发的中国比较政治研究——中国政治学展望》，《中国社会科学报》2011 年 12 月 30 日。

② 郑永年：《国际发展格局中的中国模式》，《中国社会科学》2009 年第 5 期。

比较政治学的内容。因此，对中国模式的总结以及将中国模式置于国际比较的视野当中，可以进一步激发中国比较政治学的发展。

比较政治研究是一个国家强大与否的重要标准。比较政治研究的重要目的之一是为世界贡献自己的知识。从这个意义上讲，比较政治研究是一国软实力的重要组成部分。美国能成为超级大国，不仅因为美国的硬实力居世界首位，同时还因为世界上的许多规则和标准都是由美国制定的。换言之，支撑美国超级大国地位的重要组成部分是其文化影响力。美国的政治模式（总统制、选战与电视辩论、利益集团和社会运动）、消费文化（麦当劳、沃尔玛和好莱坞）以及美国梦（以马丁·路德·金、林肯和奥巴马为偶像的个人奋斗和跨层流动）构成了美国软实力的组成部分，而美国的比较政治研究则在美国文化向世界传播的过程中发挥了重要的推动作用。中国在未来的进一步发展也需要形成自己的政治和文化模式，并且通过比较政治研究将这种模式向世界分享和传播。

同时，比较政治研究的另一重要目的则是充分了解世界。中国经济的持续成长和中国海外利益的拓展，迫使中国必须更加积极和主动地了解世界。中国在海外投资时，需要首先对投资国的整体治理状况有充分的了解，特别是对其政权的未来变化要有一定的研究和判断，否则很容易造成海外投资的损失。另外，中国要成为开放的大国，就要有动力和信心了解世界的每一个角落。只有充分地了解世界，才可以更为完整和客观地认识自己。越希望成为世界性大国，越要虚心地向世界求教。这里也要充分地意识到，中国的国家治理仍然存在许多的缺失和不足。从模式来看，中国的国家治理与法国和德国的经验有类似之处，即先形成强大的国家，然后再进行赋权化/社会化的治理转型。因此，中国的国家治理研究不仅需要研究中国经验对世界的意义，还需要谦虚地继续向世界学习。中国国家治理的研究者需要在世界文明的坐标中找到中国的位置。

习近平提出的“国家治理体系和治理能力现代化”意味着，① 我们的国家治理体系和国家治理能力还存在进一步现代化的空间。首先，中国的国家治理体系还不够完善。中国的秩序系统已经比较发达，同时中国的创新系统也有长足的发展，然而，中国的赋权系统还不够完善，或者说，中国国家治理中的“政治输入”还不能完全匹配“政治输出”。习近平最近

---

① 《中共中央关于全面深化改革若干重大问题的决定》，《人民日报》2013 年 11 月 16 日。

提出的“切实防止出现人民形式上有权、实际上无权的现象”[①]，正是此处的题中之意。未来中国赋权系统的完善主要集中在如下几个方面：一，增加人民代表大会在政治代议和决策审议过程的实际权力；二，增加人民政协在政治协商过程中的实际权力；三，推动党群协商以增加群众意愿对党的直接输入。

其次，中国的国家治理能力还有进一步提升的空间。相比许多发展中国家而言，中国的国家治理能力已经很强，特别是在资源汲取能力和秩序稳定能力这两方面。然而，如前所述，国家治理能力还应该包含公共服务提供能力和公共危机应对能力，而这两点内容则具有一定的变动性和不确定性。例如，公共服务提供能力在不同历史时期的要求是不同的。伴随着生活水平和审美能力的提高，人们对公共服务的要求和界定也不一样。因此，公共服务提供能力是一种相对变动的，并且是“没有最好只有更好”的要求。公共危机应对能力也具有不确定性。公共危机应对是一种非常态的事件，而这种情况很难在常态下训练和形成，所以公共危机的应对能力也很难有明确的尺度。因此，这两项能力需要不断地进行提升和现代化。同时，国家治理能力还存在一个效率标准，即不能只看实现这些能力的效果，而且还要计算治理能力的效果与成本之间的比值。换言之，治理能力的使用要更加符合科学规律和效率原则。

中国的国家治理体系和治理能力现代化问题也需要在国际比较的视野下展开。如果将国家治理体系和治理能力分别作为两个指标，并将治理能力和治理体系分别用“强/弱”和“完善/不完善”进行分类，那么我们将得到一个分为A、B、C、D四个部分的表格。我们可以通过简单的质性判断将一些国家作为典型案例放在这四个表格中。例如，鉴于其国家治理能力强且治理体系完备，德国和新加坡可以作为国家治理的范例国家。德国和新加坡都是先形成较强的国家能力，然后再通过赋权化/社会化完成了国家转型。印度则是先形成赋权系统，同时其在现代化过程中尚未形成较强的国家治理能力，所以是B部分的典型国家。如前所述，中国是先形成较强的国家能力，同时，中国的赋权化/社会化还未完全完成，因此，中国是C部分的典型国家。相比而言，泰国和埃及则是国家治理的

① 习近平：《在庆祝全国人民代表大会成立60周年大会上的讲话》，《人民日报》2014年9月6日。

失效国家。这类国家的治理能力较弱，同时其治理体系也不完善（见表2）。多数发展中国家基本上都属于这一类型。

表2 **国家治理体系与治理能力的对照表**

	治理能力强	治理能力弱
治理体系完备	A 德国、新加坡	B 印度
治理体系不完备	C 中国	D 泰国、埃及

五 结语

尽管国家治理的概念在之前一直有学者使用，但是国家治理成为政治学界的热门概念是在十八届三中全会之后。因此，国家治理概念的流行应该具有一定的政治性。然而，与之前的政治性概念不同，国家治理的概念深受政治学界的青睐。之前的政治性概念如“三个代表”“科学发展观”“和谐社会”等主要受到马克思主义学科的研究者的关注，而政治学学者很少使用这类概念来分析问题。可以预见的是，国家治理在未来几年内会受到政治学界的持续关注，因为目前对这一概念的讨论才刚刚开始，关于这一概念的内涵和外延等共识并未达成。

同时，尽管一直有学者呼吁比较政治学的大发展，然而，中国的比较政治学目前仍然基本停留在对西方成果的引进和介绍阶段。比较方法是比较政治学最核心的内容，而国内的许多比较政治研究在比较方法的运用和科学设计的形成方面都还非常欠缺。真正经典的作品需要结合目前国际上比较方法的前沿进展，并对国际和国内的现实问题做出有效地回应。也只有产生类似《民主与专制的社会起源》和《国家与社会革命》这样的经典作品，中国的比较政治学学科才会真正地具有社会影响和学科地位。另一方面，中国比较政治研究的国际化程度仍然有待提高。到目前为止，就笔者目前掌握到的资料而言，中国大陆学者在 *Comparative Political Studies*、*Comparative Politics* 这些重要的国际比较政治学期刊上发表的文章还非常少。

目前这两个领域的研究正在形成呼应和合流的趋势。这两个领域的内容也在相互提供支持和给养。国家治理可以为中国比较政治学的发展提供关键性的议题领域。中国的比较政治学可以在中国国家治理的经验以及世界各国国家治理的比较基础上形成自己的经典作品。同时，比较政治学可以为国家治理研究提供新的方法论支持。国家治理研究要突破规范性的基础研究，就需要与各国实践结合形成实证的比较成果。类型学、质性比较分析和比较历史分析等比较方法则可以有效地推动国家治理研究的实证化和科学化。

（作者单位：华东政法大学政治学研究所）